AI 시대 공자를 읽는다

취할 공자
버릴 공자

허경회 지음

보고사
BOGOSA

나의 어머니 권경숙께

추천의 글

AI 시대에 웬 공자孔子? 의아심이 들 수도 있다. 저자 허경회는 생각이 다르다. 이제 바야흐로 군자의 시대가 도래할 호기가 왔다는 것이다. 왜 그렇게 생각하는 걸까. 그의 《취할 공자 버릴 공자》를 읽어 본다.

'사이다' 같다. 읽는 중간중간 그리고 끝까지 시원하기 그지없다. 네 가지가 시원하다.

하나. 이 책은 새롭다. 저자는 공자를, 《논어論語》를 새롭게 읽는다. 지평이 새롭다. 《논어》는 많은 경우 인문의 지평에서 읽는다. 저자는 인문 사회의 지평에서 읽어 냈다. 춘추 전국의 난세에 경세제민經世濟民의 학으로 나온 것이니 공자의 '군자학'은 인문의 영역에서뿐만 아니라 정치 경제의 시각에서 읽어야 한다는 것이다. 경제 철학자다운 시도이다.

우연하게도 또는 우연이 아니게도 기원전 5~6세기경 동서양에서는 공자, 석가모니, 소크라테스 등 비범한 현인들이 대거 출현하여 백화제방을 이루었다. 이 중에서도 공자가 집대성한 유학/유교는 소크라테스처럼 철학에 머물지도 또한 불교처럼 종교에 머물지도 않고 동아시아인들의 삶에 종교적, 사상적, 그리고 정치적으로 큰 영향을 미쳤다.

기본적으로 공자는 이상 국가를 꿈꾸며 이를 실현할 수 있는 군주/군자의 자격을 논하고 군자가 어떻게 사회와 소통하고 관계 짓는가를 논하며 이에 필요한 자질을 교육으로 연마해야 한다고 보았다. 매크로 이론인 만큼 역사를 통하여 다양한 해석을 낳았다.

한漢나라 이래 공자 사상은 중국의 지배 이데올로기 역할을 하였다. 군주, 지배 계급, 그리고 백성의 사회적 상하 관계와 그에 걸맞은 행동을 강조했던 것이다. 이러한 '봉건적 보수주의'로 인하여 공자는 중화민국 초기 근대화론자들과 중국 공산당 등 좌우 모두에 의해 비판받았다.

공자를 포함한 모든 사상가, 사회 과학자가 자기 시대의 시공에 의해 구속받는 존재임을 감안할 때 저자는 '꼰대' 공자를 과감히 지양하고 군자를 근대 시민으로 재해석함으로써 근대 시민 교육 교과서로 환생시켰다. 공자를 근대화시킨 것이다.

둘. 공자와 역사를 보는 시각이 주체적이다. 중국 고전을 접할 때, 우리 스스로를 중국 중원에 사는 중화인인 줄 착각하는 경우가 왕왕 있다. 아니 많이 그렇다. 조선 시대 선비들의 경우에는 대부분이 그러지 않았나 싶다.

저자는 그러한 읽기가 공자의 가르침과 거리가 멀다고 본다. 공자는 군자에게 근사近思할 것을 말했고 그로써 공자는 '나의 눈'을 강조했다는 것이다. 저자는 중화에 동화된 조선 선비의 시각을 비판한다. 나아가 존재 구속성Seinsverbundenheit을 감안하면서도 시공을 넘나들며 무수한 공자 이후 인물들에게 공자의 잣대를 들이대며 '나의 눈'으로 군자와 소인들을 분류한다.

셋. 이 책은 용감하다. 《논어》는 함축이 큰 글들을 담고 있다.

그러다 보니 두루뭉술한 해설이 달리는 경우가 많다. 생각할 수 있는 여러 개 가운데 어느 하나를 특정하게 되면 오독의 위험이 있기 때문이겠다. 그러나 저자는 그런 위험을 감수한다. 그는 모호함은 반지성적이라고 본다. 무릇 해석이라 함은 구체적인 사례까지 들 수 있어야 비로소 해석한 것이라고 본다. 자신의 무오류를 주장해서가 아닐 것이다. 자신의 해석이 오류이면 의당 비판받을 것이고 그 비판이 옳으면 진리에 보다 다가간다고 보기 때문일 것이다. 그는 틀리는 것을 두려워하지 않고 해석하며 적용한다.

넷. 이 책은 믿는다. 지금은 비록 사분오열하며 날카로운 증오의 이빨을 드러내고 서로를 헐뜯고 있지만 언젠가는 우리 사회의 집단 지성이 건강한 혼을 회복하리라고 믿는 것으로 보인다. 어느 진영으로부터 날아올 비난 혹은 비방의 화살을 감수하고 자신의 생각을, 판단을 에두르지 않고 밝힌다. 그는 퇴계 이황에게서, 김상헌에게서 '군자 선비'를 보지 않는다. 이순신에게서, 김만덕에게서 살신성인의 군자를 본다. 그는 정의를 내세우고 민주를 내세우는 사람들이 행하는 반사회적 언동에 못마땅함을 감추지 않는다. 그는 박정희에게서 '관중管仲의 군자됨'을 보고 전태일에게서 '군자 백성'을 본다.

1970년대 초 중국 공산당 권력 투쟁 속에서 비림비공批林批孔 형식으로 소환된 공자가 세계 2대 경제로 부상한 현대 중국에서 다시금 주목받고 있다. 공자는 드라마, 뮤지컬, 영화 등에서 환생했으며 〈공자학원〉을 통하여 전 세계로 진출하고 있다. 역설적이게도 분서갱유로 유교를 절멸시키려 했던 진시황제秦始皇帝와 동반 출현하며 국가중심주의와 중화주의 국제 질서를 추구하는 중국 공산당의 지배 이데올로기 역할을 하고 있다. 이 책을 읽어야 할 또 다른 이유이기도 하다.

챗GPT에 "공자가 한국 현대인과 사고에 아직도 영향을 미치고 있는가?(Does Confucius still influence South Korean people and thinking?)"라고 물었더니 "네, 여전히 상당한 영향"을 미치고 있다는 답변이 돌아왔다. "효, 어르신 공경, 위계적 사회 질서 등이 아직도 한국 사회에서 근본적인 미덕으로 간주되고 있다."는 설명과 함께. 제한된 데이터베이스에 기반한 이러한 답변은 아직도 공자가 제한적으로 해석되고 있음을 반증하는 것이다. 다시 한번 이 책과 같은 현대적 재해석이 필요한 이유이다.

산업화와 민주화라는 엄청난 과제를 압축적으로 이룩한 이 시대 한국을 이 책에서 소환한 공자가 보며 말할 것이다.

자 왈: "선진화 박정희가 옳았다. 인간화 전태일도 옳았다. 이들이 대한민국의 앞날을 비출 것이다."

한국 현대 정치 경제와 고전 공자를 동시에 넘나드는 재미가 참 괜찮다.

2023년 6월
경희대학교 국제대학 명예교수
권만학

책머리에

    학교가 보이지 않는 폭력에 휘둘리고 있다. 선생들은 학부모 대하기가 겁난다. 2022년 10월, 세종시의 한 초등학교 학부모가 교사를 아동 학대로 신고했다. 교사는 다음 날 바로 담임에서 물러나야 했다. 한 달 후에는 직위 해제 처분을 받고, 형사 피의자가 되어 경찰 및 검찰 조사를 받아야 했다. 다행히 '혐의 없음' 처분을 받아 올 2월 복직했으나 그동안 겪은 고초, 수모, 억울함 등 마음고생은 오롯이 그 혼자 감당해야 할 몫이었다.[1] 급기야 2023년 7월, 서울의 한 초등학교에서 참담한 사건이 일어났다. 20대 교사가 자신이 담임을 맡고 있는 반 교실에서 극단적 선택을 한 것이다. 아직 사건의 자초지종이 밝혀지지는 않았으나 혹여 학부모의 악성 민원에서 비롯된 비극이라면 너무도 가슴 아픈 일이다. 고인의 명복을 빌 따름이다.

    반세기도 훨씬 전, 1965년 아마도 늦봄이었다. 아이는 초등 6학년이었다. 어느 날 종례 시간에 담임 선생님이 카랑카랑한 목소리로 같은 반 아이 둘을 불러 세웠다. "내일부터는 등교할 때 학교 정문 앞에 차를 세우고 내리지 말아라. 멀찍이 내려서 걸어오도록 해라." 아이는 몰랐다. 그 두 아이가 학교 문 앞까지 차를 타고 와서 내리는지도 몰랐고 걔들이 어떤 집 아이인지도 몰랐다. 나중에 옆자리 짝한테서 들었다. 한 아이는 아버지가 청와대 대통령 비서실장이라고 했다. 다른 한 아이 아버지는 중앙정보부장이랬다. 때는 서슬 퍼런 박정희 대통령 시절이었다.

그 후 어떤 일이 벌어졌을까. 담임 선생이 중앙정보부 '남산'에 끌려가 경을 치고 나왔을까. 아니면 반 아이들이 그 두 아이에게 붙어서 같이 태워 달라고 했을까. 아니면? 다음날부터 두 아이가 학교 정문에서 멀리 떨어진 곳에서부터 걸어왔을까. 설마 그랬겠냐 할지 모르겠으나 그랬다. 실제, 정말 그랬다. 그래서 아이는 초등 6학년 때 담임 선생을 잊지 못한다. 박씨 성에 상 자, 득 자를 썼던 선생은 아이에게 평생 참 스승의 표상이 되어 주었다.

아이가 살아온 삶은 힘들었어도 고진감래라 할 만한 것이었다. 그가 산 시대는 그늘진 곳의 음영이 짙었으나 그래도 우상향 곡선을 힘차게 그리며 나아갔다. 그의 인생은 굴곡이 꽤 심했다. 서른 이전의 삶은 힘겨웠으나 그래도 제법 잘 이겨갔다.

아이는 초등 1학년 겨울방학 때를 또렷이 기억하고 있다. 어머니가 시골 할아버지 댁에 며칠 다녀오자며 떠난 기차 여행이었다. 동생과 함께였다. 저녁을 먹자마자 아이와 동생은 곯아떨어졌다. 얼마나 잤을까, 동생이 아이를 흔들어 깨웠다. 아직 동트기 전, 새벽이었다. 불안한 얼굴로 묻고 있었다. "형, 엄마 어딨어?" 아이도 후에 알았다. 아버지 사업이 망해서 아이 넷을 키울 재간이 없었기에 둘을 할아버지 댁에 맡긴 것이었다.

할아버지는 스스로 당신에게 엄격한 분이었다. 할머니가 진지 드시라고 알리면 하던 일도 멈추고 곧바로 밥상으로 오셨다. 밥을 차려준 이에 대한 예의라 했다. 아이는 옛날식 밥상머리 교육을 제대로 받았다. 며칠 후 할아버지는 아이에게 《천자문千字文》을 사 주었다. 그렇게 아이는 한자를 익히게 되었다. 할아버지는 때때로 손주가 당신 앞에서 한자가 빼곡한 신문 기사를 읽게 시켰다.

아이는 나중에 그런 할아버지 교수법 덕을 톡톡히 보게 된다. 이듬해 서울에 올라온 아이는 3학년 말에 사립 초등학교 입학시험 을 치르게 되는데 국어 시험에 "'식목'의 반대말을 한자로 쓰시오." 라는 문제가 나온 것이었다. 생각할 것도 없었다. 아이는 伐木(벌목) 이라고 꾹꾹 눌러 썼다.

합격해서 아이는 사립 초등학교에 다니게 되었다. 집안 형편이 좋아져서 그런 게 아니었다. 오롯이 자식 교육이라면 세계에서 첫 째가는 대한민국 어머니 중에서도 둘째가라면 서러워할 어머니의 교육열 덕분이었다. 하지만 가정 환경은 날로 악화되어 가고 있었 다. 연이은 사업 실패로 아버지는 일주일에 두어 번은 거의 폭음 에, 가정 폭력까지 휘둘렀다. 아이는 맞서 싸워야 했다. 주사酒邪에 부딪쳐 본 사람은 안다. 술에 취한 사람이 쓰는 순간적 힘은 엄청 나다. 헤드록headlock이 아이의 유일한 대처법이었다. 아이는 아버 지가 지쳐 쓰러질 때까지 필사적으로 매달렸다. 자정경에 이르러 야 비로소 상황이 종료된다. 그제야 아이는 촛불을 켜고 중학교 입학시험 준비를 했다.

아이의 중학생 시절은 한결 나았다. 내내는 아니었지만 아이를 입주 가정교사로 들여준 집이 두엇 있었다. 어머니가 걱정되었지 만 자기라도 폭력을 피할 수 있어서 아이는 좋았다. 초등 때보다 학교 수업 시간이 많아 늦게까지 학교에 있을 수 있었던 것도 좋았 다. 아이는 집이 싫었다. 학교가 좋았다. 공부를 특출하게 잘해서가 아니었다. 학교에 가면 친구가 있었고 함께 공도 차며 놀 수 있었다. 집을, 폭력을 잊을 수 있었다. 그래서였다.

중학 시절 아이가 다니던 학교에는 〈국어〉 교과 외에 〈한문〉 교과가 따로 있었다. 그 시간에 아이는 고대 중국 전국 시대 시인 굴원屈原의 〈어부사漁父辭〉를 배웠다. 공자의 《논어》도 그때 접했다. 그 첫 구절이 이랬다.

배우고, 배운 것을 때때로 익히면 또한 기쁘지 아니한가. 벗이 있어 먼 곳에서 찾아오면 이 또한 즐겁지 아니한가. 사람들이 알아주지 않더라도 노여워하지 않으면 또한 군자가 아니겠는가.

<ruby>學<rt>학</rt></ruby><ruby>而<rt>이</rt></ruby><ruby>時<rt>시</rt></ruby><ruby>習<rt>습</rt></ruby><ruby>之<rt>지</rt></ruby>, <ruby>不<rt>불</rt></ruby><ruby>亦<rt>역</rt></ruby><ruby>說<rt>열</rt></ruby><ruby>乎<rt>호</rt></ruby>。<ruby>有<rt>유</rt></ruby><ruby>朋<rt>붕</rt></ruby><ruby>自<rt>자</rt></ruby><ruby>遠<rt>원</rt></ruby><ruby>方<rt>방</rt></ruby><ruby>來<rt>래</rt></ruby>, <ruby>不<rt>불</rt></ruby><ruby>亦<rt>역</rt></ruby><ruby>樂<rt>락</rt></ruby><ruby>乎<rt>호</rt></ruby>。
<ruby>人<rt>인</rt></ruby><ruby>不<rt>부</rt></ruby><ruby>知<rt>지</rt></ruby><ruby>而<rt>이</rt></ruby><ruby>不<rt>불</rt></ruby><ruby>慍<rt>온</rt></ruby>, <ruby>不<rt>불</rt></ruby><ruby>亦<rt>역</rt></ruby><ruby>君<rt>군</rt></ruby><ruby>子<rt>자</rt></ruby><ruby>乎<rt>호</rt></ruby>。《논어論語》, 〈학이學而〉 1

무엇을 말하고자 함인지, 아이는 알 듯 모를 듯했다. 《논어》에 대한 첫인상이 그랬다. 그리고 세월이 흘러 아이는 마흔 줄의 장년이 되었다. 어느 날 그는 《논어》를 다시 손에 잡게 되었고 읽고 또 읽었다. 점차 공자를 나름 이해해 가기 시작했다. 다시 세월이 한참 흘러 장년에서 노년에 접어들었다. 그러면서 언제부터인지 스스로 이해한 《논어》를 글로 옮기고 싶어졌다. 감히 공자 평전을 쓰고 싶어졌다.

신 혹은 신적 존재를 구하지 아니하고 그저 인간 군자君子로 살았던 공자에게서 경이로움을 보았기 때문이었다. 날 선 창칼의 폭력 앞에, 무소불위 절대 권력의 위력 앞에 몸을 꼿꼿이 버티고 선 선비를 보았기 때문이었다. 전란의 일상 속에서도 인간에 대한, 미래에 대한 믿음을 잃지 않고 사람 키우기에 힘을 쏟은 선생을 보았기 때문이었다. '사람다운 사람됨'을 믿었고 '사람이 사람답게 사는 세상'을 꿈꾸고 소통하며 북돋웠던 위인을 보았기 때문이었다.

나이가 들어 기대 여명餘命이 얼마 되지 않는다고 투표권에 제약을 받는다면 억울한 일이겠다. 그렇다고 나이 일흔 늙은이가 나이 서른 젊은이와 미래의 주인 노릇을 다투면서 살 일도 아니겠다. 그 대신 그동안 살면서 미처 못했던 일, 지금이라도 하면 좋을 듯싶은 일을 찾아서 버킷 리스트에 담아 보면 어떨까 싶다. 아직 두 다리에 걸을 힘이 있을 때 하나둘 실행에 옮겨 가면 그보다 더 좋은 일이 또 있을까 싶다.

이 책《취할 공자 버릴 공자》는 소싯적 중학생 때 교실에서 공자를 접하고 어리둥절했던 아이가 노년이 되어 자기 버킷 리스트 1순위로 담고 오랫동안 소망해 왔던 것이다. 다행히 중도에 멈추지 않고 끝마무리까지 잘 마칠 수 있었다. 이렇게 큰 소원 하나가 이루어졌으니 어찌 기쁘지 않을 수 있겠는가.

어머니 살아생전에 내가 언제 책을 또 쓸 수 있을지 없을지 모르겠다. 그는 함경도 '또순이'답게 거친 세파를 잘 헤쳐 오셨다. 남편 대신 집안 살림을 꾸려가며 아이들을 버젓하게 키워 내셨다. 그로부터 당한 폭력과 수모도 용감하게 이겨냈으며 오래전 이미 용서하고 잊었다. 9월 말, 만으로 아흔여섯이 되시는 나의 어머니 권경숙께 이 책을 바친다.

달리 감사드려야 할 이들이 많다.

나의 아내 심종온과 아들 준율은 이 책의 초고를 틈틈이 읽어 주고 솔직한 피드백을 주었다. 그들의 격려는 노트북 자판 위에서 나의 손가락이 춤추게 했다.

성격이 까탈스러운 편이라 친구가 많지 않다. 그래도 좋은, 훌륭한 친구들이 충분히 많다. 멀리서 찾아와 줄 친구들이 열 손가락으로 모자란다.

권만학은 오랫동안 우리 시대의 고민을 함께하며 함께 공부도 하고 함께 종종 저녁 술잔을 나누어 온 절친이자 선생이다. 거친 원고를 처음부터 끝까지 읽고 값진 추천의 글을 써 주셨다. 고대에서 근현대에 걸쳐 해박한 동아시아 국제관계학 지식으로 이 책의 부족한 부분을 채워 주셨으니 모자란 친구는 그저 기쁠 따름이다.

50년 넘게 벗해 온 죽마고우이자 같이 경제학을 수학한 이가 있다. 옥천 최익순이다. 9년 전 《사기열전》을 완역했고 지금은 고향 강릉에서 밭일도 하며 《사기세가》를 옮겨 펴낼 준비를 하고 있다. 나의 가장 믿음직한 한문 선생인 그는 이 책에 나오는 모든 번역을 감수해 주셨다.

경희대학교 국제대학원 명예교수 성극제 또한 중학교부터 오래도록 가까이 벗해 온 이다. 생각하고 믿는 바가 사뭇 다름에도 불구하고 그는 나의 글에 다름을 존중하는 예를 표하며 유익한 피드백을 달아 주셨다. 마침 국제회의 참석차 바쁜 해외 일정에 쫓기고 있었음에도 말이다.

카카오톡 단톡방 너른마당은 내게 일상의 나를 비춰주는 거울이자 오랜 절친들과 오손도손 하루의 일 보따리를 꾸리고, 말 보따리를 푸는 곳, 푸근한 생활 아지트이다. 책에 대해서뿐 아니라 살아가는 일 전반에 걸쳐 수시로 따뜻한 피드백을 받으며 에너지를 재충전받는다. 벗들에게 두루 깊이 감사할 따름이다.

5월 중순인가, 아직 이 책의 초고가 완성되지 않은 때였다. 지인의 추천을 받고 보고사 김흥국 대표께서 책 출간을 약속해 주셨다. 흥이 났다. 속도가 붙었다. 덕분에 시일을 앞당겨 원고를 끝낼 수 있었다. 편집 관련 회의 때 내게 책 판매량을 크게 기대하지는 말라며 나의 부담을 덜어 주셨다. 진국같이 속 깊고 솔직담백한 출판 문화가 느껴졌다. 박현정 편집장 그리고 황효은 과장, 두 분의 전문가 선생은 정곡을 꿰뚫어 보는 눈으로 원고 곳곳에 있었던 흠을 걷어내고, 저자의 의도에 꼭 맞게 바로잡아 주셨다. 귀한 돈을 들이고 열과 성을 다해 졸저를 펴내 주신 보고사 가족 여러분께 또한 두루 깊이 감사드린다.

2023년 여름
허경회

차례

들기

감히 공자를 평한다

격 물 치 지
格物致知

사물을 깊게 탐구함으로써 치밀한 앎에 이른다

《논어》는 어떤 책인가. 무엇을 이야기하고 있는가.

'군자의 소통'이다. '군자'란? 사람다운 사람이 '된 사람'이다.

《논어》는 그런 사람의 소통학이다.

'군자', '된 사람'의 내면적 및 사회적 소통을 드러내 보여 준다.

《논어》를 장별, 말씀별 순서에 따라 옮기고 해설한 책은 많다.

이 책은 아니다. 기존의 순서를 해체하고

공자가 생애 주기별로 낸 메시지에 따라 재구성한다.

'군자', '된 사람'의 소통이 어떤 것인지를 해석한다.

《논어》는 죽은 도덕·종교 교리책이 아니다.

《논어》는 살아 있다. 살아서 오늘,

소통이 천박한 우리에게 천둥이 내는 울림을 준다.

하늘 아래 무결점의 완벽한 존재는 없다.

'스승' 공자가 크게 열었던 소통의 길을 좇아가 본다.

'꼰대' 공자가 미처 내지 못했던 소통의 문을 두드려 본다.

기원전 3세기 말, 새로운 세기를 눈앞에 둔 시점이었다. 육고陸賈는 태중대부太中大夫로서 한나라 고조 유방劉邦을 모시고 있었다. 측근 국정 자문역이었다. 그런데 그는 황제의 자문에 응할 때마다 《시경詩經》,《서경書經》을 들먹였다. 듣다 듣다못해 하루는 고조가 버럭 성을 내며 말을 끊었다.

너의 주군은 말 위에 올라 천하를 얻었는데《시경》,《서경》을 대체 어디에 써먹는다는 말인가.

내 공 거 마 상 이 득 지　　안 사 시 서
乃公居馬上而得之, 安事詩書。

《사기열전史記列傳》, 〈역생육고열전酈生陸賈列傳〉.

감히 어느 안전案前이라고 말대꾸를 할 것인가. 그러나 육고는 했다. 기다렸다는 듯이 차분한 어조로 아뢰었다.

말 위에 올라 천하를 얻었다 하나 어찌 말 위에서 천하를 다스릴 수 있겠나이까.

거 마 상 득 지　　영 가 이 마 상 치 지 호
居馬上得之, 寧可以馬上治之乎。

《사기열전》, 〈역생육고열전〉.

세상을 바꾼 한마디였다. 동북아 역사에 일대 나비 효과가 일었다. 그로부터 60년도 채 되지 않았다. 창시자 공자 때부터 400년 가까이 줄곧 지배 세력으로부터 경원시敬遠視되던 유학이 무제武帝 대에 이르러 마침내 국교의 지위에 오른 것이었다. 이후 유학은 중국을 넘어 주변 한국, 일본 등으로 영향력을 확장해 동북아를 하나의 유교 문화권으로 묶어냈다. 19세기 말까지는 물론이거니와 어쩌면 지금까지도 그러한 모양새다.

유교 혹은 유학은 거대한 지식의 바다이다. 《시경》을 비롯한 육예六藝의 경전을 근간으로 하는 본원本源 유학에서부터 후대의 훈고학, 성리학, 고증학에 이르기까지 각 지류에서 흘러든 지식의 수량은 이루 헤아릴 수 없을 만큼 방대하다.

이 책은 그 전체로서의 유학을 논하려고 하지 않는다. 아니, 언감생심 못한다. 이 작은 책은 관심사를 오직 유학의 본원, 공자에 국한한다. 그래도 포부가 만만치 않다. 사서에서 전하는 공자의 생애에 대한 기록을 통해 그의 삶을 더듬어 보고, 《논어》를 통해 그의 학문을 전체적으로 살피되, 간결하게 그 요체를 드러내고자 한다. 일종의 공자 평론이 되겠다.

공자 평론의 효시는 아마도 사마담司馬談이다. 대를 이어 사가史家가 된 아들 사마천司馬遷은 잘 알다시피 후세에 참으로 위대한 선물을 남겼다. 불멸의 인류 문화유산, 《사기史記》이다. 아들은 그 책에 망부가 생전에 논했던 공자 평을 담아 전했다. 요론을 옮겨 온다. 먼저 공자 생애 전반에 대한 사마담의 평이다.

군왕에서 현인에 이르기까지 천하의 많은 사람들이 생존할 당시 영화를 누렸으나 죽음과 함께 바로 끝났다. 공자는 (살아서) 포의로 지냈으나 십여 세대를 지나서도 학자들이 그를 종주로 모신다. 천자와 왕후로부터 중원 지역 나라말로 육예를 논하는 이들에 이르기까지 모두가 다 선생의 말씀을 판단 기준으로 삼고 있으니, 가히 그는 최고의 성인이라고 할 수 있겠다.

천하군왕지어현인중의　당시즉영　몰즉이언
天下君王至於賢人衆矣, 當時則榮, 沒則已焉。

공자포의　전십여세　학자종지
孔子布衣, 傳十餘世, 學者宗之。

자천자왕후　중국언육예자
自天子王侯, 中國言六藝者,

절중어부자　가위지성의
折中於夫子, 可謂至聖矣。《사기세가史記世家》, 〈공자세가孔子世家〉 85.

과연 그랬다. 공자는 나름의 독자적인 경세제민의 학을 강구했으며 그 뜻을 펴고자 하는 욕망이 컸다. 한때 벼슬길에 나아가기도 했으나 자리는 그의 포부에 비해 한참 못 미치는 것이었고 출사한 기간도 짧았다. 결국 그는 벼슬이 떨어진 빈한한 선비 처지에서 삶을 마감했다. 그런 그에게 비록 사후이지만 가히 경천동지라고 할 만한 인생 대역전이 일어났다. 유학이 국교로 채택되면서 대번에 종주宗主로 추존된 것이었다. 세상을 떠난 지 무려 340여 년 만의 일이었다.

그동안 유가는 천덕꾸러기 신세였다. 춘추 오패春秋五霸, 전국 칠웅戰國七雄의 강국들은 그들을 중용하지 않았다. 중용은커녕 차라리 기피 대상이었다. 중용된 제자諸子는 병가兵家를 포함한 범汎 법가法家들이었다. 그들이 춘추 전국 시대의 주류였다.

한 무제는 달랐다. 국립대학 격인 태학太學을 개설하고 오경박사를 설치해 이름 높은 유학자들을 교수로 모셔 학생들을 가르치게 했다. 미운 오리 새끼들이 백조로 훨훨 비상하게 된 셈이었다. 거기에 이유가 없을 리 없다. 어떤 이유였을까. 유학에 대해, 그 가치에 대해 사마담이 총론 삼아 밝힌 평에 그 팁이 보인다.

유가는 학설이 넓되 요약된 바가 적다. 그래서 애써 공부해도 성과가 적다. 따라서 (말씀을) 섬겨 따르려 해도 끝까지 좇아가기가 어렵다. 하지만 군신 간에, 부자간에 지켜야 할 예를 서술하고 부부간, 어른과 아이 간에 나누어 두어야 할 것을 열거한 일은 바꿀 수 없는 (훌륭한) 점이라 하겠다.

유 자 박 이 과 요　　노 이 소 공　　시 이 기 사 난 진 종
儒者博而寡要。勞而少功。是以其事難盡從。

연 기 서 군 신 부 자 지 례　　열 부 부 장 유 지 별　　불 가 역 야
然其序君臣父子之禮, 列夫婦長幼之別, 不可易也。

《사기열전》, 〈태사공자서太史公自序〉.

그렇게 사마담에게 유학은 한마디로 말해 윤리학이었다. 인용한 내용으로 보아, 관점은 통치자의 시각이다. 평온한 국가 사회 질서를 유지하는 데 더할 나위 없이 유용하다는 것이다. 바로 그 지점에서 한 무제의 눈길을 사로잡았던 것 아닐까.

본디 자기 아닌 남의 이득부터 챙기는 사람은 없다. 저마다 자기부터 챙기는 사람들로 가득한 곳이 사람 사는 세상이다. 그런 세상에 평화로운 질서를 세우고 유지해 가는 것이 정치의 첫째 요령要領이자 통치자의 첫째 덕목이겠다. 어찌할 것인가. 법가 이론의 최고봉, 한비자韓非子는 이렇게 말한다.

무릇 성인은 나라를 다스릴 때 사람들이 자기를 위해 착하기를 기대하지 않는다. 그저 나쁘게 행동하지 않게 그들을 쓸 따름이다. 자기를 위해 착하리라고 믿을 만한 사람을 찾자면 그 수는 나라 안을 통틀어 열도 되지 않을 것이지만, 나쁘게 행동하지 않도록 사람을 쓴다면 능히 한 나라를 가지런하게 만들

수 있다.

夫聖人之治國, 不恃人之爲吾善也。
而用其不得爲非也。恃人之爲吾善也, 境內夫什數,
用人夫得爲非, 一國可使齊。《한비자》, 〈현학顯學〉 8.

　나쁘게 행동하지 않도록 사람들, 백성을 쓰자면? 법가에 따르면 그에 필요한 방도가 다름 아닌 법이다. 국가 사회의 질서를 유지해 가는 데 이보다 더 효과적인 장치는 없다. 통치자 입장에서도 이만큼 믿고 의지할 만한 방도는 없다. 하나 비용이 많이 든다. 법은 제정하고 반포하기만 하면 바로 지켜지는 것이 아니다. 지켜지도록 하자면 별도의 수단이 필요하다. 그 수단은 바로 억지로 강제할 힘, 바로 무력이다. 그래서 법가의 법치는 전시가 아니라도 상시 강한 군사력이 필요하다. 그러니 돈이 많이 든다. 법가가 부국강병을 외치는 이유이다.

　유가는 영 딴판이다. 법가의 대척점에 있다. 유가의 시조, 공자에 따르면 백성들이란 윗사람이 무엇인가 바른 것을 솔선수범해서 행하면 수고로워도 따르는 법이다. 어느 날 제자 자로子路가 정치에 대해 물었을 때 그는 이렇게 답한다.

　그들(백성)보다 먼저 앞장서 그것을 하고, 그런 다음에 그들이 그 일에 힘쓰도록 해야 한다.

先之, 勞之。《논어》, 〈자로〉 1.

이를 근거로 공자는 법가의 법치를 공박하면서 예치禮治를 주창한다.

법으로 이끌고 형벌로 다스리면, 백성들은 (잘못을 벌하지 않고) 놓아주어도 부끄러운 줄을 모른다. 덕으로 이끌고 예로 다스리면, 부끄러워할 줄 알 뿐 아니라 (잘못을) 고치기도 한다.

도 지 이 정　제 지 이 형　민 면 이 무 치
道之以政, 齊之以刑, 民免而無恥。

도 지 이 덕　제 지 이 례　유 치 차 격
道之以德, 齊之以禮, 有恥且格。《논어》, 〈위정爲政〉 3.

이어서 그는 예치의 이점을 콕 꼬집어 말하는 것을 잊지 않았다. 아마도 제후나 임금들보고 잘 들으라고 하는 말이었다.

임금이 예를 좋아하면 백성들을 쉽게 부릴 수가 있다.

상 호 례　즉 민 이 사 야
上好禮, 則民易使也。《논어》, 〈헌문憲問〉 41.

통치자로선 귀가 솔깃해지지 않을 수 없는 말씀이다. 비록 그런 국가의 사례가 없어서 실증적으로 효과가 입증된 것은 아니나 이론적으로 볼 때 잘만 된다면 매우 효율적인 방안이 아닐 수 없는 것이다. 공권력으로 강제하지 않고도 백성들이 예를 지켜 행동한다면 무엇을 더 바라겠는가. 험악한 얼굴을 하지 않고 온화한 미소를 머금으면서 폼 나게 나라를 다스릴 수가 있는 것이다. 어디 그뿐인가. 평시에는 치안 유지에 들어가는 병력을 줄이고 가용 병력을 국방에 집중시켜 활용할 수 있다. 적은 비용으로 내우외환을 막고 평화로운 국가 질서를 유지할 수 있는 것이다. 그렇게 볼 때 예치를 주창하는 유가의 경세제민은 잘만 된다면 통치자에게 최상의 매력적인 선택이 아닐 수 없다.

그처럼 유학은 위아래 신분 위계질서가 엄정한 계급 사회를 유지해 가는 데 유용한 윤리 인프라를 닦게 해 주는 학문이다. 법가 같은 경쟁자들이 낸 방책보다 가성비가 뛰어나다는 점이 돋보인다. 충분히 공감이 가는 내용이다. 그러나 유학의 가치를 그런 국가 질서를 유지하는 데 들어가는 사회적 비용 차원에서만 찾는다면 공자가 많이 노여워하실 듯하다. 그 외에 다른 관점에서 볼 여지가 없지 않기 때문이다.

세월이 흐르고 흘러 유학이 중국 국교가 된 지도 이제 2천 년이 훨씬 넘었다. 긴 세월 속에 시대가 참으로 많이 바뀌었다. 오늘날 우리는 더 이상 신분 계급 사회에 살지 않는다. 서구에서 유래된 시민 민주 사회에 산다. 그렇기에 공자 유학은 구닥다리 흘러간 노래와도 같을 수 있다. 물론 그런 구석이 없지 않다. 그러나 그리 치부할 일만은 아니다.

공자는 위대한 윤리 사상가였다. 위대한 사람은, 위대한 사상은 위대한 만큼 시대를 뛰어넘는다.

오늘날 우리가 살고 있는 사회는 근대 시민을 전제로 한다. 근대 시민은 자유로운 존재이다. 그는 자유와 부를 욕망하되 자신의 양심에 비추어 구하고 누리는 개인이다. 자연스레 내 안의 '또 다른 나'가 내는 양심의 소리를 듣고 대화한다. 그렇게 내면적 소통을 한다.

근대 시민은 다른 한편, 민주 사회 구성원의 일원이다. 민주 사회는 구성원 간 왜곡되지 않은 소통을 존립 기반으로 한다. 사회적 소통이 얼마나 민주적으로, 바르게 이루어지고 있는가가 시민 민주 사회의 적부適否 내지 격格을 가늠하는 중요한 척도가 된다.

공자 유학은 바로 그런 근대 시민의 내면적 및 사회적 소통을 진작하는 데 응용할 수 있는 윤리를 환기시켜 준다. 유용하고 유효한 담론을 가지고 있다. 그래서 우리에게 공자 유학은 '살아있는 오늘의 소통 윤리학'이다.

소통 윤리학으로서 공자 유학은 공자의 삶과 한 몸체이다. 그의 삶과 그의 유학은 떼려야 뗄 수 없는 유기체이다. 공자는 그의 학문에서 '사람다운 사람이 된 사람'을 '군자'로 개념화했고 그의 삶 속에서 '군자'를 체현했다. 그는 그런 '된 사람', '군자'로 살았고 그 삶의 역정을 이렇게 술회했다.

> 나는 나이 열다섯에 학문에 뜻을 두었고, 서른에 (학문을) 세웠다. 마흔에 이르러 미혹을 떨쳐 냈다. 쉰에 이르러 하늘의 명을 알았다. 예순에는 귀가 순해졌다. 일흔에는 욕심대로 해도 법도를 넘지 않았다.
>
> 오 십 유 오 이 지 우 학　　삼 십 이 립　　사 십 이 불 혹
> 吾十有五而志于學, 三十而立。四十而不惑。
> 오 십 이 지 천 명　　육 십 이 이 순
> 五十而知天命。六十而耳順。
> 칠 십 이 종 심 소 욕　　불 유 구
> 七十而從心所欲, 不踰矩。《논어》,〈위정〉 4.

여섯 구절로 이루어진 최후의 자술서이자 무릇 '군자'라면 좇고 밟아야 할 인생 역정을 약술한 것이었으며 동시에 그것은 '군자학'

의 대강大綱이기도 했다. 《논어》에는 구구절절 공자 자신의 사유 및 그로부터 배운 제자들의 생각들로 가득하다. 그러나 구슬이 서 말이라도 꿰어야 보배 아닌가. 이 책은 《논어》 속 주옥같은 말씀들을 해체하여 공자가 밝힌 생애 주기별 역정에 따라 재구성한다. 그래서 공자 '평전'이되 그의 '행적'보다는 그의 '군자학'에 초점을 맞춘 독특한 평전이다.

공자가 나이 열다섯에 시작해서 서른에 세웠다고 한 학문은 '군자학'의 이론적 얼개에 해당하는 것이었다. 사람다운 사람이 '된 사람'이라면 어떻게 소통을 해야 하는지를 이론적으로 밝힌 것이다.

공자의 '된 사람', '군자'의 지향점은 명확하다. 다름 아닌 '바른 세상'이다. '군자'는 그곳으로 혼자 가지 않는다. 사람들과 '함께' 가고자 한다. 다시 말해 '바른길로 함께 가자'는 게 그의 모토이다. 이를 위해 '된 사람'은 충忠과 서恕의 두 가지 습성을 익혀서 세상과 소통한다.

먼저 그는 충의 바탕 위에 절문근사切問近思하는 변증법으로 '바른 뜻'을 가다듬어 '바른길'을 찾아, 사람이 사람답게 사는 세상으로 나아간다. 그런데 '바른 뜻'을 앞세워 '바른길'로 간다고 사람 사는 세상으로 바로 나아갈 수 있는 것은 아니다. '바른 뜻', '바른길'은 때로는 시시비비에 휩싸여 갈등을 낳고 다툼을 조장하는 경우도 있다. 게다가 '바른 뜻'이 햇볕이 안 드는 후미진 곳까지 세상 곳곳을 찾아다니며 '바른길'을 내는 것이 아니다. 세상엔 어두운 그늘에서 사는 사람들이 많다. 사회적으로 힘이 약한 사람들, 수가 적은 사람들은 힘겹게 살아간다. 그래서 어찌 보면 세상엔 대립과 갈등과 다툼이 일상이다.

공자는 이런 그늘을 외면하지 않았다. '된 사람'이라면 어찌해야 하는가. 공자는 우리에게 서의 바탕 위에 역지사지易地思之하는 변증법을 말한다. 그로써 '함께' 바른길을 따라, '함께' 사람 사는 세상으로 나아가야 비로소 '군자'라는 것이다.

이후 공자는 나이 일흔셋에 세상을 떠날 때까지 그때그때 생애주기별로 실천적 강령을 하나하나 덧붙여 감으로써 자신의 '군자학'을 완성한다. 나이 마흔에 이르러 이런저런 미혹을 떨쳐내며 인을 실천하는 길로 나아갔고, 나이 쉰에 이르러 화이부동和而不同을 천명으로 삼아 세파를 헤쳐 갔고, 나이 예순에 이르러 쓴소리도 뜻을 헤아려 잘 들을 만큼 귀가 순해졌으며, 나이 일흔에는 마침내 자신의 과오를 미리미리 스스로 고칠 줄 알게 됨으로써 욕심대로 해도 법도를 넘지 않는 경지에 이르게 된 자신을 '군자'로 담아낸 것이다.

가히 인류의 스승으로서 손색이 없다고 하겠다. 이러한 '스승 공자'의 말씀을 자신이 밝힌 삶의 역정에 따라 이 책의 1장부터 10장까지 담았다. 우리가 사람다운 사람으로 살고자 한다면 하나같이 귀 기울여 들어야 할 것들이 아닌가 한다. 하지만 하늘 아래 무결점의 완벽한 존재, 완벽한 학문은 없다. 사람이 되어 누군들 자기가 살았던 시대로부터 온전히 자유로울 수 있겠는가. 공자 안에는 '스승'과 함께 '꼰대'도 있다.

덕德을 기반으로 하는 윤리학을 세웠으나 공자의 메시지 중에는 강변强辯 또한 적지 않다. 내세우는 바에 충실하지 못하고 겉핥기에 그친 것도 있고, 외골수 주장을 무리하게 밀어붙이기도 한다.

중화中華 도그마가 위대한 그를 편협하게 만들기도 한다. 그의 세계 속에는 장삼이사張三李四, 평범한 사람들이 끼어들 자리가 없다. 신분 차별에 남녀 차별까지 오늘날 받아들일 수 없는 차별이 그를 고루하게 만든다. 안타깝지만 이 또한 추려서 올려야 한다. 마지막 11장에 그런 '꼰대' 공자를 간략하게 한데 몰아 담았다.

모자라는 사람이라고 위대한 고전 앞에서 반드시 졸아야 하는 건 아니다. 세상에 모자라지 않은 사람은 없다. 책은 비록 모자라지만 자기가 아는 만큼 읽고, 또 아는 만큼 쓰는 것이다. '스승' 공자가 크게 열었던 소통의 길을 아는 만큼 좇아가 본다. 아울러 '꼰대' 공자가 미처 내지 못했던 소통의 문도 아는 만큼 두드려 본다. 책 쓰는 내내 그가 뿜고 있는 성현의 아우라에 기죽지 않고 오로지 그가 말하고 가고자 한, '사물을 깊게 탐구함으로써 치밀한 앎에 이른다'는 격물치지格物致知[1]의 길을 나름 참되게 좇고자 했다.

그런데 왜 새삼 공자인가. 왜 공자 읽기인가. 이 바쁜 세상에 왜 공자를 읽자는 것인가. 그 이유는 하나다.

한국 정치는 우리를 너무도 힘들게 하고 있다. 우리 사회를 진영 싸움판 막장으로 몰아넣고 있다. 좌나 우나 20세기 철 지난 옛 담론을 사납게 강변하고, 흘러간 옛 노래를 목청껏 부르며 젊은 세대의 앞길을 막고 있다. 산업화에, 민주화에 완성은 없다. 우리의 근대화 여정은 소위 산업화 세력과 민주화 세력이 멋대로 갈라치고 각기 상대의 공을 비하하거나 혹은 강샘하며 뻔뻔스럽게 전유해도 되는 것이 아니다. 그것은 이름난 인사 몇몇이 아니라 이름 없는 우리 기성세대 모두의 피와 땀으로 이룬 것이고 이제는 미래 세대를 위한 것이다. 더 이상 미래 세대의 걸림돌이 되어서는 안 된다. 그들은 인공 지능과 더불어 살아야 하는 신인류이고 그 1세대이다. 다른 건 몰라도 그들이 살아갈 문명이 지금까지 우리가 살아온 문명과 차원이 다른 문명일 것이라는 것은 안다. 그리고 문명이 다르면 인간도 다른 존재라는 것도 안다.

지금 젊은 세대 그리고 그들의 자손들은 인공 지능과 함께, 지금까지 우리가 살아온 방식과 다른 방식, 지금까지 우리가 살아온 격과 다른 격으로 살아갈 터이다. 먹고사는 데 품이 덜 들어가고 시간을 덜 쓰게 될 터이다. 그 여분의 힘과 시간을 그들은 어디에 쓰게 될까. 혹 그들은 우리보다 사는 방식이 덜 폭력적이고 보다 우아하지 않을까. 우리보다 지닌 격이 많이 고양된, 꽤 멋진 존재이지 않을까.

바람이다. 그들이 새로운 생활 양식, 새로운 존재의 격을 찾아갈 때 혹 공자의 '군자학'이 참고가 될 수도 있지 않을까. 어쩌면 공자가 꿈꾸었던 '군자'가 미래에는 '현실'이 되는 것 아닐까. 이제부터 장차, 우리 인간은 진짜 '군자'로 살아야 비로소 사람으로 살게 되는 것이 아닐까. 그래야 계속 사람 사는 세상을 꿈꿀 수 있는 것 아닐까. 아니 그래야 살아남을 수 있는 것 아닐까. 이 책은 그런 문제의식에서 공자를 읽고 '군자'를 드러낸 책이다. 미래 세대에게 행운을 빈다.

제1장

세상은 사람이 만든다

십 오 지 우 학   삼 십 이 립
十五志于學, 三十而立

나이 열다섯에 학문에 뜻을 두었고 서른에 세웠다

이게 나라냐고들 한다. 이게 사람 사는 세상이냐고들 한다.
우리 모두 '사람 사는 세상'에 살아야 하지 않겠느냐고 한다.
정치가 그런 세상을 만들어 주겠다고 한다. 약속한단다.
그래, 정말 단 하루라도 그럴 수 있다면 얼마나 좋으랴.
그런데 어떻게 만들어 갈 수 있는 걸까.
어제, 오늘에 갑자기 일어난 고민이 아니다.
이미 2천 5백 년 전 살다 간 공자의 문제의식이 그것이었다.
사람이 사람답게 사는 세상을 만들려면?
세상사 모든 것은 사람에 달려 있는 것이었다.
사람 사는 세상은 다른 누구 아닌
사람다운 사람이 '된 사람'이 만들 수 있는 것이었다.
공자는 나이 열다섯에 그런 '된 사람'의 길을 밝히는 학문,
'군자학'에 뜻을 두었고 서른에 세웠다.
그것은 예전에 없던 전혀 '새로운 학문'이었다.

북쪽에 아름다운 한 사람, 세상과 떨어져 홀로 서 있네. 한 번 돌아보면 성이 기울고, 두 번 돌아보면 나라가 기우나니. 어찌 성이 기울고 또 나라가 기욺을 모르겠는가. 하지만 아름다운 사람은 다시 만나기 힘들거늘.

北方有佳人, 絶世而獨立。一顧傾人城, 再顧傾人國,
寧不知傾城與傾國, 佳人難再得。《한서漢書》,〈외척전상外戚傳上〉.

중국 한나라 무제 때 음악을 관장하는 벼슬에 있던 이연년李延年이 황제 앞에서 읊었다는 시다. 여기에서 경국지색傾國之色이 유래한다. 잘 알다시피 '나라의 운명을 위태롭게 할 만큼 자색이 뛰어난 여인'이라는 뜻을 지닌 고사성어이다.

그 첫손에 흔히 달기妲己가 꼽힌다. 은殷나라 마지막 왕 주紂와 함께 주지육림酒池肉林[1]의 난잡한 파티를 즐기다가 결국 나라를 무너뜨리는 데 일조한 인물이다. 그로부터 260여 년이 흘러갈 무렵 중국 역사에 다시 끝내주는 팜 파탈이 등장한다. 주周나라 12대 유왕幽王 때였다.

어느 날 포사褒姒라는 여인이 왕에게 바쳐졌다. 뛰어난 미모에 홀린 왕은 그녀를 바로 별궁으로 들였다. 늘 그렇듯 궁중 암투가 벌어졌다. 승자는 포사였다. 왕은 정비 신 씨를 내치고 포사를 황후에 올렸다. 태자도 폐하고 그 자리에 포사의 소생을 앉혔다. 이보다 더 기쁜 일이 있을까. 그런데 그녀의 얼굴엔 언제나처럼 웃음기 하나 없었다. 왕은 애가 탔다. 어떻게 하면 활짝 웃는 그녀를 볼 수 있단 말인가. 급히 아이디어를 공모했다. 포사의 됨됨이를 잘 아는 측근이 꾀를 하나 올렸다. 깜짝 이벤트를 열자는 것이었다.

옳거니, 왕은 즉시 따랐다. 크게 유흥 판을 벌였다. 그러면서 도적 떼가 쳐들어 와 도성이 위급 상황에 처해 있다고 알리는 봉화를 올리게 했다. 제후들이 황급히 군사를 이끌고 달려왔다. 그러나 천자를 구하겠다고 흙먼지를 일으키며 달려온 그들을 맞은 건 한가한 기별이었다. 별일 없고 왕이 연회 중이니 그냥 돌아가라는 것이었다. 별수 없었다. 일순 맥이 풀린 그들은 말머리를 돌려 터덜터덜 되돌아갔다. 영락없는 패잔병이었다. 누상에서 지켜보던 포사가 박장대소, 손뼉 치며 웃음을 터트렸다. 왕은 크게 기뻤다. 재미 붙인 왕은 이벤트를 거듭거듭 벌였다.

그렇게 포사의 웃음을 얻은 대가는 컸다. 쫓겨난 폐비 신 씨의 아비, 신후申候는 칼을 갈고 있었다. 계속되는 거짓 봉화로 천하의 웃음거리가 된 제후들이 유왕에게 앙심을 품게 되자 남몰래 규합했다. 그들은 은밀히 내통하며 오랑캐 견융이 수도 호경에 쳐들어 오게 도왔다. 왕이라고 양치기 소년과 다를 것이 없었다. 봉화가 올랐으나 아무도 달려오지 않았다. 유왕은 하릴없이 죽임을 당했고 주 왕실은 수도를 낙읍으로 옮겨야 했다.[2]

이후에도 주나라는 오백 년 넘게 왕실의 명맥을 이어가기는 했다. 천도 이전의 주를 서주西周, 이후의 주를 동주東周라 했다. 달리 붙여진 이름만큼이나 두 나라는 완전히 달랐다.

서주의 왕은 천하의 주인, 천자天子였다. 직계 자손들과 나라 건립에 큰 공을 세운 공신들을 제후로 봉해 넓은 중원의 땅을 나누어 주었다. 세계 최초의 봉건국가였다. 제후들은 서로 사이가 좋았다. 핏줄과 공적이라는 돈독한 유대의 끈을 타고 오래도록 교유하고 친분을 나누었다. 중원 천지, 온 세상이 하나였고 평화로웠다.

그러던 세상에 균열이 왔다. 동주와 함께 천자는 이름뿐, 더 이상 천하의 주인이 아니었다. 제후들에게 왕실은 더 이상 믿고 기댈 언덕이 아니었다. 필요할 때 찾아가서 등에 업어 드리고, 필요가 없어지면 등에서 내려버리면 되는 그런 뒷방 늙은이와도 같은 존재였다. 더 이상 눈치를 볼 일도 없고 관심을 둘 이유도 없었다.

살가웠던 제후들 사이도 예전과 판이하게 변했다. 당시 백삼십에서 백팔십을 헤아리는 언필칭言必稱 제후들이 있었다. 그만큼 수효의 제후국들이 난립해 있었다. 그들 간에 저마다 살아남기 위한 각자도생의 서바이벌 게임이 시작되었다. 향후 550여 년간 이어지는 대전란의 춘추 전국 시대에 접어든 것이었다.

나라를 부유하게 만들고 그런 나라를 유지하고 확장하기 위해 강력한 전비를 갖추는 것, 즉 부국강병이 제후들의 눈앞에 놓인 과제였다. 무슨 수를 써서라도 남들보다 부유한 나라, 강한 나라를 만드는 것, 그것이 시대정신이었다. 약육강식, 적자생존의 무한 경쟁시대에 돌입한 것이었다.

무릇 경쟁은 기술과 산업, 학문의 발전을 가져온다. 땅따먹기 경쟁은 토지에 대한 인식을 바꾸어 놓았다. 예전에는 토지란 필요한 때 점용해서 이용할 수만 있으면 족했다. 그러나 이제는 소유해야 했다. 그래야 영원히 이용할 수 있었다. 크기가 한정되어 있는 만큼 이용이 가능한 토지로부터 가능한 많은 소출을 얻는 것이 중요해졌다.

소를 경작에 활용하는 우경牛耕이 시작되었고 청동보다 단단한 쇠붙이, 철기 농기구가 활용되었다. 대규모 관개·수리 시설로 농업 기반을 정비하여 보다 효과적으로 홍수나 가뭄에 대비할 수 있게 되었다. 퇴비와 분종법이 개발되었다. 그 결과 주된 식량원이 었던 기장과 쌀, 밀 농업이 발전을 거듭했다. 이와 함께 농업 - 공업 - 상업 간 분화가 고개를 들었고 차츰 도를 더해 갔다. 그에 따라 생산이 더욱 크게 늘었다.

학문에서도 경쟁의 불이 당겨졌다. 어찌하면 나라 경영을 잘하고 백성을 잘 다스릴 수 있는 것인지를 탐구하는 학문이 수많은 갈래로 나와 경합했다. 그 학문들을 내놓는 학자들을 제자諸子라 했고 그들 사이의 경쟁을 백가쟁명百家爭鳴이라고 했다. 그 덕분이었다. 대전란 속에서 펼쳐진 서바이벌 경쟁의 결과 중국 문명은 일약 고대 선진 문명으로 발돋움하게 되었다.

제후국마다 부침이 있었다. 어떤 나라는 강대해졌으며 어떤 나라는 약소해지고 사라져갔다. 패자霸者의 위치에 오른 제후들은 나라의 땅을 넓히고 인구를 늘리는 소득을 거두었다. 그 휘하의 귀족은 물론이고 출사出仕에 성공한 사족士族들도 차례차례 봉읍을 늘려 받는 소득을 누렸다. 그들에게 세상은 어쩌면 사람 사는 세상이었다.

그러나 백성들이 얻을 것은 없었다. 약소국이야 두말할 나위도 없거니와 강대국이라고 다를 바가 없었다. 장정들은 수시로 전장에 나가 적의 창칼에 찔려 죽어야 했고 용케 살아남은 자들은 강제 노역에 등허리가 휘어야 했다. 아낙네들은 젊은 남편과 자식을 전장에 보내고 늙은 부모와 함께 농사일을 도맡아 해야 했다. 그렇게 민초들이 사는 세상은 사람 사는 세상이 아니었다.

기원전 551년 공자는 그런 시대에 소국 노魯나라에서 태어났다.

노나라는 중원에서 한 번도 강자 행세를 해 본 적이 없었다. 그뿐 아니라 당시 나라의 기강마저 말이 아니었다. 세 살배기에 나라의 주인 자리에 오른 제후 양공襄公은 허수아비였다. 병권이 포함된 주요 국가 사무권을 대부 가문인 계손, 숙손, 맹손 세 집안이 장악하고 있었고 후계자도 이들의 손에서 결정될 정도였다.

태어난 나라의 국력이나 기강만 형편없었던 것이 아니었다. 개인적인 태생의 유래나 집안 배경 또한 볼품없었다. 사마천은《사기세가》에서 이렇게 전했다.

흘이 안씨의 딸과 야합하였으니 이에 공자가 태어났다.

흘 여 안 씨 녀 야 합 이 생 공 자
紇與顔氏女野合而生孔子。《사기세가》,〈공자세가〉.

흘은 공자의 부, 숙량흘叔梁紇이다. 안씨의 딸은 공자의 모, 안징재顔徵在이다. 숙량흘은 몰락한 사족 출신의 하급 무사였고 그때 나이 일흔이 넘었다. 징재는 숙량흘이 알고 지내던 지인의 딸로서 꽃다운 나이 열여섯이었다. 야합野合이란 남녀가 들에서 성교하는 것을 말한다. 문자 그대로 실제 그들이 들에서 성교를 하여 공자를 잉태하고 낳았는지는 알 길이 없다. 다만 지체가 낮은 일흔 살 늙은이와 앳된 어린 처녀가 정식 예를 갖추지 않은 혼인을 하여 자식을 낳았다는 것은 사실이겠다.

부 숙량흘은 공자가 세 살이 되던 해에 세상을 떠났다. 남긴 것은 없었다. 성장하면서 공자는 홀어머니를 도와 집안 가계를 꾸려가야 했다. 그때의 불우한 처지를 공자는 감추지 않았다.

나는 어려서 비천했다. 그래서 비루한 일에 두루 능한 것이다.
군자라면 (재능이) 많아야 할까. 그런 것은 아니다.

오 소 야 천 　고 다 능 비 사 　군 자 다 호 재 　부 다 야
吾少也賤, 故多能鄙事。君子多乎哉, 不多也。
《논어》, 〈자한子罕〉 6.

미루어 보건대 유소년 시절 공자는 집안 살림을 위해 집수리라
든가 약초 캐기, 들짐승이나 물고기잡이, 장의사 일 등등을 동네
어른들을 도와 했던 것으로 보인다. 그러나 공자는 그런 당장의
생계형 잡일에만 급급했던 것이 아니었다. 틈틈이 다른 기예도 익
혀 갔다. 후에 제자 금뢰琴牢가 공자에게서 직접 들었다는 소싯적
이야기가 그 같은 사실을 전한다.

공자가 말했다. 나는 (아직 관직에) 등용되지 않았다. 고로 (익
힌 것은) 예였다.

자 운 　오 불 시 　고 예
子云, 吾不試, 故藝。《논어》, 〈자한〉 7.

예란 육예六藝를 뜻하는 것으로 추정된다.[3] 육예란 주나라 왕실
의 관직 제도를 기록한 《주례周禮》에서 이르는 여섯 가지 기예를
가리킨다. 즉, 예禮(예법)·악樂(음악)·사射(활쏘기)·어御(말타기, 마차
몰기)·서書(붓글씨)·수數(산술)를 말하는데 이것들은 당시 공직에 나
아가는 데 필수적으로 요구되는 기초 교양이었다.[4] 아마도 어머니
가 어려서부터 아들에게 비록 빈한하지만 본디 사족 집안임을 환
기시키고 본분을 잊지 말 것을 당부했던 것이리라. 영특했던 소년
공자는 틈틈이 홀로 육예를 습득하고 연마해 갔던 것으로 보인다.

그런 덕이었다. 공자는 훗날 장성해서 나이 스물, 스물하나에 비록 말직이고 임시직이나마 위리委吏(창고지기), 승전乘田(가축지기) 같은 공직을 얻어 신혼살림을 꾸려갈 수 있었다. 이는 머잖아 세상을 떠나게 되는 어머니에게 한 마지막 효도이기도 했다.

하지만 그런 수준의 공부에 그칠 공자가 아니었다. 청소년기에 들어설 무렵 그는 결심을 굳힌다. '공자' 하면 우리 머리에 제일 먼저 떠오르는, 훗날 그가 일흔 인생을 뒤돌아보며 직접 술회한 생애에 관한 이야기 첫 구절이 있다.

나는 나이 열다섯에 학문에 뜻을 두었다.

오 십 유 오 이 지 우 학
吾十有五而志于學。《논어》,〈위정〉 4.

바로 이어진다.

나이 서른에 (학문을) 세웠다.

삼 십 이 립
三十而立。《논어》,〈위정〉 4.

여기서 그가 말한 '학문'은 위에서 본 육예가 아니었다. 그는 먹고살기 위한 생계형 기예 습득 너머의 학문을 보고 있었다.[5] 다름 아닌, 세상을 경영하고 백성을 보살피는 '경세제민'의 학이었다. 사람 사는 세상이 아닌 세상에서 그는 사람 사는 세상을 꿈꾸었다. 그래서 나이 열다섯에 경세제민하여 사람 사는 세상을 만들어 가는 공부를 하겠다는 포부를 품은 것이고, 나이 서른에 그 학문 체계를 세워 이루었다는 것이다. 훗날 사람들이 유학이라고 일

킨게 되는 '군자학君子學'이 바로 그것이었다.[6]

공자에 따르면 사람 사는 세상은 국가 사회 제도의 문제가 아니었다. 그것은 그저 '사람'에 달린 일, '사람'이 만드는 것이었다. 다만 아무 사람이 아니라 '사람다운 사람', 그런 사람이 '된 사람' (엄격하게 말하자면 '되어 가는 사람'), 즉 '군자'가, 오직 '군자' 만이 만들 수 있는 것이었다.

앞서 보았듯이 공자가 태어난 세상, 시대, 나라, 가정은 그에게 전혀 축복이라고 할 수 없었다. 그런 면에서 그는 매우 박복한 사람에 속했다. 그러나 그는 건장한 몸에 영특한 두뇌를 물려받았다. 여기에 누구도 따를 수 없을 만큼 강한 탐구 정신, 게다가 공부를 좋아하는 유별난 취미까지 가졌다. 훗날 술회한 바 있듯이 공부가 무엇보다 좋았고 누구보다도 공부하기를 좋아했다는 공자다.

열 가구가 사는 읍에도 반드시 나(구丘)만큼이나 올곧고 신뢰할 만한 이가 있을 것이나 나처럼 학문을 좋아하는 이는 없을 것이다.

십 실 지 읍   필 유 충 신 여 구 자 언   불 여 구 지 호 학 야
十室之邑, 必有忠信如丘者焉, 不如丘之好學也。
《논어》, 〈공야장公冶長〉 28.

그랬다. 그렇게 공자는 고래로부터 축적된 '문화의 세례'를 듬뿍 받을 수 있는 조건을 두루 갖춘 사람이었다.[7] 그것이 그가 받은 축복의 전부였고 그 축복 속에 오늘에 이르기까지 탐구의 대상이 되고 있는 학문을 창시한 것이었다.

제2장

사람은 나지 않고 된다

습 상 원 야
習相遠也

(살아가는 생활) 습성이 서로를 멀어지게 한다

세상은 사람이 만든다.

사람 사는 세상은 사람다운 사람이 '된 사람'이 만든다.

그런 '된 사람', '군자'는 하늘이 내려 주는가.

본디 '군자'가 될 그릇이 따로 있는 것인가.

아니다. 공자에 따르면 타고난 본성이 사람을 만들지 않는다.

태어나 익힌 습성이 사람을 서로 다르게 만든다.

사람은 자기가 익힌 습성으로

자기 자신과 또한 다른 사람들과 소통을 하고 관계를 맺는다.

그렇게 습성 – 소통 – 관계 속에 존재한다.

《논어》는 '군자'의 길을 밝힌 책이다.

길은 수신 연후 제가, 치국, 평천하로 이어진다.

공자의 '군자학'은 그 길에 요구되는 지적, 내면적, 사회적 차원의

습성과 소통 및 그로써 이루어가게 되는 관계를

두루 밝힌 '종합' 윤리학이다.

잘 알다시피 맹자孟子는 자타가 공히 인정하는 공자의 후계자이다. 공자 사후 100년 정도 후에 태어나 공자가 세운 학문을 발전시켜 후대에 전승했다. 그에게 공자는 최고의 인간이었다. 《맹자》는 술회한다.

사람이 생겨난 이래 아직 공자(같은 이)는 없었다.

自有生民以來, 未有孔子也。 《맹자》, 〈공손추상公孫丑上〉 2.

하지만 그 같은 극존의 추앙 속에서도 맹자는 나름의 창의적 사유를 펼쳤다. 인간이란 대체 어떤 자인가. 이는 윤리학의 출발점이라 할 만큼 중요한 문제에 속한다. 여기에서 맹자는 이른바, 측은·수오·사양·시비의 사단四端 성선설性善說을 내놓았다.

측은하게 여기는 마음이 없다면 사람이 아니고, 부끄러워하는 마음이 없다면 사람이 아니다. (또한) 사양하는 마음이 없다면 사람이 아니고, 옳고 그름을 판단하는 마음이 없다면 사람이 아니다.

無惻隱之心, 非人也, 無羞惡之心, 非人也。
無辭讓之心, 非人也, 無是非之心, 非人也。
《맹자》, 〈공손추상〉 6.

인간을 측은·수오·사양·시비의 네 가지 착한 마음을 타고난 본디 선한 존재라고 본 것인데 이에 후생 순자荀子는 성악설性惡說로 대립각을 세웠다.

사람의 본성은 악한 것으로 선함은 가식이다. 사람은 본성대로 태어나면서부터 이익을 좋아하게 마련이다.

인 지 성 악　　기 선 자 위 야　　금 인 지 성　　생 이 유 호 리 언
人之性惡, 其善者僞也。今人之性, 生而有好利焉。
《순자》,〈성악性惡〉1.

누구 말이 옳을까. 사람은 본디 선한 자일까, 아니면 본디 악한 자일까. 오늘날에는 우스꽝스러운 질문일 뿐이다. 세상에 백 퍼센트 선한 자, 백 퍼센트 악한 자가 어디 있겠으며, 설혹 있다고 한들 지구상에 존재하는 인간 모두가 본디 착하고 혹은 본디 악하다니. 일일이 전수 조사를 해 보지 않아도 우리가 일상에서 만나는 몇몇 인간 행위로 미루어 보아도 충분히 결론을 낼 수 있는 일이다. 그런 것은 없다.

후학들이 하늘처럼 받드는 대사부大師父 공자는 그런 불필요한 논란거리를 만들지 않았다. 애당초 인간 존재를 유전적으로 물려받은 고유의 형질, 즉 본성 차원에서 접근하지 않았다. 타고난 본성이 아닌, 살아가면서 갖게 되는 생활 습성 차원에서 접근했다. 《논어》에서 그는 인간의 본성과 습성을 콕 꼬집어 둘을 배치背馳시켜 이야기한다. 그 이상 명료할 수 없는 표현으로 서술한다.

(타고난) 본성은 서로 비슷하지만, (살아가는 생활) 습성이 서로를 멀어지게 한다.

성 상 근 야　　습 상 원 야
性相近也, 習相遠也。《논어》,〈양화陽貨〉2.

사람은 본래 타고난바, 착한 형질과 못된 형질이 뒤섞여 있고

그 섞여 있는 정도가 별 차이가 없어, 태어날 때는 도긴개긴 모두 서로 비슷한 존재이지만 자라면서 개별적으로 혹은 사회적으로 익히고 얻은 버릇·습속·습관에 따라 저마다 혹은 집단마다 서로 다른 존재로 변하게 된다는 이야기다.

놀랍다. 현대적 시각과 맞닿아 있는 통찰이다. 현대 철학은 인간을 관계적 존재로 파악한다. 무릇 인간이란 저마다 세상과 개별적으로 맺는 관계 속에서, 맺는 관계의 모습에 따라, 그 모습만큼 존재하는 자라는 생각이다. 이때의 '관계'란 한 인간 개체 혹은 집단이 다른 존재를 만나서 하는 일정한 행동 방식의 묶음을 말한다. 공자는 이 '관계'가 생활 습성, 즉 (개체적) 버릇 혹은 (집단적) 습속·습관 등에 의해 결정된다고 본 것이었다.

그렇다. 사람은 난 대로, 태어난 그대로 사는 존재가 아니다. 타고난 본성이 아니라 태어나 구체적 삶의 현장에서 습득하게 된 형질, 즉 생활 습성에 따라 사는 존재이다. 그렇게 익힌 생활 습성이 사람을 만드는 것이며 사람은 그렇게 만들어진 존재로서, 그만큼 살아가는 것이다. 다시 말해 사람은 살아가면서 익힌 습성에 따라 세상과 이런저런 소통을 하며, 그 소통의 결과로써 이런저런 관계를 맺게 되고 그 속에서 구체적으로 이런저런 존재가 되어 살아가는 것이다.

우리가 사는 세상은 '우리'가 만든다. 이런저런 존재로 '태어난 우리'가 만드는 것이 아니다. 살아가면서 이런저런 존재가 '된 우리'가 만든 결과물이다. 그렇기에 우리가 사는 세상이 '사람이 사람답게 사는 세상'이 못 된다면 그것은 우리가 사람다운 사람으로 태어나지 못했기 때문이 아니다. 우리가 사람다운 사람이 못 되었기 때문이다. 그것이 공자가 자기가 태어난 세상을 살면서 내린 시대 진단이었다.

그러면 어찌해야 하는가. 당연했다. '사람이 사람답게 사는 세상'을 만들자면 사람이 바로 '사람다운 사람'이 되어야 하는 것이다. 그것이 공자의 시대 처방이자 동시에 나이 열다섯에 뜻을 두게 된 학문의 출발점이었으며 문제의식이었다.

콩을 삶아서 띄우면 메주가 되고 메주를 장독에 넣어 숙성, 발효시키면 된장이 된다. 학문이 나오는 경로도 그와 다르지 않다. 문제의식이 익으면 화두話頭가 되고 화두가 궁리窮理에 들어가 숙성, 발효되면 학문이 된다.

공자가 나이 서른에 세웠다고 한 학문은 다른 것이 아니다. '사람다운 사람'이란, 사람다운 사람이 '된 사람'이란 과연 어떤 존재인 것인가. 그런 존재가 되고자 한다면 무엇을 어찌해야 하는가. 세상과 어떤 관계를 맺어야 하는가. 이를 위해 어떻게 소통해야 하는 것인가. 어떤 습성을 익혀야 하는 것인가. 바로 그러한 화두를 내고 사람다운 사람이 '된 사람'을 십여 년간 각고의 궁리 끝에 '군자'로 답을 낸 학문, 즉 '군자학'이 공자의 학문이다.

공자가 '군자'라고 답을 낸 그 '된 사람'은 어떤 습성을 가진, 어떤 소통을 하는, 어떤 관계 속에서 존재하는 존재인가.

우리 인간이 세상과 맺는 관계는 하나가 아니다. 잘 알다시피 대체로 다음 네 가지로 나누어 볼 수 있다.

그 첫째는 아무래도 자연과의 관계이다. 인간은 자연과 소통하여 관계를 맺고, 관계를 이어가지 않으면 한순간도 삶을 살 수가 없다. 태어나면서 울음으로 시작한 자연과의 소통, 즉 숨쉬기로 이 세상의 삶을 시작하고 마지막 숨을 거둠으로써 이 세상을 하직한다. 한 사람이 일생 동안 어떤 습성으로 자연과 어떤 소통을 하며 어떤 관계를 맺고 살았는지, 그 습성 – 소통 – 관계가 생태적 차원에서 구체적으로 개별 인간 존재를 드러내 준다.

틈틈이 달리기나 수영 같은 유산소 운동을 하는 습성을 몸에 익히면 활기찬 삶을 살 수 있다. 자연과의 소통이 순조롭고 자연과의 관계가 조화롭다. 건강하게 삶을 이어간다. 그렇지 않고 마약을 하는 습성에 젖으면 환각에 빠져 몽롱한 삶을 살게 된다. 자연과의 소통이 순조로울 수가 없다. 자연과 갈등을 일으켜 건강을 해치고 조만간 그로 인해 삶을 마치게 된다.

사람은 자연과의 관계 속에서만 살지 않는다. 여러 다른 사람들과 소통하고 관계를 맺으며 산다. 사회적 소통, 사회적 관계라고 한다. 참된 마음으로 다른 사람을 대하는 습성을 몸에 익히면 사회적 소통이 순조롭고 사회적 관계가 평화롭다. 반대로 자기만 생각하고 남을 해치는 못된 습성에 빠지면 사회적 소통이 어지럽고 사회적 관계가 갈등으로 점철되며, 그런 습성을 못 버리면 갈등이 더욱 악화되어 관계는 결국 파탄으로 치닫게 된다.

사람은 다른 사람들뿐 아니라 자신 안의 또 다른 나, 자기 자신과 소통하고 관계를 맺으며 산다. 내면적 소통, 내면적 관계이다. 주차장에서 차를 빼다가 그만 옆 차의 문을 살짝 긁어 놓았다. 아무도 보는 사람은 없다. CCTV도 설치되어 있지 않다. 어떻게 할까. 그때 '또 다른 나'가 내게 말한다. '그냥 가지 뭐. 크게 긁은 것도 아니고 살짝인데.' 다음 순간 '또 다른 나'가 말한다. '아니야. 크든 작든 긁었잖아. 네 연락처를 남겨.'

전자와 같은 유혹에 빠지는 습성은 어두운 내면적 관계를 만든다. 그에 따라 나는 비굴한 존재, 음습한 존재가 된다. 종종 '왜 그랬을까' 하는 회한에 빠지고 심하면 정신 건강을 해치는 지경에 이르기도 한다. 후자와 같은 소리에 따르는 습성은 밝은 내면적 관계를 만든다. 덕분에 나는 당당한 존재, 쾌활한 존재가 된다. 자기 자신에게 '그래, 잘했어' 하며 스스로를 자랑스럽게 여긴다. 그로써 좋은 정신 건강을 유지하며 살아간다.

위 세 가지 차원의 소통 - 관계는 우리 인간의 삶에서 빠트릴 수 없는 필수적인 요소들이다. 사람들은 일상에서 빈도가 잦든 뜸하든, 심도가 깊든 얕든 하루도 빠짐없이 여러 가지 소통을 한다. 그 바탕 위에 이루어진 생태적, 사회적, 내면적 관계 속에 위치해 살아간다. 물론 이것이 다는 아니다. 이 외에, 절대자와 소통하며 맺는 관계가 하나 더 있다. 어떤 이들에게 이는 부차적이거나 없다시피 한 것이지만 다른 어떤 이들에겐 앞의 세 가지 차원의 것 못지않게 중요한 소통 - 관계이다.

한 사내가 있었다. 세상이 그에게 베푼 것은 가난과 굶주림이었다. 빵 한 조각을 훔치고 수차례 탈옥을 시도한 대가로 19년을 감옥에 갇혔다가 나온 그를 기다리고 있었던 것은 사회적 배제였다. 수중에 돈이 있어도 사 먹을 수가 없었다. 그래도 세상에 그렇게 죽으란 법은 없었는지, 굶주린 그에게 한 사제가 따뜻한 저녁 한 끼를 베풀었다. 은식기를 훔쳐 달아나다가 붙잡혀 온 그에게 왜 빠트리고 갔냐며 은촛대까지 얹어 주었다. 새로운 삶이 시작되었다. 그는 몸을 팔아 가며 아이 양육비를 대던 미혼모의 딸 코제트를 아동 학대의 늪에서 건져냈다. 지성으로 키웠다. 신상이 탄로

나 새 삶이 파탄에 처할 수 있음에도 불구하고 선뜻 몸을 던져 마차에 깔린 노인을 구했다. 자신의 뒤를 캐며 평생 목을 옥죄었던 사람이 붙잡혀, 자신의 손에 그를 죽이고 살리는 재량권이 주어졌을 때 그는 그를 풀어 주었다.

우리가 잘 아는 불쌍한 사람들, 《레 미제라블》의 장 발장 이야기다. 사제로부터 용서와 은혜로움을 받은 그는 차후 일생을 고귀한 사랑과 용기와 희생으로 사람들을 보듬으며 살았다. 원수 같은 사람을 풀어 주는 자비까지 베풀었다. 인간의 한계를 뛰어넘는 성스러움이 우리의 가슴을 가득 채운다. 소설 속 이야기이지만 실제에서도 그런 유사한 사례가 전혀 없지는 않다. 우리는 절대자와의 소통을 통해 그렇게 한껏 존재적 고양高揚을 얻는 은총을 누리기도 한다.

우리 인간이 사는 삶의 현장은 대체로 그러하다. 생태적, 사회적, 내면적 그리고 종교적 차원에서 개별적으로 저마다 혹은 집단적으로 그룹별로 몸에 익힌 습성에 따라 소통하고 관계를 맺으며 살아간다.

공자는 그러한 네 차원에서 발현되는 습성 - 소통 - 관계 속에서 삶을 영위하는 인간 존재에 대해 잘 인식하고 있었던 것으로 보인다. 하지만 그가 위 네 가지 차원 모두에서 인간 존재를 두루 또한 고루 살피고 파악했던 것은 아니다. 그의 관심은 선별적이었고 공부는 집중적이었다.

증자曾子의 해설에 따르면 공자의 학문, 군자학은 격물치지에서 출발한다. 사람다운 사람이 되고자 하는 사람이라면 해야 할 일이 여럿 있는데 그 무엇에 앞서 격물치지해야 함을 강조했던바, 공자

의 '군자'가 밟아야 할 첫 번째 길이 격물치지였던 것이다.[1]

격물치지란 무엇을 말하는 것인가. 격格은 탐구 행위를 말한다. 지知는 앎을, 치致는 치밀한 노력 끝에 어디에 도달함을 뜻한다. 그러니 격물치지란 물物을 탐구하여 치밀한 앎에 이름을 뜻하는 것이다.

그렇게 뜯어보지만 무엇을 말하는 것인지 여전히 모호하다. 물物이 무엇을 지칭하는 것인지가 문제다. 자연 속에 자연 그대로 존재하는 사물을 뜻하는 말일 수 있다. 여기에 더해 인간과 자연과의 관계에서 나오는 결과물, 인공물도 포함하는 개념일 수도 있다. 어쩌면 보다 더 포괄적으로 세상에 존재하는 모든, 유무형의 모든 세상만사, 세상 만물일 수도 있다.

전해지는 '자왈子曰' 가운데 이에 대해 명확히 언급한 말씀은 없다. 그러니 달리 방법이 없다. 관계 하나하나에 대해 헤아려 따져서 대강에 맞추어 추정하는 수밖에 없다.

공자의 학문이 자연 과학이 아닐진대 격물치지의 물이 자연 그 자체일 수는 없다. 또한 생태학이나 농학 혹은 경제학 등이 아닐진대 격물치지의 물이 인간과 자연과의 관계에 국한되는 것일 수도 없다. 그렇다면 공자가 말한 격물치지의 물은 자연 그 자체, 인간과 자연과의 관계를 포함한 세상만사, 세상 만물 모두를 말하는 것이어야 하겠다. 하지만 세상에 어느 누가, 어느 학문이 세상만사, 세상 만물 모든 것을 탐구 대상으로 하며 그 이치에 통달할 수 있겠는가.

일찍이 그런 사람, 그런 학문은 없었고, 지금도 없으며, 미래에도 없지 않겠는가. 공자, 그리고 그의 '군자학'이라고 다를 수 없다. 다행히 공자 스스로 자신의 관심사, 군자의 관심사를 한정함으로써 자신의 학문 영역과 군자의 길을 정의해 두고 있다.

《논어》에서 읽는다.

어느 날 제자 번지樊遲(번수라고도 한다)가 농사짓는 법을 배우고 싶다며 스승에게 여쭈었다. 그러나 공자는 그에 대해 아는 바가 별로 없다고 답을 회피했다. 이에 그치지 않고 번지가 나가자 남아 있는 다른 제자들에게 이렇게 뒷담화까지 했다.

> 번수는 소인이로고. (…) (군자가) 농사짓는 법을 알아서 무엇하겠는가.
> 小人哉, 樊須也。(…) 焉用稼。《논어》, 〈자로〉 4.

그렇게 공자 유학은 자연 그대로의 자연은 물론 인간과 자연과의 관계를 탐구 대상으로 하는 격물엔 별 관심이 없다. 물리나 생태, 산업, 경제 등의 영역에서 일어나는 인간과 자연과의 관계는 공자의 '된 사람', 군자가 관심을 갖고 탐구할 대상이 아닌 것이다.

종교적 관계 또한 마찬가지이다. 비록 하늘을 경외한 것은 사실이었으나 공자의 하늘은 범자연의 것이었지 절대적 힘을 가진 어떤 특정한 존재가 사는 곳이 아니었다. 따라서 절대자와 깊이 소통하고 절대자와 깊이 관계를 맺는 일에는 별 관심이 없었다. 어느 날 귀신을 섬기는 법을 묻는 제자 자로에게 이렇게 답할 정도였다.

> 사람도 미처 다 못 섬기는데 어찌 능히 귀신을 섬기겠느냐?

미 능 사 인　　언 능 사 귀
未能事人, 焉能事鬼。《논어》, 〈선진先進〉 12.

그의 주된 관심사는 다른 데 있었다. 증자는 공자가 그렸던 사람다운 사람이 '된 사람', 군자의 길을 다음과 같이 정리해 밝혔다. 위에서 본 바와 같이 출발점은 격물이었다.

격물格物, 사물을 깊게 탐구함으로써 치지致知, 치밀한 앎에 이른다. 앎에 이른 뒤에는 성의誠意, 뜻한 바를 정성껏 가다듬는다. 정성껏 뜻을 가다듬은 다음엔 정심正心, 마음가짐을 바르게 한다. 마음가짐을 바르게 한 뒤 수신修身, 행동거지를 말쑥하게 닦는다. 행동거지를 말쑥하게 닦은 후 제가齊家, 가정을 (반듯하게) 꾸린다. 가정을 반듯하게 한 후에 치국治國, 나라를 (질서 정연하게) 다스린다. 나라를 질서 정연하게 한 뒤에 평천하平天下, 세상을 태평하게 만든다.

격 물 이 후 지 지　　지 지 이 후 의 성　　　의 성 이 후 심 정
格物而後知至, 知至而後意誠, 意誠而後心正,
심 정 이 후 신 수　　신 수 이 후 가 제　　가 제 이 후 국 치
心正而後身修, 身修而後家齊, 家齊而後國治,
국 치 이 후 천 하 평
國治而後天下平。《대학》 2.

그랬다. 공자의 군자가 가는 최종 목적지는 평천하平天下, 밝은 덕이 환하게 비추는 세상, 사람들이 태평하게 사는 세상, 즉 사람이 사람답게 사는 세상이다. 이러한 세상에 이르기 위해서는?

치국治國, 나라를 질서 정연하게 다스리는 정치가 있어야 한다. 그러려면, 정치를 담당하는 군신 간 관계가 바로 서야 한다. 그들

간의 소통이 문제다. 군신 간 소통이 군주다운 군주, 신하다운 신하의 것이어야 한다. 군주다운 군주, 신하다운 신하이기 위해서는?

군주는 군주대로 신하는 신하대로 저마다 제가齊家, 자기 가정을 반듯하게 꾸려야 한다. 그러려면, 각기 가정의 현재와 미래를 대표하는 부자간 관계가 바로 서야 한다. 이때도 그들 간의 소통이 문제다. 가정 내 소통이 아비다운 아비, 자식다운 자식의 것이어야 한다.

그랬다. 공자가 집중한 관계는 다름 아닌 사회적 관계였다. 집밖에서 같이 일하는 사람들 간에, 그리고 집 안에서 함께 사는 사람들 간에 형성되는 관계가 문제였다. 그런 사람들 간의 관계 속에 흐르고 있는 사람들 간의 소통, 사회적 소통이 그의 주된 관심사였다. 사람 사는 세상을 만들어 가자면 반드시 닦고 또 닦아야 할 가장 중요한 인프라로 보았기 때문이었다.

우리는 누구나 사회적 관계 안에서 인정받고 싶어 한다. 집에서 부모로서, 자식으로서 사랑과 존중받는 아버지, 어머니, 자식이고자 하고 학교에서 선생님으로부터 친구로부터 또한 사랑받고 존중받는 학생이고자 한다. 직장에 다니면 직장에서 상사가, 동료·후배들이 자기를 알아주기를 원한다. 나아가 어떤 이들은 나라 안에서, 세계에서 알아주는 사람, 셀럽이 되고 싶어 하기도 한다.

그러나 누구나 다 그렇게 살아가지는 못한다. 세상살이는 살고 싶은 대로 살아지는 것이 아니다. 사회적 관계 속에서 인정받으며 사는 것은 어려운 일이다. 자기 생각에는 받아 마땅한 존경이나 존중은커녕 무시당하기도 하고 홀대 받거나 어떤 경우에는 천대도 받는다. 오늘 우리도 갑질이 만연한 사회에 살고 있는데 2천 5백 년 전은 어떠했겠는가. 더하면 더했지 덜하지 않았으리라. 더욱이 흙수저였으니 공자가 살아가면서 무시나 홀대, 천대를 수없이 보고 또 직접 겪었으리라는 것은 불문가지라 하겠다. 하지만 그는 제자들에게 말했다. 스스로 다짐하듯이 말했다.

남이 나를 알아주지 않는 것을 근심하지 말고, (내가) 남을 알지 못하는 것을 근심하라.

불 환 인 지 불 기 지   환 부 지 인 야
不患人之不己知, 患不知人也。《논어》, 〈학이〉 16.

사람답게 살고자 하는 사람이라면, 사람다운 사람이고자 하는 사람이라면 다만 내가 '남을 알지 못함'을 근심해야 하는 것이었다. 그것이 요체였다. 남을 알려면 어찌해야 하는가. 소통해야 한다. 그러자면? 말을 알아들어야 한다.

말을 알지 못하면, 그로써 다른 사람을 알 수는 없다.

부 지 언   무 이 지 인 야
不知言, 無以知人也。《논어》, 〈요왈堯曰〉 3.

꼭 말뿐이 아니다. 짓는 표정 하나, 움직이는 작은 손동작 몸동작 하나하나가 의미 있는 소통의 기호이다. 어떤 사람이든 만나면 그가 하는 말은 물론이고 그가 내는 그런 비언어적 기호도 주의 깊게 살펴야 한다. 그래야 소통하는 것이고 그렇게 소통하면 사람을 알게 되는 것이다. 공자는 그런 인간의 소통법에 대해서도 매우 잘 알고 있었고 이를 제자들에게 환기시켜 주었다.

그가 하는 바를 보고, 그가 살아온 경유를 살피고 편안히 여기는 바를 눈여겨보아라. 사람이 어찌 (자신을) 숨길 수 있겠는가. 숨길 수 있겠는가.

視其所以, 觀其所由, 察其所安。

人焉廋哉, 人焉廋哉。《논어》, 〈위정〉 10.

그렇게 소통 수단이 언어든 혹은 비언어적 기호든 간에 소통에서 중요한 것은 남을 아는 것이었다. 공자에게 소통은 다른 사람을 알기 위해서 하는 것이지 남에게 자기를 알리기 위해서 하는 것이 아니다. 남이 자기를 알아주기를 바라는 의도에서 하는 것은 더더욱 아니다. 그렇기에 사회적 관계 및 소통에 있어서 그의 관심사, 그의 근심은 남이 아니라 바로 '나', 오로지 '나'에게 향해 있다. 공자는 말한다.

군자는 (자신이) 능력이 없음을 괴로워하며 남이 자기를 알아주지 않음을 괴로워하지 않는다.

君子病無能焉, 不病人之不己知也。《논어》, 〈위영공衛靈公〉 19.

소통이 잘못되면 그래서 관계가 어그러지게 될 경우, 공자의 '된 사람'은 다른 구실을 찾지 않는다. 남 탓은 없다. 그저 내 탓일 뿐이다. 이를 공자는 활쏘기에 빗대어 정곡을 찔러서 말한다.

활쏘기는 군자와 비슷한 점이 있다. 과녁 한가운데를 맞히지 못하면 자신에게서 잘못을 찾는다.

사 유 사 호 군 자　실 저 정 곡　반 구 저 기 신
射有似乎君子。失諸正鵠, 反求諸其身。《중용中庸》 14.

활을 쏘아서 과녁 한가운데를 맞히지 못하면 누가 잘못한 것인
가. 활을 쏘지 않고 옆에서 지켜보고 있던 다른 사람인가. 그럴
리가 없다. 활을 쏘아서 못 맞힌다면 사수의 실력이 모자란 거다.
공자에 따르면 소통도 그와 같다. 다른 사람들과의 소통에서 근심
해야 할 것은 '남'이 아니라 '나'이다. '남의 눈에 비친 나', '남이
평가하는 나'가 아니라 '내가 갖추고 있는 나의 실력', 즉 '나의
사람 됨됨이'이다.

공자는 바로 이어서 또 빗대어 말한다. 군자의 길을 먼 여행길에
빗대어, 높은 산 등반에 빗대어 이렇게 말한다.

군자의 길은 비유컨대 멀리 가려면 반드시 가까이에서 시작하
는 것과 같고, 높이 오르려면 반드시 낮은 곳에서 시작하는 것
과도 같다.

군 자 지 도　벽 비 여 행 원 필 자 이　벽 여 등 고 필 자 비
君子之道, 辟譬如行遠必自邇, 辟如登高必自卑。
《중용》 15.

그 가까운 곳, 낮은 곳이란 다른 것이 아니다. 먼 곳에 있는 평천
하, 치국, 제가가 아니다. 바로 나의 사람 닦음, 수신修身을 말한다.
수신은 격물, 사물의 탐구에서 시작한다. 치밀한 탐구로 치밀한
앎을 얻는다. 앎이 얻어지면 자신과의 대화, 내면적 소통으로 뜻을
가다듬고 마음가짐을 바르게 한다. 사회적 소통에서 문제가 생기

면 곧바로 내게 문제가 없었는지를 성찰한다.

그 역정에 완성은 없다. 군자가 행하는 내면적 소통은 끝이 없다. 성찰의 담금질은 매일 끊이지 않고 계속된다. 그렇게 해서 이룬 형상, 그 존재가 곧 '수신한 나'이고 그런 나라면 사람다운 사람이 되기 위한 여정의 훌륭한 출발을 끊었다고 할 수 있다. 비로소 군자의 길에 들어서게 되는 것이다.

그렇다고 바로 군자가 되는/된 것은 아니다. 이제 비로소 군자의 길에 들어섰을 뿐 갈 길이 멀다. 수신하여 사람다운 사람이 되었으면 이어서 자신을 사회적 소통 및 관계 속으로 투신해서 확장해 가야 한다. 가정을 반듯하게 꾸리고 나라 질서를 질서 정연하게 만드는 데 힘써야 하며, 나아가 세상을 태평하게 만드는 데 온 힘을 다 기울여야 하는 것이다.

요컨대 성의, 정심, 수신이 사람다운 사람이 되기 위한 필요조건이라면 제가, 치국, 평천하는 사람다운 사람이 되기 위한 충분조건인 셈이다. 공자에 따르면 이 두 조건을 모두 충족할 때 사람은 비로소 사람다운 사람, 군자의 위상에 오른다. 즉, 수신에 이어 제가하면 그만큼 '된 사람', 제가에 이어 치국하면 그만큼 더 '된 사람', 끝으로 평천하에까지 이르면 더 이상 바랄 나위 없이 최고의 '된 사람'으로 자신의 존재를 점차 격상해 가는 것이다.

《논어》는 그렇게 사람다운 사람이 '된 사람', 즉 군자의 길을 밝힌 책이다. 공자의 군자학은 그렇게 '된 사람', 즉 군자가 세상을 살아가면서 지적, 내면적, 사회적 차원에서 익힌/익혀야 하는 습성, 행하는/행하여야 하는 소통, 그리고 이루어가는/이루어가야 하는 관계를 두루 밝힌 '종합' 윤리학이라 하겠다.

제3장

된 사람은 소통에 진심이다

언 사 충
言思忠

(자기가) 하는 말이 진실한지를 생각한다

사람은 나지 않고 된다.

타고난 본성이 아니라 익힌 습성만큼 사람이 된다.

사람다운 사람이고자 하면 반드시 익혀야 할 습성이 있다.

무엇보다 먼저 충忠, 곧 참된 마음가짐을 익히고 써야 한다.

그래야 사람 사이에 신뢰가 쌓인다.

다른 사람에게 신뢰를 줄 수 있어야 사람다운 사람이다.

사람답게 '된 사람'은 무엇보다 먼저 자기 자신에게 참되다.

연후에 아비로서, 자식으로서 집 안에서 참되다.

나아가 군주로서, 신하로서, 벗으로서 밖에서도 참되다.

그로써 수신, 제가, 치국, 평천하,

그렇게 차례차례, 차츰차츰 크게, 사람 사는 세상을 만들어간다.

가식이 습성인 사람을 어찌 사람이라 할 것이며,

가짜 뉴스를 즐기는 사회를 어찌 사람 사는 곳이라 하겠는가.

일찍이 2천 5백 년 전 공자가 낸 화두이다.

군주의 자리에 오른 지 30년이 넘는 장년의 제후가 만 서른다섯이 된 청년 선비에게 중후한 목소리로 말문을 열었다.

정치란 무엇이오.

정 어 공 자
政於孔子。《논어》, 〈안연顏淵〉 11.

말을 건넨 이는 사치를 좋아하고 백성을 도탄에 빠트리고 있던 혼군昏君이었다. 선비는 아부할 생각이 추호도 없었다. 꼿꼿한 자세로, 잡은 두 손을 얼굴까지 올리며 정중하게, 그러나 한 음절, 한 음절 씹어가며 분명한 어조로 답했다.

임금은 임금다워야 하고, 신하는 신하다워야 하며, 아비는 아비다워야 하고, 자식은 자식다워야 합니다.

군 군　신 신　부 부　자 자
君君, 臣臣, 父父, 子子。《논어》, 〈안연〉 11.

과연 노회한 정치인이었다. 당신부터 임금다운 임금이어야 한다고 일갈한 것이나 군주는 능글맞은 미소를 입가에 띠며 받아넘겼다.

좋은 말씀이로고. 진실로 만일 임금이 임금답지 못하고, 신하가 신하답지 못하며, 아버지가 아버지답지 못하고, 아들이 아들답지 못하면, 비록 곡식이 있은들 내가 (어찌) 그것을 얻어먹을 수 있겠소.

선 재　신 여 군 불 군　신 불 신　부 불 부　자 부 자
善哉。信如君不君, 臣不臣, 父不父, 子不子,

수 유 속　오 득 이 식 저
雖有粟, 吾得而食諸。《논어》, 〈안연〉 11.

자기가 잘 먹고 잘살고 있으니 자기가 다스리고 있는 제齊나라 자식들은 모두 자식답고 아비들은 아비답고 신하들은 신하다우며 특히 자기 또한 군주다운 군주라는 소리 아닌가. 그렇게 권력자의 강변으로 끝난 대화였지만 젊은 선비의 답변은 불후의 명언으로 역사에 길이 남았다.

그 일화의 주인공, 공자는 출사를 꿈꾸던 젊은이였다. 대국 제나라 경공景公과의 면담은 아마도 오매불망 기다려 온 자리였을 것이고 '군군 신신, 부부 자자'는 준비된 도발이었을 터이다. 그로써 그는 무엇을 기대했을까.

경공이 보였던 그런 둘러침이 전혀 아니었을 것이다. 그렇듯 대화가 허무하게 바로 종료되는 것을 원하지 않았을 것이다. 젊은 조사釣師는 자기가 미끼 삼아 던진 도발을 잉어가 진지한 질문으로 꽉 물어 주기를 원했고, 연후에 오가는 줄다리기 끝에 장차 둘이 '군군', 군주다운 군주와 '신신', 신하다운 신하가 되어 함께 머리를 맞대고 사람 사는 세상을 구현해 가는, 그런 멋진 관계로 발전해 가게 되기를 내심 기대하지 않았을까.

그렇다. 관계가 깊어지고 발전해 가기 위해서는 소통이 시작되어야 한다. 하지만 소통이란 깨지기 쉬운 유리그릇과도 같은 것이다. 한쪽이 툭 묻고서는 다른 쪽이 하는 답에 껄껄거리며 적당히 둘러치게 되면 바로 깨지고 마는 것이다. 이에 따라 양쪽 간의 관계 또한 바로 끝나게 마련이다.

군자가 하는 소통법은 그런 것이 아니었다. 내면적 소통이든 사회적 소통이든 군자는 소통을 소중히 여긴다. 소통을 통해 자신의 몸 닦음, 수신의 깊이를 더 깊게, 수신의 폭을 더 넓게 해 갈 수 있기 때문이다. 또한 사회적 관계를 더 깊게, 더 넓게 확장해 갈 수 있기 때문이다.

그런 생산적이며 창조적인 소통을 하려면 어찌해야 하는가. 어느 날 공자는 제자 자하子夏와 이런 대화를 나누었다. 늘 그렇듯 제자가 물었다.

'멋진 미소를 지닌 미남, 눈빛이 아름다운 예쁜 눈, 하얀 비단 위에 무늬가 곱구나'. 이는 무슨 뜻인지요.

교 소 천 혜　　미 목 반 혜　　소 이 위 현 혜　　하 위 야
巧笑倩兮, 美目盼兮, 素以爲絢兮。何謂也。
《논어》,〈팔일八佾〉 8.

스승이 답했다.

그림 그리기는 하얀 비단 다음에 하는 일이다.

회 사 후 소
繪事後素。《논어》,〈팔일〉 8.

비유는 빗대어 말한다. 적용할 수 있는 사례를 특정하지 않음으로써 우리로 하여금 여러 가지를 생각할 수 있게 해 준다. 제대로 이해하기 위해서는 잘 헤아려 짚어 낼 줄 알아야 한다. 스승의 답을 듣고 제자는 이렇게 물어서 그 뜻을 확인한다.

예禮는 (인) 다음에 할 일이라는 뜻인가요.

예 후 호
禮後乎。《논어》,〈팔일〉 8.

이에 스승은 마침내 더불어 이야기할 수 있게 되었다며 제자를 크게 칭찬한다. 공자의 제자들은 스승을 많이 닮았다. 적당히 넘어가지 못한다. 답을 받으면 꼬리를 이어 또 묻는다. 같은 자리가 아닌 다른 자리에서도 스승의 말씀에 대해 잊지 않고 다시 여쭌다.

> 번지가 인仁에 대해 여쭈었다. 공자가 답했다. (…) 사람과 함께할 때는 충忠으로 해야 한다.
> 번 지 문 인   자 왈   여 인 충
> 樊遲問仁。子曰。(…) 與人忠。《논어》,〈자로〉 19.

예를 차리려면 인부터 닦아야 하며, 인을 닦아 다른 사람들에게 행하려면 그에 앞서 충부터 갖추어야 한다는 것이었다. 충을 갖추라니, 무슨 뜻인가. 직장에서 모시고 있는 상사에게, 보스에게 그들의 뜻을 거스르지 말고 순종하며, 지시하는 바를 고분고분 잘 수행하라는 뜻인가. 속해 있는 조직과 집단이, 사회와 국가가 지향하는 바에 거스르지 말고 잘 받들라는 뜻인가. 이는 아마도 먼 훗날 유학이 국학이 되고 사회가 유교 사회, 국가가 유교 국가가 된 다음에 이념화되어 오늘에 이르게 된 충의 내용이다. 그러나 본디 공자가 말하는 충은 사뭇 다르다.

그의 '된 사람'은 늘 아홉 가지를 생각하며 생활하는데 그 가운데 하나가 언사충이다. 이때 충이란 진실한 마음, 진정한 마음, 진심을 뜻한다. 그래서 언사충은 이렇게 풀이된다.

(자기가) 하는 말이 진실한지를 생각한다.

(…) 言_언思_사忠_충。《논어》, 〈계씨季氏〉 10.

여인충與人忠의 충 또한 같다. 사람과 함께할 때 충, 곧 소통할 때 진심으로 해야 한다는 뜻이다. 요컨대 예나 인을 군자가 수신하고 나아가 제가, 치국, 평천하로 사회적 소통을 넓혀가는 데 있어서 취해야 하는 덕목 혹은 행동 양식이라고 한다면, 소통이라는 그림을 그림에 앞서 사전적으로 준비해 두어야 할 '하얀 비단'이 바로 충, 참된 마음 혹은 진심이라는 이야기였다.

참된 마음 혹은 진심은 인간의 본성에 해당하는 형질이 아니라 습성이다. 격물치지하여 치밀한 앎을 갖춘 다음 성심껏 뜻을 세우고 마음을 바르게 닦을 때 비로소 얻게 되는 습성이다.

충, 즉 마음을 참되게 하는 습성은 사람다운 사람이 '된 사람'이 혹은 그런 사람이 되고자 하는 사람이 장만해야 하는 '하얀 비단'이다. 내면적 소통이든 사회적 소통이든 무릇 소통은 충의 습성으로 해야 하는 것이었고 그래야 소통이 사람 사는 관계, 사람 사는 세상의 관계로 열매 맺게 되는 것이었다.

증자는 자타공인, 스승 공자의 말씀을 가장 잘 이해했던 제자였다. 그는 날마다 스스로를 되돌아 살폈다. 그 가운데 첫째가 다름 아닌 충의 실천 여부였다.

나는 날마다 세 번 스스로 살핀다. 사람들을 위해 일을 도모하면서 진심을 다하지 못한 것은 아닌가. 벗들과 함께 사귀면서 믿음을 다하지 못한 것은 아닌가. 전하면서 익혀 배움은 다하지 못한 것은 아닌가.

<ruby>吾<rt>오</rt></ruby><ruby>日<rt>일</rt></ruby><ruby>三<rt>삼</rt></ruby><ruby>省<rt>성</rt></ruby><ruby>吾<rt>오</rt></ruby><ruby>身<rt>신</rt></ruby>。<ruby>爲<rt>위</rt></ruby><ruby>人<rt>인</rt></ruby><ruby>謀<rt>모</rt></ruby><ruby>而<rt>이</rt></ruby><ruby>不<rt>불</rt></ruby><ruby>忠<rt>충</rt></ruby><ruby>乎<rt>호</rt></ruby>。

<ruby>與<rt>여</rt></ruby><ruby>朋<rt>붕</rt></ruby><ruby>友<rt>우</rt></ruby><ruby>交<rt>교</rt></ruby><ruby>而<rt>이</rt></ruby><ruby>不<rt>불</rt></ruby><ruby>信<rt>신</rt></ruby><ruby>乎<rt>호</rt></ruby>。<ruby>傳<rt>전</rt></ruby><ruby>不<rt>불</rt></ruby><ruby>習<rt>습</rt></ruby><ruby>乎<rt>호</rt></ruby>。《논어》, 〈학이〉 4.

그렇게 충은 군자라면 필히 갖추어야 하는 것일 뿐 아니라 자칫 흐트러질세라 늘 살펴야 하는 것이었다. 늘 살피고 혹여 모자람이 있다면 마땅히 갈고 닦아 채워야 할 일이었다. 내면적 소통, 나아가 사회적 소통의 성사 여부가 거기에 달려 있기 때문이었다.

혹 당신은 사람다운 사람이 되고자 하는가. 그런 '된 사람', 즉 '군자'이고자 하는가. 그렇다면 먼저, 당신 내면을 참된 마음으로 들여다보아야 한다. 참된 마음으로 또 다른 나와 대화해야 한다. 양심의 소리에 귀 기울여야 한다.

또한 집 안에서 아비로서 자식을 대할 때, 자식으로서 아버지를 대할 때, 남편으로서 아내를 대할 때, 자식으로서 어머니를 대할 때 참된 마음으로 해야 한다. 집 밖에 나가 친구들을 대하고, 직장 상사, 동료, 후배뿐 아니라 비즈니스 파트너를 대할 때 또한 참된 마음으로 해야 한다.

혹 당신이 공직자라면, 공무원이라면 공적 업무를 참된 마음으로 감당해야 한다. 정치인, 선출직 공무원이라면 시민들, 국민들을 대할 때 참된 마음으로 해야 한다.

그래야 인격을 가진 개인으로서, 가장家長 혹은 가정의 성원으로서, 친구로서, 직장 동료로서, 공복公僕으로서 '된 사람'이고 '군자'이다. 그렇지 아니하고 거짓으로, 가장假裝된 마음으로, 가식적으로 대한다면 당신은 사람다운 사람이 아니다. '덜된 사람' 혹은 '되지 못한 사람'이고 '소인'이거나 '소인'이지도 못한 망나니일 뿐이다.

이유는 간단하다. 참된 마음으로 소통하지 않으면 소통은 깨진다. 신뢰가 없기 때문이다. 내가 하는 말, 하는 행동거지를 내가 신뢰할 수 없는데 무슨 내면적 소통이 있을 것이며, 상대가 하는 말, 하는 행동거지를 신뢰할 수 없는데 무슨 사회적 소통이 있겠는가. 있다면 참되지 아니한 거짓 소통, 그릇된 소통이 있을 뿐이다. 이에 공자는 다시 빗대어 말한다.

사람인데 신뢰하지 못한다면 그게 가능한 것인지 모르겠다. 큰 수레에 끌채 끝 쐐기가 없다면, 작은 수레에 끌채 끝 쐐기가 없다면 그런 수레를 어떻게 몰고 다닐 수 있을까.

인 이 무 신　　부 지 기 가 야
人而無信, 不知其可也。
대 거 무 예　　소 거 무 월　　기 하 이 행 지 재
大車無輗, 小車無軏, 其何以行之哉。《논어》, 〈위정〉 22.

말을 함에 있어서, 행동함에 있어서 참된 마음이 없으면 신뢰가 없고, 하는 말과 하는 행동거지에 신뢰가 없다면 인간이라 할 수 없다는 말씀이다. 빗댐으로는 성에 안 찼는지 다른 대목에서는 직설로 내지른다.

사귀는 친구와 나누는 말에 믿음이 있으면, 비록 (그가) 배우지 못했다고 하더라도 나는 꼭 그를 배운 사람이라고 말하겠다.

여 붕 우 교 언 이 유 신   수 왈 미 학   오 필 위 지 학 의
與朋友交言而有信, 雖曰未學, 吾必謂之學矣。
《논어》, 〈학이〉 7.

공자가 누구인가. 그 무엇보다도 배우기 좋아함을 남이 따라오
지 못할 자신의 최고 역량이자 덕목으로 쳤던 사람 아닌가. 그런
사람이 배움을 아낌없이 뒷전으로 밀치고 그 앞에 신뢰를 놓았다.
제아무리 많이, 크게 배웠다고 한들 믿지 못할 인간이라면 아무짝
에도 쓸모없으며, 오히려 믿음이 있는 자야말로 진실로 배움이 있
는 자라는 것이다.

그만큼 공자에게 신뢰는 인간다운 인간관계 형성에 있어서, 사
람 사는 세상을 만들어 감에 있어서 없어서는 안 될 가장 기초적이
며 핵심이 되는 덕목이었다. 현대에 들어와 프랜시스 후쿠야먀
Francis Fukuyama 같은 학자들이 '사회 구성원 간의 신뢰가 경제
발전을 이끈다'며 '신뢰'를 국가 사회 발전의 기초가 되는 '사회적
자본'의 핵심 요소로 재인식하고 있는데[1], 이보다 2천 5백여 년이
나 앞서 나온 공자의 인식이 그랬다.

그렇듯 중요한 사회적 자본, 신뢰는 어떻게 구축될 수 있는 것인
가. 공자의 생각을 차용해 답하면, 참된 마음 없이는 어림 반 푼어
치도 없는 일이었다. 참된 마음이 모든 것의 바탕이었다. 참된 마음
없이 신뢰 없고, 신뢰 없이 사람도, 소통도 없는 것이었다. 요컨대,
마음을 참되게 하는 습성을 가져야 믿을 수 있고, 믿음이 있어야
사람다운 사람이며 또 그래야 사람 사이의 소통이 있는 것이다.
함께하는 사람 사이에 하는 소통이 그래야, 사람 사는 세상, 사람
이 사람답게 사는 세상이 있다는 것이다.

지극히 마땅하고 옳은 이야기겠다. 그러나 우리가 지금 사는 꼴에 비추어서는 참으로 충족하기 어려운, 어쩌면 가능하지 않은 군자의 첫 조건이 아닌가 한다. 어느 누가 백 퍼센트 참된 마음으로 또 다른 나와 내면적 소통을 하며 다른 이와 사회적 소통을 한단 말인가. 오늘날 우리가 사는 세계에 그런 사람, 그런 종족은 아마도 없지 않을까 싶다.

　백 퍼센트 참된 마음이 아니라 팔십, 칠십 퍼센트로 낮추면 혹 있지 않을까. 보호해야 할 '천연기념물'로 분류되어야 할 종족이긴 하겠지만 어쩌면 그런 사람들이 꽤 있을 듯싶다. 그런 사람들이라면 충분히 '된 사람'이라 할 수 있지 않을까. 존경받아 마땅한 '군자'가 아닐까. 그런 사람들이 치국, 평천하의 길에 나선다면 사람 사는 세상을 기대해 보아도 되지 않을까. 그렇겠다. 그렇게 되면 참 좋겠다.

　그 아래로 기준을 낮춰야 한다면, 어디까지 낮추면 우리가 사는 세상이 그래도 사람 사는 세상이라는 생각이 들까. 절반 이상의 소통이 거짓이라면 사람 사는 세상일까. 아닐 것 같다. 적어도 절반 이상은 소통을 참되게 해야 하지 않을까 싶다. 그래야 스스로를 반신반의半信半疑하며, 온전히는 아니더라도 아쉬운 대로 반은 신뢰할 수 있는 나로 존재할 수 있지 않을까. 그래서 서로를 반신반의, 온전히는 아니더라도 아쉬운 대로 반이나마 신뢰할 수 있는 우리가 된다면, 그런 우리로 구성된 사회 공동체는 그래도 절반은 믿을 수 있는 곳이 되지 않을까. 그런 우리여야 반쪽이나마 사람다운 사람이고, 반쪽이나마 사람 사는 세상으로 나아갈 수 있는 것 아닌가.

그런데 지금 우리는 어떠한가. 나의 말은, 행동거지는 참된가. 신뢰할 만한가. 절반이나마 그러한가. 우리가 사는 세상은, 국가 공동체는 안녕한가. 절반이나마 그러한가.

얼마 전, 국회 국정 감사 자리에서 한 야당 국회 의원이 법무부 장관을 상대로 시민 제보를 받았다며 질의를 했다. 서울 강남의 한 술집에서 새벽까지 대통령과 술자리를 같이하지 않았느냐는 것이었다. 그 자리에 우리나라 최대 법무 법인 소속 변호사가 서른 명이나 함께 있지 않았냐는 것이었다. 그런 국가 사회적 파장이 엄청나게 클 이야기를 제대로 된 사실 확인도 없이, 그는 확고한 진실인 양 호도하여 질의했다.[2] 법무부 장관이 명백한 허위라고 답했으나 이후에도 여러 차례 사실이 틀림없다고 강변했다. 그러나 이는 얼마 후 전혀 사실이 아닌 것으로 밝혀졌다.

질의한 국회 의원은 한때 유력 일간지의 버젓한 기자, 논설위원이었고 이전 정부 대통령실 대변인으로서 대통령의 입 역할까지도 했던 인사였다. 경력상 거짓을 농하면 안 되는 사람이었다. 그런 사람이 도대체 왜 그랬던 것일까.

그가 사람다운 사람이 못됐기 때문일까. 참이 아니라 거짓을 즐기는 습성에 젖은 '되지 못한 사람, 덜된 사람'이기 때문일까. 아마도 그렇겠지만 온전히 모두 그 탓만은 아니지 않을까 싶다.

그 아닌 우리에겐 아무 문제가 없는 것일까. 우리 중에 거짓을 소비하면서 환호하고 즐기는 사람들이 없어도 그가 그렇듯 거짓 소통을 시도했을까. 지금 우리는 과연 얼마나 진실을 찾고 즐기는 생활 습성을 갖고 있을까. 내면적 혹은 사회적 소통을 과연 얼마나 진정한 마음으로 행하고 있을까. 반신반의, 절반이나마 진심일까.

많은 이들이 거짓에 중독된 습성에 젖어 있는 사회, 거짓에 중독된 소통을 즐기고 소비하는 사회, 과연 그 미래가 밝을까. 일찍이 공자가 낸 화두이다. 지금도 그러하나 그때도 참 견디기 어렵고 힘든 화두였다. 그래서 어질 인仁의 윤리를 설파한 그도 그런 사람, 그런 세태에 대해서는 역겨움을 참지 못하고 그만 미운 마음을 토로하고 만다.

(나는) 검붉은 자색이 밝은 빨간색을 침탈하는 것을 미워한다. 정나라 음악이 아악을 어지럽히는 것을 미워한다. 제 잇속에 입 방아로 나라와 집안을 뒤집어엎는 것을 미워한다.

惡紫之奪朱也。惡鄭聲之亂雅樂也。
惡利口之覆邦家者。《논어》, 〈양화〉 18.

제4장

절실히 묻는다

切問

(군자는) 절실히 묻는다

'된 사람'은 소통에 진심이다.

익힌 충忠은 소통의 나라에 들어가기 위한 생체 비자와도 같다.

참된 마음을 지녀야 비로소 참된 소통의 길에 들어설 수 있다.

그러나 들어섰다고 거침없이 나아갈 수 있는 길이 아니다.

길에는 통과해야 하는 문도 서 있고 넘어야 하는 늪도 있다.

길 초입에 선 첫 번째 문은 '물음의 문'이다.

'된 사람'은 누군가를 만나면 묻는다. 말문을 트기 위해서다.

또한 상대를 존중하는 예를 닦는 것이기도 하다.

묻되 그는 건성으로 묻지 않는다. 절실하게 묻는다.

묻는 그 무엇에 대해 진실로 알고 싶기 때문이다.

절실한 물음은 값어치를 한다.

절실할수록 배울 거리를 크게 안겨다 준다.

그렇게, 그로써 소통은 속이 깊어지고 폭이 넓어진다.

'물음의 문'을 여는 패스워드는 '절실한 물음'이다.

공자는 묻기를 즐겨하는 사람을 매우 좋아하고 즐겨 칭송했다. 하루는 제자 자공子貢이 스승에게 물었다.

공문자는 (사람들이) 왜 그를 일컬어 문文이라 하는지요.

공 문 자 하 이 위 지 문 야
孔文子何以謂之文也。《논어》, 〈공야장〉 15.

공자가 알려 주었다.

영민하면서도 공부하기를 좋아하여 아랫사람에게 묻는 것을 부끄러워하지 않았다. 그래서 그를 문이라 부른 것이다.

민 이 호 학   불 치 하 문   시 이 위 지 문 야
敏而好學, 不恥下問。是以謂之文也。《논어》, 〈공야장〉 15.

자기가 모르는 것을 묻는 것은 당연한 일이다. 배워서 모르는 것을 알게 될 수 있기 때문이다. 위 일화에서도 자공은 물음으로써 몰랐던 것을 알게 되었다. 대화 혹은 소통은 그렇듯 물음으로 시작되며 묻는 자에게 배울 거리라는 값진 선물을 물어다 준다.

물론 '군자'가 꼭 그렇게, 앎이 탐나기 때문에 묻는 것은 아니다. 그는 알아도 묻고 몰라도 묻는다. 공자 자신이 평소에 그렇게 했다. 그것이 '된 사람'이 지녀야 할 습성이고 예였다.

언제인가 공자가 노나라 시조 주공周公 단旦을 모신 사당에 예를 드렸다. 그곳에 들어가면서부터 나올 때까지 매사를 작은 것 하나 놓치지 않고 물었다. 이런 모습을 본 사람이 후에 주위 사람들한테 공자의 흠을 보았다.

누가 추·지방의 아들이 예를 안다고 말했는가. 태묘에 들어서는 매사를 묻더라.

숙 위 추 인 지 자 지 례 호　　입 태 묘　　매 사 문
孰謂鄹人之子知禮乎。入太廟, 每事問。《논어》, 〈팔일〉 15.

그랬다고 하더라는 말을 전해 들은 공자가 말했다.

그(렇게 매사를 묻는) 것이 예다.

시 례 야
是禮也。《논어》, 〈팔일〉 15.

그렇게 어디서든 묻고 또 묻는 것이 '된 사람'이 행하여야 할 예이고 덕이었다. 제자 중에 공자의 총애를 가장 듬뿍 받았던 안회顔回의 행동거지도 똑같았다. 어느 날 증자는 세상을 먼저 떠난 그를 그리며 이렇게 추도했다.[1]

(그는) 능력이 있으면서도 능력이 없는 사람에게 물었다. 아는 것이 많았으나 적은 사람에게 물었다. 있으면서 없는 양했고, 차 있으면서도 비어 있는 양했다.

이 능 문 어 불 능　　이 다 문 어 과　　유 약 무,　실 약 허
以能問於不能。以多問於寡。有若無, 實若虛。

《논어》, 〈태백泰伯〉 5.

그 스승에 그 제자, 그들은 왜 그랬던 것일까.

사람들은 만난다. 오프라인이든 온라인이든 만나서 같이 일을 하기도 하고, 같이 놀며 즐기기도 하고, 누군가 혹은 모두가 안고

있는 문제를 해결하기 위해 서로 생각을 나누기도 한다. 그렇게 어울려 맺는 관계를 보면 그 안에 참여하여 사람들이 하는 소통의 길이 보인다. 그 안에서 대화를 나누는 화자話者와 청자聽者의 습성이 보인다.

사물이든 사람이든 거짓된 마음으로 대하는 흑심黑心의 습성을 가진 사람들끼리 나누는 대화라면 소통의 길이 엉망진창이다. 나아갈수록 갈등의 늪이 깊어지고 종내는 서로를 해치는 상극 관계로 귀결되기 십상이다.

일방은 충, 진심을 다하는 습성을 가졌으되 타방은 간奸 혹은 사邪가 가득한 흑심의 습성을 가진 사람들끼리 나누는 대화라면 소통의 길이 어지럽다. 좀체 앞으로 나아가기 어려울 뿐 아니라 나아간다고 한들 좋고 사이 깊은 관계를 기대하기는 어렵다.

다른 경우가 하나 더 있을 수 있다. 화자와 청자, 묻는 이와 답하는 이 모두 서로를 참된 마음으로 대하는 충의 습성을 가진 사람들끼리 만나 나누는 대화이다. 이 경우라면 일단 반듯한 소통의 길이 기대된다.

하지만 익힌 충의 습성은 반듯한 소통의 나라에 들어갈 수 있는 생체 비자와도 같은 것일 뿐, 그것이 함께 오래, 멀리 가는 소통의 길까지 보장하는 것은 아니다. 그것만으로 서로에게 유익하고 참된 원원의 관계를 얻을 수 있는 것은 아니다.

소통의 길은 곧장 앞으로 평탄하게 뻥 뚫려 있지 않다. 언덕도 오르고 마루도 넘고 비탈도 타고 내리면서 굽이굽이 감돌며 뻗은 길이다. 굽이엔 굽이마다 문이 서 있고, 문에는 문마다 다른 패스워드가 걸려 있다.

충의 습성을 익혀 소통의 길에 들어서면 초입 첫 굽이에서 문 하나를 만나게 된다. '물음의 문'이다. 소통의 여정을 본격적으로 소화해 가려면 무엇보다 먼저 이 '물음의 문'부터 열어야 하는 것이다. 이 문은 어떻게 여는 것인가.

모임에 가면 장광설을 늘어놓는 사람이 더러 있다. 아니 꽤 많이 있다. 대부분 재미없는 이야기를 눈치 없이 들려준다. 그래서 듣는 이들 모두 한바탕 고역을 치러야 한다. 많은 우리들의 모임이 그러하다. 간혹 재미있는 이야기, 유익한 이야기를 하는 이도 있다. 그러면 운수 좋은 날이다. 하지만 두 경우 모두 대화가 실종된 자리이기는 마찬가지다.

그런 곳에 소통은 없다. 소통 없이 엮인 관계는 썩은 새끼줄과도 같다. 우리의 삶에 아무런 도움이 되지 못한다. 도움은커녕 위험하다. 썩은 줄도 모르고 유사시에 덥석 잡았다간 수직 낙하, 골로 갈 수도 있다.

'물음의 문'은 물음으로 연다. 한 토막이어도 물음이 우리를 문턱 너머로 난 소통의 길로 성큼 발을 내딛게 해 준다. 그러나 아무 물음이나 그저 묻기만 하면 되는 건 아니다. 건성으로 던지는 물음이라면 소통의 길은 잠시 열리는 듯하다가 바로 끊겨버린다.

앞 장 모두冒頭에서 그런 만남의 자리를 이미 보았다.

공자를 만난 경공이 '정치란 무엇이오'라며 말문을 먼저 열었다. 그로써 둘은 소통의 길에 들어섰다. 자기가 보자고 부른 젊은 선비에게 군주가 합당한 예를 갖추었다고 할 수 있다. 그러나 선비가 '군군 신신, 부부 자자'로 답하니 바로 마무리를 지어버렸다. 건성으로 물었는데 심각하게 나왔기 때문이었다.

'군군 신신, 부부 자자'는 소통에 진심이었다면 그만 뭉개버리고 말 답이 아니었다. 귀를 의심할 정도로 당돌하면서도 의미심장한 답이었다. 하지만 제후는 의뭉스러웠다. 짐짓 무슨 말인지 못 알아들은 척하고 서둘러 대화를 끝냈다.

애당초 그 자리의 목적이 군주가 천하의 현인들을 두루 만나 치국평천하의 지혜를 구하는 현군임을 대내외에 두루 과시하는 데 있었던 것이리라. 젊은 현자라고 소문이 난 자였기에 불러서 물었고 그로부터 답도 들었으니 그것으로 소기의 목적은 달성한 셈이었다. 그 이상 문답으로 골치 아플 이유가 전혀 없었다. 더 이상 묻지 않았고 그로써 소통의 길은 열리는 듯했다가 바로 끊겼다.

소통의 길 초입 굽이에 선 첫 번째 문의 패스워드는 그렇듯 그냥 '물음'이 아니다. 어떤 것인가. 제자 자하가 한 토막의 말로 깨우쳐 주고 있다.

널리 배우고 뜻을 돈독히 하며, 절실히 묻고 생각하기를 가까이 한다. 인은 그 가운데 있는 것이다.

博學而篤志, 切問而近思。仁在其中矣。

《논어》, 〈자장子張〉 6.

바로 그것이었다. 소통의 길 초입에 첫 굽이에 난 첫 번째 문의 패스워드는 다름 아닌 절문, '절실한 물음'이었다. 물어서 돌아온 의미심장한 답에 대해 더 묻지 않고 물음을 아낀다는 것은 애당초 첫 물음에 진심을 담지 않았기 때문이겠다. 건성으로 물은 물음에 젊은 선비가 진심으로 답을 해 오니, 물은 쪽에서 와락 겁이 났을

지도 모를 일이었다.

그러나 군주다운 군주라면 의당, 공자가 낸 '군군 신신, 부부 자자'와 같은 답을 기대하고 또한 반겨야 했다. 가슴 한구석에 진정 신하를 잘 거느리고 백성을 잘 다스려 나라를 안정시키고 태평성대를 구가하고자 하는 뜻이 있다면, 듣는 순간 크게 기뻐하며 한층 더 깊이 들어가 물어야 했다.

'군군 신신, 부부 자자라니 대체 무엇을 말하는 것이오'.

체면 불고하고 젊은이가 낸 답의 꼬리를 바로 물면서 그렇게 물었어야 했다. 그런 것이 다름 아닌 '아랫사람에게 묻기를 부끄러워하지 않았던' 공문자의 물음이었고, '아는 것이 많았으나 적은 사람에게 물었던' 안회의 물음이었으며, 자하가 환기시켜 주었던 '절실한 물음'이었다.

만약 경공이 그렇게 물어 왔다면 공자는 어떻게 나왔을까.

그가 혼군이기에, 그래서 더 말을 섞고 싶지 않아서 그만 입을 꾹 다문 채 뒷걸음질로 조용히 물러 나왔을까. 아니었을 것이다. 올린 답에 대해 군주가 묻지 않는데도 부연해 설명한다면 대우탄금對牛彈琴,[2] 소 앞에서 거문고를 타는 격이겠으나 절실하게 묻는데 '된 사람'이 어찌 답을 아끼겠는가. 그 또한 자세를 바르게 하며 기꺼이 보따리를 풀었을 것이다. 이전 20여 년간 스스로 닦고 세운 '군자학'의 진수를 추려서 경공에게 진심을 다해 군주다운 군주, '군자 군주'를 설파했을 것이다.

그렇게 소통의 길이 끊이지 않고 이어졌다면 둘 사이가 '군군 신신'의 원원 관계로 발전해 갈 수 있었을 것이다. 특히 경공은 많이 깨우침을 얻고 더 크게 배우고 더 돈독하게 '군주다운 군주'

가 될 뜻을 다져갈 수도 있었을 것이다. 그러나 애석하게도 그에게는 그런 '절실한 물음'이 없었다.

그가 특히 못난 사람이라 그런 것은 아니겠다. 그토록 중요한, 어쩌면 맷돌을 돌리는 데 없어서는 안 될 어처구니와도 같은 것임에도 불구하고 실상 소통의 길에서 '절실한 물음'을 만나기는 여간 어렵지 않다. 특히 어느 나라든 국가 최고 지도자에게서 그런 '절실한 물음'을 듣는다는 것은 가뭄에 콩 나는 격이 아닐까 싶다. 예나 지금이나, 그 옛날 제나라나 지금 우리나라나 별반 다르지 않다.

대한민국 대통령들은 '국민과의 대화'를 좋아한다. 국민과의 대화는 제13대 대통령 노태우 정부가 1990년 6월 처음 선보였다. 각계 인사 120명을 초청하고 사전에 선정된 12명이 질의하고 대통령이 답하는 형식으로 진행되었다. 김영삼 정부와 박근혜 정부 때는 없었으나 김대중, 노무현, 이명박, 문재인 정부는 거르지 않고 '국민과의 대화'를 가졌다. 출범한 지 8개월도 채 되지 않은 제20대 윤석열 정부도 2022년 12월 서둘러 '국민과의 대화'를 열었다.

행사 구성 및 진행은 모두 대동소이했다. 그때마다 '국민과의 대화' 이벤트에 대해 친정부 언론에서는 '직접 민주주의의 귀중한 체험'과 같은 낯 뜨거운 견강부회牽强附會나 '국내외 한반도 정세 및 경제 등 국정 전반에 대한 대통령의 탁월한 지식'과 같은 씁쓸한 '용비어천가'를 사설 혹은 기사로 올려서 지원했다.[3] 반면 '국민과의 대화' 이벤트를 한 번도 열지 않은 박근혜 정부에 대해서는 이를 빌미 삼아 소통 부재, '불통'의 낙인을 하나 더 찍어 놓았다.

그러나 실상을 들여다보면 부끄러울 뿐이다. 대한민국 대통령들의 '국민과의 대화'는 실상 대부분 사전 각본을 갖고 연출하는 이벤트다. 국민들이 질문하되 질문하는 사람과 질문 내용이 사전에 정해진다. 그 외의 사람이 질문할 수는 없다. 질문하는 사람도 정해진 질문 외의 것을 질문할 수는 없다. 대통령은 어떤 질문이 어떤 순서로 나올지 다 알고 있다. 어떤 답을 해야 할지 이미 다나와 있고, 외워서 답하거나 메모를 보면서 답하면 된다. 대통령은 답변을 하는 자이지 질문하는 자가 아니었다. 질문한 국민은 대통령이 한 답에 대해 다시 질문해서는 안 되었다. 그렇게 질의자와 답변자, 질의 내용 및 답변 내용 모두가 설정되어 있었다. 어떤 누구도 '절실한 물음'에 대한 부담 없이 사전에 주어진 대사를 잊지 않고 읊으면 되는 극장 무대였다.

사전 각본에 따라 무대에서 무엇인가를 보여 주는 것을 통칭하여 '연극'이라고 한다. 연극에서 배우는 연출이 정해 준 동선에 따라 움직이면서 주어진 대사를 주고받는다. 이를 '연기'라고 한다. 연극을 연극이 아닌 것처럼 꾸미면, 연기를 연기가 아닌 것처럼 가장하면, 그보다 더 웃기는 코미디는 또 없다.

정도가 지나치게, 말도 안 되게 웃기면 소가 웃을 일이라고 한다. 북에서는 더욱 신랄한 표현을 쓴다. '삶은 소대가리도 앙천대소할 노릇'이라고 한다.[4] 대한민국 대통령의 '국민과의 대화'가 딱 그 짝이다. '절실함' 이전에 '진실함'이 몇 조각이나마 묻어 있다면 다행이다. 대한민국 대통령들에게는 어떻게 보이는가가 중요하지, 말하는 내용이 진실인지 효과가 있는 것인지는 별로 중요하지 않은 것이다. 끝나고 야당 쪽에서 비판의 소리가 나오면 부정하고 우기면 그만이다. 그 옛날 제나라 경공이 이런 꼴을 본다면 '나 때는 말이다. 아무리 그래도 그렇게는 안 했다'며 개탄하지 않을까 싶다.

국민과 대화한다면서 최고 지도자가 특정하여 묻는 것이 없다. 경공은 건성이나마 모르는 척하며 한마디 묻기라도 했다. 그러나 대한민국 대통령은 모든 것을 다 안다. 하늘을 우러러 한 점 모르는 게 없다. 경공처럼 모르는 척을 하지 않아도 된다. 게다가 대통령이 답변하면 거기에 무엇인가 더 알고 싶어서 추가로 하는 심층 질문은 허용되지 않는다. 완벽한 설정이다.

그런 곳에 무슨 '절실한 물음'이 나오겠는가. '절실한 물음'이 없으니 어떻게 소통다운 소통이 나오고 이어지겠는가. 그런 터에 '국민과의 대화'를 어찌 '직접 민주주의의 귀중한 체험'이라며 호들갑을 떨 것인가. 그 옛날 제나라 경공이 젊은 선비와의 대화를 '현인을 널리 구하는 군주'임을 널리 알리는 데 쓰고 말았듯이 오늘날 대한민국 대통령 또한 '국민과의 대화'를 그저 '국정 전반에 대한 대통령의 탁월한 지식'을 홍보하는 데 쓰면 그만이라는 속내 아니겠는가.

대통령이 진정 '국민과의 대화'를 하고자 한다면? 왜 방법이 없겠는가. 중립적 지위가 보장된 위원회가 하나 필요하지 않을까 싶다. 위원회를 그때그때 비非상설로 설치, 운영하면 행정적으로나 재정적으로 부담도 그리 크지 않으리라. 연후에 위원회에서 국민으로부터 질문거리를 받아 질문을 선정하도록 하자. '국민과의 대화'가 '장학 퀴즈'가 아니고 내실 있고 깊이 있는 답변이 요구되는 자리인 만큼 선정된 질문은 사전에 대통령실에 전달이 되어야 하겠다. 대통령에게 답변을 준비할 시간적 여유를 충분히 확보해 드리자는 거다. 선정된 질문을 낸 사람은 의당 '국민과의 대화' 자리에 질의자로 초대되어야 하겠고 그에게는 대통령의 답변에 최소 1회는 추가로 질문할 기회가 보장되어야 하겠다. 이는 '절실한 물음'이 헛돌지 않고 '내실 있는 답변'을 받도록 하는 데 필요한 최소한의 장치이다. 그런 포맷이라면 충분하지는 않더라도 비로소 국민의 공복으로서 국민에 충忠하는 대통령의 '국민과의 대화'가 될 수 있지 않을까 싶다. 그렇지 않고 지금처럼 하는 '국민과의 대화'라면, 말로는 국민의 공복이나 실제로는 국민에 불충하는 오만한 권력자의 정치 쇼에 불과할 따름이니 더는 하지 않는 게 국민을 조금이나마 존중하는 처사이겠다.

소통의 길은 사람들이 서로 충, 참된 마음으로 만날 때 비로소 들어설 수 있는 길이다. 그 길은 굽이굽이 감돌며 뻗어 있고 굽이마다 문이 서 있다. 그 너머로 가자면 열어야 할 문들이다. 초입 첫 굽이에 난, 첫 번째 소통의 문은 '물음의 문'이다. 그냥 그저 그런 물음이 아니라 '절실한 물음'으로 물을 때 비로소 열린다. 대한민국 정치를 3류, 5류라 한다. 안타깝다. 아니 절망스럽다. 소통의 수준으로 보아서는 3류, 5류는커녕 2천 5백여 년 전 제나라 정도이거나 그보다 못한 수준이 아닐까 싶어서다.

제5장

생각을 가까이, 바르게 한다

사 무 사

思無邪

생각에 간특함이 없다

'된 사람'은 절문, 절실하게 묻는다.
물음에 내실 있는 응답이 오면 소통은 배움으로 이어진다.
하지만 배움은 양날의 칼과도 같다.
앎을 얻는 대신 자칫 '나'를 잃고 길을 잃을 수도 있다.
'물음의 문' 너머로 나아가는 소통자의 운명이다.
공자는 그런 위험한 배움의 길 위에
두 번째 소통의 문, '생각의 문'을 세운다.
이 문에 걸린 패스워드는 근사近思와 사무사思無邪이다.
'된 사람'은 근사, 생각하기를 가까이한다.
그럼으로써 '나'를 잃지 않고 바로 세운다.
'된 사람'은 또한 사무사, 생각에 간특함이 없다.
그로써 뜻을 바루고 바른 소통의 길로 나아간다.
'군자'는 그런 절문근사하는 변증법으로 세상과 소통한다.
그런 소통이 내는 '바른길'로 사람 사는 세상으로 나아간다.

소통은 트인 공간이다. 나 자신에게 트여 있고 남에게 트여 있다. 그 트여 있는 만큼 트인 공간이다. 그 트임은 지금에 얼어붙어 있지 않다. 어제로 트여 있고 내일로도 트여 있다. 그래서 소통은 너와 나, 우리가 함께하는 시간이 흐르는 시공간, 즉 역사 공간이다. 한마디로 우리가 살아가는 삶터 그 자체이고, 엮는 수단으로 특징지어 말하자면 대화로 엮어가는 삶터이다.

대화는 양자兩者 혹은 다자가 병존하는 곳이다. 남과 하기도 하고 자기 자신과 하기도 한다. 어떤 경우의 것이든 한편으로 말하는 이, 화자가 있고 다른 한편으로 듣는 이, 청자가 있다. 말하기 위해서는 아는 것이 있고 생각을 해야 하기에 앎과 생각이 있고, 또한 들으면 배울 것이 있기에 대화는 배움이 있는 곳이다. 서로 생각이 비슷하면 공감하면서 의심의 여지를 지워가기도 하고, 서로 생각이 다르면 대립하면서 오류의 여지를 지워가기도 한다. 그런 상생相生에 대화의 의의가 있다.

대화는 장소를 가리지 않는다. 책 밖에서는 물론이거니와 책 안에서도 이루어진다. 책 읽기는 본질적으로 대화이다. 대화 중의 대화이다. 그 대화는 은밀隱密하다. 은隱은 드러나지 않는다는 뜻이고, 밀密은 촘촘하다는 뜻이다. 책 읽기는 보통 공개되지 않은 장소에서 진행된다. 그래서 남의 귀에까지 들리지 않으나, 매 구절 읽을 때마다 매 순간 서로의 생각을 주고받는 교환의 시간적 밀도가 매우 촘촘한 대화이다.

지금 우리는 그런 대화 형식으로 《논어》를 읽고 있다. 화자인 공자를 만나, 우리는 청자가 되어 그가 했던/하는 말을 듣고 있다. 그런 사실을 공자가 알고 있다면 그는 우리가 자기와 어떻게 만나기를, 어떤 대화를 하기를 바라고 기대할까. 우리가 《논어》를 어떻게 읽기를 권할까. 한자, 한문을 깨쳤으면 충분히 읽을 수 있으니, 생각하고 또 생각하여 스스로 독해에 이르기를 권할까, 아니면?

한자, 한문을 깨치고 나아가 통달했다고 해서 그로써 《논어》를 바르게 이해할 수 있는 것은 아니다. 《논어》가 전자 기기 사용 설명서 같은 실용 책자가 아니라 여러 가지 다양한 함의를 품은 철학서이기 때문이다.

예를 하나 들어 보자. 누구나 아는 공자 말씀 한 구절이다.

(나이) 마흔에 이르러 미혹을 떨쳐 냈다.

四十而不惑。《논어》, 〈위정〉 4.

《논어》, 〈위정〉에 '四十而不惑사십이불혹'이라고 한 구절을 우리말로 옮긴 것인데 이로써 공자가 무슨 이야기를 하고자 한 것인지 이해가 된 것일까. 글쎄다. 그저 번역된 상태일 뿐이다. 이해되려면 말속, 즉 화자가 말한 바의 뜻이 드러나야 한다. 이 구절의 경우, 도대체 어떤 미혹을 떨쳐 냈다는 것인지, 무엇에 흔들림이 없었다는 것인지에 대한 분별과 판단이 있어야 하는데 그렇지 못한 것이다.

혹자는 '사십이불혹'을 나이 마흔에 이르러 유혹에 흔들리지 않게 되었다고 풀이한다. 풀어서 말한 것 같긴 한데 그러나 무슨 뜻인가. 그저 글자 풀이에 지나지 않는 것 아닌가. 말속이 보이지 않는다. 든 내용 없이 두루뭉술하게 에둘렀을 뿐이다. 유혹에 흔들리지 않았다고 하는데 대체 어떤 욕심에 의해 유발된 유혹인 것인지, 물욕인지 출세욕인지 색욕인지 아니면 모든 욕심을 다 일컫는 것인지 등을 가려서 밝혀야, 정해正解든 오해든 그 구절의 뜻을 푼 것 아니겠는가.

김원중 같은 이는 '사십이불혹', 이 구절이 "(당시 공자가 노나라를 떠났다가 돌아오는 등 혼란스러운) 주변의 상황에 흔들림 없이 학문에 전념했다."는 사실을 말한 것으로 본다고 했다.[1] 이 정도면 비로소 해석이라 하겠다. 하지만 안에 담긴 속뜻이 과연 그런 것일까. 그렇게만 볼 일인가. 다른 뜻은 없는 것일까.

덧붙여 살피고 논의해야 할 것이 많다. 그에 대해서는 후에 (7장에서) 따로 우리의 해석을 더하기로 하고 지금은 다의적 함의를 갖는 구절이 가득한 철학서 《논어》 읽는 법을 논하는 차원에서 다른 예 하나만 더 들어 보기로 한다. '중화中華와 오랑캐'에 관한 공자의 말이다.

오랑캐에게 임금이 있어도 (임금이) 없는 중원만 못하다.

이 적 지 유 군　　불 여 제 하 지 무 야
夷狄之有君, 不如諸夏之亡也。《논어》, 〈팔일〉 5.

이로써 무슨 말을 하고자 한 것일까. 타민족과 중화 민족을 비교해 말한 것이니 그 말속이 궁금하다. 그래서 이 구절을 읽으면서 누군가가 혼자 곱씹으며 이런저런 가늠을 해 보고 있다고 하자. 매우 바람직한 자세가 아닐 수 없겠다. 무엇인가를 깊이 이해하는 데 꼭 필요한, 가장 기본이 되는 태도이기도 하다. 한데 공자는 그런 자세에 이런 걱정을 덧붙인다.

생각하기만 하고 배우지 않으면 위태롭다.

思_사而_이不_불學_학則_즉殆_태。《논어》, 〈위정〉 15.

대체 무슨 말인가. 공부에 관한 한, 공자는 매우 겸허하다. 그는 말한다.

옛것을 익히고 새로운 것을 알면 가히 스승이라고 하겠다.

溫_온故_고而_이知_지新_신, 可_가以_이爲_위師_사矣_의。《논어》, 〈위정〉 11.

스승이란 무엇인가 자기가 얻은 앎을 누군가에 전해 주는 존재이다. 그런 자로서 앎을 갖되 바른 앎을 가지려고 해야 할 것인데 예전에 있었던 것 그리고 현재 있는 것부터 배워야 바른 앎을 가지게 된다는 뜻이 내포된 것으로 읽힌다. 스승도 그러할진대 하물며 보통 사람이야. 그렇다. 누군가를 만나거나 책을 읽으며 대화할 때 화자의 말속에 실린 배울 거리를 익히는 데 힘씀이 마땅하고, 무엇보다 먼저 할 일이 그것이겠다.

《논어》 읽기에는 스승들이 참으로 많다. 다른 어떤 동양 고전에 비할 바가 아니다. 중국 송宋나라 때 거유巨儒 주희朱熹를 비롯해서 그 이전과 그 이후로 권위 있는 유학자들이 즐비하다. 마치 조개가 얇은 나전螺鈿 박막층을 한 겹, 두 겹, 수천 겹을 싸 영롱한 진주 한 알을 만들어 내듯이, 수백 년에 걸쳐 앞서거니 뒤서거니 하면서 그들은 저마다 나름 후생가외後生可畏[2]하는 선생이 되고 또 청출어람靑出於藍[3]하는 후학이 되어 각기 혼신의 힘을 기울여 생각하고 이해한 바를 《논어》 구절구절 주해注解로 달고 또 고쳐 달아 전해 왔다. 그런 공부들이 겹겹이 차곡차곡 쌓여 이룬 값진 지식의 보고寶庫가《논어》를 읽는 사람들 모두에게 열려 있는 것이다.

 그런 보고인데 잠시 들러보지도 않고 곧장《논어》로 직진해 들어간다? 공부가 큰 선생들은 어떻게 읽었는지 잠깐이나마 조회해 보지 않고 오직 자기 궁리만 믿고 파고들어 간다? 후세에《논어》가 제자들에 의해 어떻게 편찬되고 또 후학들에 의해《논어》에 어떤 주해들이 얼마나 어떻게 붙었는지 그 사정을 전혀 알 리 없건만 공자는 마치 알고 있었다는 듯이 배울 거리가 앞에 많이 있는데 이를 외면하고 혼자 생각하기만 하면 위험하다고 말하고 있다. 지당한 말씀이 아닐 수 없다. 일찍이 가 본 적이 없는 길을 향도嚮導 없이 홀로 찾아가면 자칫 엉뚱한 곳으로 빠지기 십상 아닌가.

 《논어》 읽기에 있어서 비록 왕도는 아닐지라도 선학先學들의 훈고訓詁는 결코 건너뛸 일이 아니다. 좋은 연구자들일수록 꼼꼼히 여러 주해를 참조한다. 보통, 중국 삼국시대 위나라 하안何晏이 쓴《논어집해論語集解》, 남북조시대 양나라 황간皇侃의《논어의소論語義疏》, 송나라 형병邢昺의《논어주소論語注疏》, 그리고 주희의《논어집주論語集注》가《논어》의 4대 주석서로 꼽힌다. 위에 소개한 '중화와 오랑캐' 구절(夷狄之有君이적지유군, 不如諸夏之亡也불여제하지무야)을 옮기면서 김원중은 우리에게 귀감을 보여 준다. 주를 달아 황간과 다산 정약용이 낸 주해를 비교해 소개하고 있다. 황간은《논어의소》에서 '중화와 오랑캐' 구절에 대해 "중국(중원)을 중시하고 만이를 천시한 것이다. 제하諸夏는 중국이다. 무亡는 없다는 것이다. 즉 오랑캐에게 비록 군주가 있어도 중국(중원)에 군주가 없는 것에 미치지 못하는 것을 말한다."고 풀었다. 단도직입의 명쾌한 해석이 아닐 수 없다. 반면 다산은 이리저리 생각이 많다. "군주가 있어 그가 오랑캐의 도를 따르는 것보다는, 군주가 없어도 제하諸夏(중원)의 도를 지키는 것이 낫다."고 보았다.[4] 함의가 사뭇 다르다. 김원중은 이들 주해를 두루 참조하며 우리말로 옮겼다.

사람에 따라서는 자력으로 위 두 가지 해석 모두를 머리에 떠올릴 수 있을 것이다. 누구는 어느 한 가지만 생각할 수도 있겠고, 또 누구는 두 해석과는 전혀 달리 풀이할 수도 있겠다. 그 어느 경우가 됐든 주해는 유용하다. 주해에 조회함으로써 자신의 생각을 확인할 수도 있고 미처 생각하지 못한 것이라면 배워서 익힐 수도 있다. 여러 다른 풀이가 있으면 그만큼 이야기 속 함의를 여러 각도에서 음미해 볼 수 있다. 그 가운데 어느 것을 택하든, 일단 조회해서 확인도 하고 배워서 익혀 두기도 하면 전혀 나쁠 것이 없다. 최종적으로 어떤 해석을 취하든 다른 시각에서도 헤아리고 취한 것이니 그만큼 선택한 해석이 더 탄탄해질 수 있다. 무엇보다도 잘못 읽어서 엉뚱한 곳으로 빠질 위험을 미연에 방지할 수 있는 것이다.

그렇듯 책 안에서든 책 밖에서든 다른 사람과의 대화에서 배울 거리를 찾고 얻으며 배움은 마땅한 일이다. 무릇 대화가 가져다주는 즐거움이자 값진 선물이기도 하다. 하지만 배움이 꼭 선善이기만 한 것은 아니다. 배움의 길이 마냥 안전하기만 한 것도 아니다. 공자의 말씀을 읽고 배우는 길이라고 해서 예외로 치부할 일이 아니다.

'중화와 오랑캐' 구절은 공자가 중화와 오랑캐를 어떻게 구별하고 차별했는지를 극명하게 말해 준다. 황간은 공자가 지니고 있는 그런 차별주의적 시각을 잘 간파했고 은폐하지 않았으며, 그래서 구절을 굴절 없이 바르게 해석해 냈다. 그런데 중화를 높이고 오랑캐를 비하하는 그런 견해를 우리가 그대로 배우고 익히면 우리에게 어떤 일이 닥치게 될까.

공자가 해당 구절에서 언급하고 있는 오랑캐 이夷는 다름 아닌 동쪽 오랑캐, 즉 우리 한민족이다. 그러니 '오랑캐에게 임금이 있어도 (임금이) 없는 중원만 못하다'는 공자의 말을 하늘처럼 알아 그대로 받들고 익혀 가슴에 새긴다면 우리에게 어떤 일이 일어나겠는가. 우리 스스로 중화보다 못한 열등한 존재임을 순순히 받아들이게 되는 것 아닌가. 설사 그로부터 깨우쳐 얻는 배움이 크다고 하더라도 그 대가로 '우리'의 자존을 바쳐야 하는 것 아닌가. 배움의 길에서 그만 '나'를 잃게 되는 것 아닌가.

그렇듯 공자 말씀에는 듣는 청자에 따라서 도저히 그냥 넘어갈 수 없는, '나'의 상실의 감수라는 그런 악의적 함의가 깔린 구절이 적지 않다. 이는 공자 사상이 민족, 남녀, 신분 등 여러 차원의 차별주의적 시각에 바탕을 두었기 때문인데 이에 대해서는 아랑곳하지 않고 그는 어쩌면 천연덕스럽게, 마치 어린애를 바깥에 내놓는 부모처럼 이렇게 말한다.

배우기만 하고 생각하지 않으면 망한다.
_{학 이 불 사 즉 망}
學而不思則罔。《논어》, 〈위정〉 15.

무슨 말인가. 망罔은 무亡와 같이 '없다'는 뜻이다. 배움의 길에 있어야 할 무엇이 없다는 것인데, 무엇이 없다는 것일까. 다름 아닌 '나의 시각', '나의 혼', 즉 '나'가 없다는 것이다. 제아무리 많이 배워서 많이 안다고 한들, '나의 시각', '나의 혼', '나'가 없으면? 이 대목에서 공자는 목소리를 높인다.

《시경》 삼백 편을 외우고 있어도 정무를 맡겼을 때 능란하지 못하고, 각처에 사신으로 보냈을 때 독자적으로 맞대응을 못하면, 아무리 외운 것이 많은들 모두 무슨 소용이겠느냐.

<ruby>誦<rt>송</rt></ruby><ruby>詩<rt>시</rt></ruby><ruby>三<rt>삼</rt></ruby><ruby>百<rt>백</rt></ruby>, <ruby>授<rt>수</rt></ruby><ruby>之<rt>지</rt></ruby><ruby>以<rt>이</rt></ruby><ruby>政<rt>정</rt></ruby>, <ruby>不<rt>부</rt></ruby><ruby>達<rt>달</rt></ruby>,
<ruby>使<rt>사</rt></ruby><ruby>於<rt>어</rt></ruby><ruby>四<rt>사</rt></ruby><ruby>方<rt>방</rt></ruby>, <ruby>不<rt>불</rt></ruby><ruby>能<rt>능</rt></ruby><ruby>專<rt>전</rt></ruby><ruby>對<rt>대</rt></ruby>, <ruby>雖<rt>수</rt></ruby><ruby>多<rt>다</rt></ruby>, <ruby>亦<rt>역</rt></ruby><ruby>奚<rt>해</rt></ruby><ruby>以<rt>이</rt></ruby><ruby>爲<rt>위</rt></ruby>。《논어》, 〈자로〉 5.

그렇게 공자는 절실한 물음, 절문切問으로 연 '물음의 문' 너머로 난 배움의 길 위에 두 번째 소통의 문을 세우고 있다. 그것은 '생각의 문'이다. 모쪼록 사람은 배우되 자기 생각이 있어야 하는 것이다. 책 안에서, 책 밖에서, 무릇 대화에서, 소통에서 배움을 얻되 그러나 그 어떤 경우라도 '나'를 잃어서는 안 되는 것이다. 그러기 위해서 '된 사람'은?

(절실히 묻고) 생각하기를 가까이한다.

<ruby>切<rt>절</rt></ruby><ruby>問<rt>문</rt></ruby><ruby>而<rt>이</rt></ruby><ruby>近<rt>근</rt></ruby><ruby>思<rt>사</rt></ruby>
(切問而)近思。《논어》, 〈자장〉 6.

공자의 '군자'는 그러한 사람이다. 책 안에서뿐 아니라 책 밖의 현실 세계에서, 일상에서 늘 생각을 가까이, 근사近思하는 사람이다.

몸매가 멋져서 보기에 좋은 사람을 보며 근사近似하다고 한다. 근사한 사람은 애써 시간을 내서 피트니스 운동도 하며 절제된 식생활을 한다. 그는 좀처럼 정크 푸드를 먹지 않는다. 식탐하지 않는다. 폭식하지도 거식拒食하지도 않는다. 적당한 양을 먹으며 입에서 건강한 치아로 잘 절삭해서 위로 넘긴다. 위는 위액으로, 작은창자는 담즙과 이자액으로 먹거리를 분해해 자양분을 만든다. 혈액은 흡수된 자양분을 몸 곳곳으로 실어 보내 활력을 불어넣는다.

'된 사람'의 배움도 그러하다. 그는 아무것이나 배우지 않는다. 배워서 좋은 것과 배워서 안 좋은 것을 가린다. 즐겨 배우되 가려서 배운다. 배워서 좋은 것일지라도 결코 '폭풍 흡입' 같은 것은 하지 않는다. 읽고 들은 것 가운데 소화해 낼 만큼만 받아들여서 잘 발달된 생각의 건치健齒로 잘근잘근 솜씨 좋게 씹어서 머리로 보낸다. 또한 머리에 들어왔다고 그것을 바로 날로 써먹지 않는다. 공자는 말한다.

길에서 듣고 (들은 것을) 길에서 말하는 것은 덕을 포기하는 것이다.

도 청 이 도 설   덕 지 기 야
道聽而塗說, 德之棄也。《논어》, 〈양화〉 14.

사람들 머리 어디엔가는 '혼'의 샘이 있다. '혼'은 정신적 DNA 같은 것이다. 저마다 가진 '혼'으로써 자기가 된다. 남과 구별된다. '된 사람' 머리에 있는 '혼'의 샘은 마르지 않는다. 늘 새롭게 샘솟아 흐른다. 그 '혼'으로 그는 잘게 씹혀 머리에 들어온 배울 거리를 소화시켜 '나'의 것으로 만든다. 거기에 그치지 않는다. 때때로 그는 소처럼 반추도 한다. 머리에 저장된 생각을 꺼내서 다시 씹는 것이다. 생각하기를 즐겨, 생각하고 또 생각한다. 그럼으로써 좁은 생각의 폭을 넓히고 얕은 생각을 깊게 하며 '나'의 생각을 더욱더 숙성시켜 간다.

허나 그로써 '생각의 문'이 활짝 열려서 그 너머로 난 소통의 길에 들어갈 수 있게 되는 것은 아니다. '생각의 문'에는 패스워드가 하나 더 걸려 있다. 공자는 '된 사람'에게 생각을 가까이하는 근사近思 외에 하나를 더 요구한다. 그는 말한다.

《시》(시경) 삼백 편을 한마디로 말하면 생각에 간특함이 없다고 하겠다.

詩三百, 一言以蔽之, 曰 思無邪。《논어》, 〈위정〉 2.

'된 사람'은 근사, 생각을 가까이하되 사무사, 생각에 간특함이 없어야 한다는 것이다. 공자의 가르침은 섬세하다. 큰 줄기에 머무르지 않고 공자는 줄기가 내는 가지도 챙겨 말한다. 그는 대강大綱 사무사의 구체적인 행동 지침도 적시한다.

군자는 아홉 가지를 생각한다. (…) 얻을 것을 보면 (그것이) 의로운 것인지를 생각한다.

君子有九思。(…) 見得思義。《논어》, 〈계씨〉 10.

이득을 볼 것 같으면 그게 의로운 것인지 아닌지를 분별해서

의롭지 아니하면 이득을 포기하라는 말이겠다. 책 안에서가 아니고 책 밖 세상에서 특히 우리가 사는 자본주의 세상에서 그런 이야기가 얼마나 먹힐까 싶다. 권력이, 부富가 혹은 명성이 쥐어진다면 메피스토Mephisto와도 기꺼이 거래하는 게 요즘 세태 아닌가. 최근에 터진 일이다.

FTX는 글로벌 암호 화폐 거래소이다. 2019년 출범하여 한때 세계 3위권 규모를 자랑했으나 2022년 말 파산 신청으로 종지부를 찍었다. 성장의 내막은 금융 사기였고 진원지는 계열사 알라메다 리서치Alameda Research였다. 이 회사 최고경영자 캐롤라인 엘리슨Caroline Ellison은 1994년생으로 부모가 미국 명문대학 MIT 경제학과 교수인 가정에서 자랐다. 수학 교과서를 집필하기도 했던 아버지는 딸에게 직접 수학을 가르쳤다. 그는 수학 천재였다. 2008년 미국수학대회AMC 1등상, 2011년 국제언어학올림피아드 IOL '베스트 솔루션상' 등을 거머쥐었다. 미국 서부 명문 스탠퍼드Stanford대 수학과에 진학했고 졸업 후 스물네 살에 알라메다 리서치의 대표가 된 그는 그런 출세의 비결로 그가 받은 교육을 꼽았다.

그런 그가 지금은 40조 원의 거대한 금융 사기의 공범으로 재판을 받고 있는 처지가 되었다. FTX의 창립자이자 대표인 샘 뱅크먼-프리드Sam Bankman-Fried와 짜고 FTX 고객들이 암호 화폐 파생 상품에 투자한 돈을 알라메다 리서치에 빼돌려 이 돈으로 고위험 투자를 하고 정치인에게 불법 선거 자금을 제공한 의혹을 받고 있는 것이다.[5]

그렇게 천재 소녀는 그만 길을 잃고 말았다. 그는 이제 밝은 세상과 절연된 채 살아야 한다. 당분간이 될지 남은 인생 전체가 될지 아무도 모른다. 타고난 재능과 노력으로 학업에서 누구보다도 뛰어났고 사회에 나와서도 또래들과는 비교도 되지 않을 정도로 고속 출세, 엄청난 성공을 거두었지만 그는 세상과 소통할 줄 몰랐다. 생각이 간특했고 눈앞의 이득에 눈이 멀었다.

책 안에서든 책 밖에서든 대화는 쉽지 않다. 책 안에서보다 책 밖에서 한층, 몇십 아니 몇백 배 더 어렵다. 공자의 '된 사람'은 충, 진심을 가슴에 품고 세상과 만난다. 절문으로 '물음의 문'을 열고 배움의 길에 들어서며 근사와 사무사로 '생각의 문'을 열고 소통을 이어간다. 그런 절문근사하는 변증법으로 나 자신과 또한 다른 사람들과 소통을 바르게 터 가면서, 바른 소통이 내는 '바른 길'을 따라 사람 사는 세상을 향해 한 걸음 한 걸음 나아간다.

근사도 쉽지 않으나 사무사는 한층 더 힘들고 어려운 일이다. 집 안에서도 그렇지만 집 밖 세상에서는 몇십, 몇백 배 더 힘들고 어렵다. 친구 사이에서 직장 상사, 동료, 후배들 사이로, 사업상 만나는 관계로 외연을 확장해 갈수록 한층 힘들고 어려움은 가중된다. 정치인이라면 세상 모든 사람과 만나고 세상사 고된 일을 풀어가야 하는 일의 특성상 사무사하기가 다른 일에 종사하는 어떤 누구보다도 더 힘들고 큰 어려움을 겪을 수밖에 없다. 그들이 민주, 평등, 정의 등등 대의명분을 추구한다고 하면서 말뿐일 경우가 허다하고 얻은 권력으로 부정부패를 저지르는 경우도 빈번하다. 당연히 사무사하지 못한 것이다. 그렇지 않고 진정 바르게 행동으로 보여 주고 있다 하더라도 그것이 권력을 새롭게 취하는 데 혹은 유지하는 데 도움이 되기 때문이라는 관점으로부터 결코 자유로울 수가 없다.

그렇다고 정치인이 하는 행위 모두가 간특한 생각에서 나온 것이라고 일반화할 수는 없겠다. 이런 경우라면 좀 다르지 않을까 싶다. 《대한늬우스》와 미국 《뉴욕타임스》가 보도한 내용이다.

미국 웨스트포인트에 있는 미국 육군 사관 학교는 학교를 방문하는 외국 국가 원수급 귀빈에게 특권 하나를 준다. 귀빈들은 생도 퍼레이드를 요청하거나 방문 기념품을 받거나 혹은 생도들 앞에서 특별 연설을 하거나 징계 받고 있는 생도들의 사면을 요청할 수도 있다. 1965년 이 학교를 방문한 그는 그의 특권을 네 번째 옵션에 행사했고 그에 따라 크고 작은 징계를 받고 있던 260명의 생도들이 사면되었다.[6]

미국을 국빈 방문했던 제5대 대한민국 대통령 박정희 이야기다. 생도 퍼레이드나 기념품이나 특별 연설은 개인적으로 일생에 남을 영예이다. 그런 영예를 마다하고 그는 생도들의 사면을 택했다. 그로써 그에게 돌아온 것은 당시 1층 식당에서 식사 중이던 생도들이 소식을 듣고 한두 사람 일어나 치기 시작한 전원 기립 박수였다. 그는 이에 대한 답례로 손을 흔들었다. 그게 그가 자기에게 주어진 특권 행사로 얻은 이득의 전부였다. 그런데 훗날 임관 후 이 생도들의 상당수가 기피 대상이었던 한국 근무를 자원했다고 하니, 대한민국 대통령으로서 외국에 나가 그 나라 국민들과 그만큼 훌륭하게 소통했던 이가 또 있었을까 싶다.

그랬던 그가 훗날 안타깝게도 일찍이 없었던 권력의 화신, 불통의 아이콘이 된다. 3선 개헌도 모자라 유신 헌법으로 종신 집권의 길을 닦고 철권 독재 정치를 하다가 결국은 최측근의 총에 맞아 비명에 세상을 떠났다. 개인적으로도 그러하고 국가적으로도 여간 참담한 비극이 아닐 수 없다. 그러나 어쩌랴. 어제나 오늘이나 소통의 단절은 늘 그렇게 파국으로 끝난다.

공자의 '된 사람', '군자'는 포기하지 않고 온 힘을 다해 끝까지 참되고 바른 소통의 길을 내고 가는 사람이다. 힘들고 어렵지만 그 길은 그에게 가지 않으면 안 될 길, 가야만 하는 길이다. 조금이라도 더 사람이 사람답게 사는 세상으로 나아가고자 한다면 그 길을 포기할 수 없는 것이다.

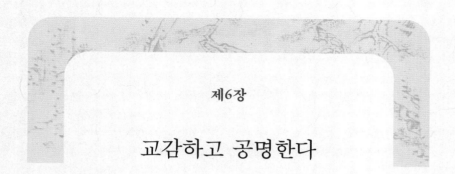

제6장

교감하고 공명한다

역 지 사 지
易地思之

(군자는) 입장을 바꿔 생각한다

'된 사람'은 생각을 가까이, 그리고 바르게 한다.

'바른 뜻'을 품고 '바른길'로 사람 사는 세상을 향해 나아간다.

하지만 그로써 세상만사 다 풀리는 것이 아니다.

사람 사는 곳엔 '바름'의 손이 닿지 않는 그늘진 곳이 많다.

누구는 힘세고 누구는 약하다. 누구는 수가 많고 누구는 적다.

그래서 사람 사는 곳은 일상이 갈등으로 가득하다.

이 '갈등의 늪'을 넘어야 비로소 '함께' 사람 사는 세상이 있다.

어떻게 해야 넘을 수 있을까. 충忠만으로는 안 된다.

때로는 충에 반反해 서恕해야 한다.

'된 사람'은 어렵고 힘든 처지에 있는 이들과 공명共鳴한다.

역지사지易地思之, 입장을 바꿔 생각한다. 그래서

자신에게 행해지기를 원치 않는 것을 남에게 하지 않는다.

그런 역지사지하는 변증법으로 '군자'는 다 같이,

모두 '함께' 사람 사는 세상으로 나아간다.

지금까지 살펴본 것처럼 공자의 '된 사람'은 사물이 됐든 사람이 됐든 자신이 만나 맺게 되는 모든 타자와의 관계에서 충, 진심을 기울여 소통한다. 그 바탕 위에서 그는 절문, 절실히 묻는다. 물을 때나 답을 들을 때나 근사, 생각을 가까이한다. 생각하고 또 생각하되 그는 사무사, 간특한 생각을 하는 법이 없다. 그 연장선에서 견득사의, 이득을 볼 것 같으면 그것이 의로운 것인지부터 살핀다. 그로써 '바른 뜻'을 세우고 '바른길'을 찾아, 사람이 사람답게 사는 세상을 향해 나아간다.

그러나 그렇게 '바른 뜻'을 앞세워 '바른길'을 좇는다고 바로 사람 사는 세상이 눈앞에 펼쳐지는 것은 아니다. 무릇 '바름'이란 절대적으로 바름이 없는 한, 그 자체가 옳고 그름, 시시비비의 대상이 된다. 또한 '바름'이 사람의 아픈 가슴까지 치유해 주는 만병통치약은 아니다.

자연 과학의 영역에서 과학적으로 입증된 것이면 옳다고 할 수 있다. 물론 절대적이지는 않다. 대상이 되는 사물 혹은 현상이 시간의 흐름에 따라 변화함으로써 혹은 우리의 앎이 보다 넓고 깊어짐으로써 새로운 옳고 그름이 나오기도 한다. 자연 과학의 영역이 아닌 경우라면 시시비비는 더욱더 상대적이다. 윤리적 판단이라면 더더욱 그러하다. 시대에 따라 사회에 따라 크게 다른 면모를 보이기도 한다.

살인 행위를 중죄로 다스리자는 데 대해서라면 일반적으로 사람들 사이에 이견은 없다. 하지만 이를 사형의 벌로 단죄하고 실제 사형을 집행해야 한다고 한다면 이견이 크다. 해야 한다는 쪽과 안 된다는 쪽의 주장이 첨예하게 대립한다. 각기 그래야 합당한 이유를 제시하며 자신의 판단이 '바름'을 주장하지만, 그 이유가 옳고 그름의 객관적 기준에 입각한다고 보기는 어렵다. 다만 인권에 대한 주관적인 믿음에 근거할 따름이다. 이런 경우 '바름'에 대한 시시비비는 갈등을 낳게 되고 다툼으로 번지며 사안에 따라서는 물리적 충돌까지 이르는 경우도 생긴다. '바름'이 갈등과 분쟁의 씨앗이 되기도 하는 것이다. 그뿐 아니다.

사람 사는 세상엔 옳고 그른 것도 있고 밝고 어두운 것도 있다. 그런데 옳고 그름을 따져 '바름'으로 판명된 것일지라도 그것이 반드시 세상의 구석진 곳 '어둠'을 쫓아내는 데 기여하는 것은 아니다. 기여한다고 해도 기껏해야 절반 정도 기여하면 많이 한다. '바른 뜻'을 세우고 '바른길'을 좇는다면 세상에 거짓, 날조, 음모, 중상모략, 패악질이 없겠고 위폐는 물론 검은돈, 암시장, 마약 밀매, 조폭 같은 것이 없겠다. 반듯한 세상이겠고 가히 사람 살만한 세상이라 하겠다. 그러나 그로써 그늘진 곳 없이 사람들이 모두 밝게 잘사는, 그야말로 사람이 사람답게 사는 세상이 될까.

서울 지역 아파트값은 지방보다 높다. 서울에서도 강남 지역 아파트값은 특히 높다. 2023년 1월 현재, 3.3제곱미터당 강남구 아파트 가격은 8천 7백여 만 원에 이른다. 반면 강북 지역의 강북구와 도봉구는 3천만 원 선이다. 격차가 두 배가 넘는다.[1] 이렇게 크게 차이 나는 이유 중 하나가 특히 강남구가 다른 구에 비해 사교육 인프라가 우수하기 때문이라고 한다. 자연, 소득이 높고 자산이 많은 부유층이 그곳에 많이 산다. 학원비가 비싸지만 기꺼이 자녀들을 학원에 보내 과외 공부를 시킨다. 그 결과 어떤 일이 일어나고 있을까.

금융 자산이 적은 순에 따라 네 개 층으로 나누고 그 자녀들이 커서 어떤 일자리를 얻게 되었는지를 비교 조사한 연구 결과가 나왔다. 최하위층 자녀가 대기업에 정규직 일자리를 얻게 되는 비율은 최상위층 자녀들에 비해 7.6퍼센트 포인트 낮았다. 첫 일자리에서 받는 임금은 액수가 10.7퍼센트 적었다. 그 격차는 햇수가 지날수록 더 커지고 있다.[2] 부유층은 세대를 넘어 계속 혹은 더 잘살고, 빈곤층은 세대를 넘어 계속 저소득층에 머무르는, 이른바 빈곤 대물림 현상이 수치로 입증되고 있는 것이다.

누구 잘못이겠는가. 누가 옳지 못하게 행동했기에 이런 불공평한 일이 일어난 것일까. 부유층 부모인가. 자식 잘되라고 자기 돈 내서 더 좋은 교육을 추가로 시켰을 뿐인데 그것이 그릇된 일인가. 부유층 자녀로 태어난 것이 혹은 빈곤층 자녀로 태어난 것이 잘못인가, 그릇된 일인가. 아니면 빈곤층 부모의 잘못인가. 도박으로 재산을 탕진한 것이 아니고 성실히 온 힘을 다해 살아왔지만 본디 흙수저 출신이고 많이 배우지도 못해서 살림을 일으키지 못한 경우나 아니면 잘나가다가 사업이 망해 졸지에 빈곤층으로 떨어진 경우라도 잘못을 물을 수 있을까. 아마도 거기에는 어느 누구도 옳고 그름의 대상이 되고 판단되어야 마땅한 사람은 없다. 부유하고 가난한 것이 옳고 그름으로 가려져야 할 대상일 수도 없다. 하지만 부유한 가정에서 태어나 자란 또래가 자기보다 좋은 사교육을 받고 좋은 대학을 나와 좋은 직장에 취직하여 보수가 더 좋은 일자리를 얻어서 여유 있게 사회생활을 시작하고 있다면, 빈곤한 가정에서 태어나서 자라고 힘들게 사회생활을 시작하고 있는 젊은 이로선 선선히 받아들이기 힘든 일 아닌가. 기회가 불공평한 것 아닌가. 결과가 억울한 것 아닌가.

몇 해 전부터 대구광역시 북구 대현동에 이슬람 사원이 건립되고 있다. 공사는 구청의 건축 허가를 받아 적법하게 시작되었다. 그런데 이슬람 사원이 동네에 들어서는 것을 원치 않는 주민들의 반발이 거세지자 2021년 북구청은 공사 중지 행정 명령을 내렸고 건축주들은 이에 불복, 그 처분을 취소하라는 소송을 냈다. 1심과 2심 모두 건축주들의 손을 들어주었으며 2022년 9월 대법원도 사원 건립이 적법하다며 건축주 승소 판결을 내렸다. 이로써 옳고 그름을 가리는 판단이 최종적으로 내려진 것이었다.

그러나 다툼은 끝나지 않았다. 처음에는 일부 주민들이 공사 현장 문 앞에 삶은 돼지머리를 갖다 놓았다.[3] 나중에는 '이슬람 사원 건립 반대 비상대책위원회'라는 조직까지 구성해 통돼지 바비큐 파티를 연 데 이어 돼지고기 수육을 먹는 국민 잔치 퍼포먼스를 열었다. 돼지고기 섭취를 죄악으로 여기고 있는 무슬림들에게 고통을 주겠다는 악의가 번뜩인다.[4]

그곳에 이슬람 사원이 아닌 가톨릭 성당이나 개신교 교회, 불교 사찰을 지어도 그런 일들이 일어났을까. 성당이나 교회 건립 공사 현장 앞에서 주민들이 십자가가 그려진 상여를 메고 곡을 하는 퍼포먼스를 벌일까. 법당을 짓는 공사 현장 앞에서 대형 풀을 설치해 놓고 그 안에 들어가 맨손으로 붕어를 잡아, 잡은 고기로 매운탕을 끓여 먹는 퍼포먼스를 벌일까. 알라신을 믿는 게 그리도 그릇된 일인가. 신앙이란 건전한 풍속을 해치는 사교邪敎가 아닌 다음에야 옳고 그름을 따져 믿음을 허락받고 말고 할 것이 아니지 않은가. 그럼에도 불구하고 유독 자기네들만 자신들이 모시는 신이 모독당하는 퍼포먼스를 지켜보아야 한다면, 무슬림으로선 어떤 심정이겠는가.

신앙이 있는 사람에게 신앙은 자신의 존재 이유 그 자체이다. 자신이 추존하는 신 혹은 절대자의 존재가 부정당하는 것은 곧 자신의 존재가 부정당하는 것이고 그가 모독당하는 것은 곧 자신이 모독당하는 것이다. 그러니 알라신이 업신여김을 당하는 퍼포먼스를 보며 그를 믿는 신앙을 가진 무슬림은 사무치는 모멸감에 조용히 치를 떨지 않았겠는가.

법은 한 사회의 가장 객관적인 그리고 최종적인 옳고 그름의 준칙이다. 그런 법으로 빈부 격차를 완화해 가기도 하지만, 또한 법으로 종교 건물의 건립을 보장해 주지만, 법이 사람들 간 대립과 갈등의 골을 메우는 데는 한계가 있다. 법 테두리 안에서 자식 잘되라고 올바른 교육 투자를 해도 그것이 의도치 않게 계층 간 소득 격차를 확대하는 결과를 빚어 사회적 약자에게 박탈감을 안겨 주는 한 원인이 되기도 하며, 법전으로 신앙의 자유를 보장하고 재판으로 재확인해도 사회적 소수자에게 문화 테러가 자행되기도 한다.

그런 대립과 갈등이 도처에 만연해 있는 곳이 사람 사는 곳이다. 어디 국가 사회 차원에서뿐이랴. 직장에서 상사와 동료와 또한 후배와 프로젝트를 어떻게 해야 옳고 그른지를 두고 시비를 따져야 할 일도 있고, 집안에서 아이의 교육 문제, 결혼 문제 등을 두고 부부간 서로 의견이 엇갈려 시비를 따져야 할 때가 있다. 하지만 세상에 양단간 시시비비로 가리면 되고 그것으로 그만인 일이 얼마나 되는가. 게다가 법으로 판단된 사안마저 승복하지 아니하고 자신의 입장을 억지로 관철하려고 들며 크고 작은 테러까지 서슴

없이 자행하는 세상 아닌가. 그렇게까지는 아니어도 자신의 생각이 옳고 자신의 행동이 바르다는 믿음 속에 서로 대립하고 갈등 속에 다툼까지 벌이는 경우가 우리 주변에 얼마나 많은가. 이렇듯 사람살이는 어쩌면 일상이 대립과 갈등의 현장인 것이다.

이런 삶의 현장에서 '된 사람'이라면 어찌해야 하는가. 어떤 사람이 '군자'인 것인가. 세상이 대립과 갈등 속에 시끄러운 것은 충이 부족하고 생각이 짧고 간특한 사람들 때문이라고, 그저 충 타령만 하면 되겠는가. 하늘을 우러러 한 점 부끄러움 없는 충을 갖추고 열과 성을 다한 공부로 높은 식견과 사심 없는 분별력을 갖추기만 하면, 그로써 그는 '된 사람'으로 온전하게 된 '군자'인 것인가.

증자는 공자로부터 직접 가르침을 받은 제자들 가운데 스승 말씀을 누구보다도 잘 이해하고 그의 군자학을 두루 충실히 전했던 인물이다. 어느 날 공자가 여느 때처럼 제자들에게 둘러싸인 채 담소를 나누다가 문득 증자에게 눈길을 주더니 눈으로 물으며 말했다. 스승은 제자에게 총명한 사람이니 그쯤은 제대로 알고 있으려니 하는 기대로 묻고, 제자는 스승의 기대에 화답한 대화였다.

삼參아, 나의 길은 하나로 꿰뚫는다.

參乎, 吾道一以貫之。

예. 잘 알고 있습니다.

唯。《논어》, 〈이인里仁〉 15.

그렇게 오간 대화를 뒤로 하고 공자가 일어나 밖으로 나가자 함께 있던 제자들이 증자 앞으로 다가앉으며 스승과 대체 무슨 말을 나눈 것인지 물었다. 그들에게 증자가 말했다.

선생님의 길은 충과 서일 뿐이라오.

夫子之道, 忠恕而已矣。《논어》,〈이인〉 15.

충과 서의 변증법적 윤리학이 명징한 구절 하나로 여러 사람에게 처음 알려지게 되는 순간이었다. 공자가 나이 열다섯에 뜻을 두어 10여 년의 독학 끝에 서른이 되어 세웠다고 한 학문이 한 문장에 집약된 것이었다.

그런데 무슨 뜻인가. '길'이라니 무슨 길인가, '충과 서'라니 무슨 말인가.

'선생님의 길'이라 하였으니 그것은 당연히 공자의 길을 말하는 것이다. 그러니 구절은 공자가 밝히고 추구한 길, 즉 '군자의 길'을 가자면 '충과 서'라는 두 습성이 꼭 갖추어야 할 요소라는 이야기이겠다. '충'은 지금까지 죽 살펴보았다. 반면 '서'는 처음 접한다. 그것이 대체 어떤 습성이기에 군자됨에 또한 꼭 필요하다는 것인가. '충'과는 무엇이 어떻게 다른 것인가.

한자에는 다른 뜻을 가진 글자가 합해서 이루어진 글자들이 많다. 합성되어 나온 글자를 합성되기 전 각각의 글자로 뜯어보는 것을 파자破字라고 한다. 한자 恕서는 합성어이다. 이를 파자해 보면 '같다'는 뜻을 가진 여如와 '마음' 심心이 합해진 글자임을 알 수 있다. 뜯어본 글자 뜻을 합해 보면, 서는 '같은 마음' 혹은 '마음을 같이함'을 뜻한다. 공감共感/sympathy과 뜻이 거의 같다고 하겠다. 그렇다고 완전 똑같지는 않다.

공감이 어떤 정태적인 상황을 말하는 것임에 반해 공자의 서에는 동태적인 움직임이 내포되어 있다. 그 안에는 감정 이입이 있다. 교감을 통해 상대의 감정을 내 것처럼 느끼는 작용이 선행되어 있거나 동시에 함께 진행되고 있다. 즉, 공자의 서는 상대의 가슴 속 심금心琴의 떨림에 따라 내 가슴 속 심금이 같이 떠는 그런 공명 작용을 통해 한마음이 되어가는 운동을 뜻한다.

그런 감정 이입을 통한 공명은 어떻게 이루어지는 것일까. 훗날 맹자는 일찍이 선현들이 행했던 역지사지로써 이를 설명한다.

우임금, 후직, 안회가 추구한 도는 같았다. 우임금은 세상에 물에 빠진 사람이 있으면 마치 자기가 물에 빠진 것으로 생각했다. 후직은 세상에 굶주리는 자가 있으면 마치 자기가 굶주리고 있는 것처럼 생각했다. 그래서 그처럼 다급하게 그같이 (사람들을 구)했던 것이다. 우임금, 후직, 안자는 모두 그렇게 처지를 바꾸어 생각했다.

禹, 稷, 顔回同道。禹思天下有溺者, 由己溺之也。
稷思天下有飢者, 由己飢之也。是以如是其急也。
禹, 稷, 顔子易地則皆然。《맹자》, 〈이루하離婁下〉 57.

서는 바로 그러한 역지사지에서 출발한다. '입장 바꿔 생각할' 때, 비로소 나의 심금이 다른 사람의 심금과 공명, 같이 울 줄 알게 된다. 이렇게 시발되는 서는 충과 마찬가지로 사람들 간 소통에 작용하여 선善한 영향을 미치는 습성이되, 충과 여러 가지로 다른 특성을 가졌다. 둘은 각기 작용하는 영역이 다르고, 보는 시점이 다르며, 보내는 시선의 성질 또한 다르다.

충이 머릿속 사변에 작용하는 습성인 반면 서는 가슴속 정감에 작용한다. 충의 시점이 '나'인 반면 서의 시점은 '나'와 '남', 둘이다. 앞에서 살펴본 바와 같이 충은 다른 사람과 진실한 소통을 통해 진실한 관계를 맺게 하며 그 속에서 '나'를 바르게 세워 주고 바른길로 인도해 준다. 반면 서는 다른 사람과의 소통 및 관계 속에서 '우리'를 일깨운다. 공자의 '된 사람'은 '나'의 시점만을 고집하지 않는다. 외눈이 아니다. '나'의 시점에서 벗어나 상대방 '남'의 시점에서도 사물을 본다. 그런 역지사지 속에 그는 가슴으로 다른 사람과 공명한다. 같이 웃고 같이 운다. 어렵고 힘든 처지에 있는 사람들을 보면 그의 가슴은 슬프고 아프다. 그래서 그 시선은 이로운 것을 보더라도 차갑게 의로운 것인지를 따져야 하는 충의 시선과 달리 너그럽고 따뜻하다.

> 윗자리에 있으면서 너그럽지 아니하고, (…) 상을 당했는데 슬퍼하지 않는다면 내가 무엇으로써 그런 사람을 보고 있을 수 있겠는가.
>
> 居上不寬, (…) 臨喪不哀, 吾何以觀之哉。
> 《논어》, 〈팔일〉 26.

그렇게 공자의 '된 사람'은 너그럽다. 아랫사람에게 모질게 하지 않는다. 은혜를 베푼다. 상을 당한 사람의 슬픔을 위로한다. 하지만 그의 너그러움은 인간의 주제를 넘지 않는다.

자기가 바라지 않는 것을 남에게 하지 말라.

기 소 불 욕 　 물 시 어 인
己所不欲, 勿施於人。《논어》. 〈위영공〉 24.

자기에게 행해지기를 원치 않는 것을 남에게 하지 말라.

시 저 기 이 불 원 　 역 물 시 어 인
施諸己而不愿, 亦勿施於人。《중용》 13.

그렇게 공자는 '된 사람'에게 '자기가 자신에게 행해지기를 바라지 않는 것을 남에게 하지 말 것'을 주문했다. '자기가 자신에게 행해지기를 바라는 것을 남에게 할 것'을 권한 것이 아니었다. 둘은 언뜻 보면 그게 그거 아니냐 싶다. 하지만 아니다. 사뭇 다르다. '사랑'이 있고 '미움'이 있다. '미움'은 누구에게나 자신에게 행해지기를 원치 않는 것이고 '사랑'은 자신에게 행해지기를 원하는 것이겠다.

《성서》는 예수의 말씀을 전한다. 그는 영원한 생명을 얻고자 하는 젊은이에게 말했다.

네 이웃을 네 몸과 같이 사랑하라.[5]

제자들에게는 한 걸음 더 나아가 이렇게 말했다.

'네 이웃을 사랑하고 원수를 미워하여라'고 하신 말씀을 너희는 들었다. 그러나 나는 이렇게 말한다. 원수를 사랑하고 너희를 박해하는 사람들을 위하여 기도하여라.[6]

우리는 누구나 사랑을 원한다. 사랑을 받고 싶어 한다. 예수의 가르침은 '사랑'이다. 예수를 믿고 그의 말을 좇는 기독인은 자기가 자신에게 행해지기를 바라고 원하는 것, 즉 사랑을 남에게 준다. 이웃뿐 아니라 원수까지도 사랑한다. 《레 미제라블》의 미리엘 주교는 그런 사랑을 베풀었다. 은식기를 훔쳐 달아났다가 경찰에 붙잡혀 온 장 발장에게 은촛대도 함께 주었는데 왜 빠트리고 갔냐고 하면서 은촛대를 품에 안겨 주었다. 어려운 일이다. 힘든 일, 보통 사람으로서는 엄두도 못 낼 일이다. 초인, 성인이나 할 수 있는 일 아닐까.

사람들은 감옥에서 막 나온 장 발장을 피했다. 돈이 있었어도 저녁 식사도 할 수 없었고 잠자리도 구할 수 없었다. 그것은 분명 그가 원치 않는 것이었다. 미리엘 주교는 사람들과 달리 그런 '미움'을 행하지 않았다. 그에게 저녁 식사와 잠자리를 베풀었다. '된 사람'이 베푸는 너그러움은 그런 것이다. 거기에 그친다. 공자는 '된 사람'에게 '인간 너머'의 것을 요구하지 않는다. 그의 '너그러움'은 예수의 '사랑'에는 발밑에도 미치지 못한다. 신계神界의 '사랑'이 아니라 그저 '자신에게 행해지기를 원치 않는 것', 즉 '미움'을 남에게 행하지 않으면 너그러운 것이다. 사람으로서 베풀고 받는 인간계의 사랑인 것이다. 증자는 먼저 떠난 벗 안회를 그리워하며 이렇게 말했다.

(남이) 속여도 (그 잘못을 따져) 벌하거나 보복하지 않았다. 예전에 나의 벗이 일찍이 일을 모두 그렇게 했다.

犯而不校。昔者吾友嘗從事於斯矣。《논어》,〈태백〉 5.

스승 공자가 누구보다도 사랑했고 가히 '군자'라고 할 만하다고 칭찬해 마지않았으며[7] 맹자 또한 최고의 칭송을 바친 안회의 처신이 그러했다. 그렇듯 '된 사람'이라면 자기에게 해코지를 한 사람을 사랑까지 해야 하는 것은 아니다. 다만 미워하거나 보복하지 않으면 충분히 '된 사람'이다.

공자가 나아가고자 한 세상은 절문근사와 사무사로 낸 '바른길' 위에서 역지사지함으로써 베풀 수 있는 그런 정도의 '너그러움'을 갖춘 사람들이 '함께' 만들어 가는 세상이다. 그 세상이 예수가 전한 '사랑'으로 이룬 공동체처럼 완전한, 아무런 흠결 없는 지상천국은 아니다. 예수와 달리 공자는 자신을 인간 너머에 있는 '신성'이나 '절대'의 영역에 올리지 않았다. '무오류' 또한 공자와 거리가 멀었다. 제자들은 보았다. 스승에게는 '절대', 절대 옳음 혹은 절대 그름이 없었다.

공자가 전혀 하지 않았던 네 가지가 있다. 그는 사사로운 뜻을 갖지 않았다. (어떤 것이) '반드시 꼭' 있어야 한다든가, 이래야 한다고 하지 않았다. (어떤 것이 절대 옳다 혹은 절대 그르다고) 완고하게 고집을 피우지 않았다. 자기 자신을 내세우지 않았다.

子絶四。毋意。毋必。毋固。毋我。《논어》,〈자한〉 4.

사사로운 뜻을 갖지 않았던 것은 그가 충의 습성을 익혀 사람들과 소통하고 관계했기 때문이다. '반드시 꼭'에 집착하지 않았고 고집을 피우지 않았으며 자기 자신을 내세우지 않았던 것은 서의 습성을 익혔기 때문이다. 공자의 '된 사람'은 충과 서의 변증법 속에 더 이상 '자신만'의 바른 뜻, '절대적으로' 바른길을 고집하지 않는다. 온 세상 사람들과 '함께', '비교적' 바른길로 나아가면 된다. 그런 뜻을 공자는 다음과 같이 피력했다.

군자가 천하에 나아가서 (평온한 세상을 이루어 가려면) 어떤 것을 마땅히 (온전히) 해야 한다든가 혹은 어떤 것을 전혀 하면 안 된다든가 할 것은 없다. 다만 (오직) 하는 일에 의로움이 비교적 함께하면 되는 것이다.

군 자 지 어 천 하 야　　무 적 야　　무 막 야　　의 지 여 비
君子之於天下也, 無適也, 無莫也, 義之與比。

《논어》, 〈이인〉 10.

공자의 세계에는 신과 같은 절대자가 존재하지 않는다. 그는 인간의 존재적 고양을 추구하였으되 인간 너머 성스러운 존재로까지 고양된 인간을 희구하지 않았다. 그저 인간이 타고난 이성과 감성의 자산을 토대로 충과 서의 습성을 갈고 닦아서 사람다운 사람이 되고 그렇게 '된 사람'들이 또 다른 '된 사람'들과 혹은 그렇지 못한 사람들과 더불어 '함께', 비록 절대적으로 의롭고 평화로운 곳은 아닐지라도 '비교적' 의롭고 평화로운 세상에 도달할 수 있다면, 공자는 그곳이 사람 사는 세상이라며 안분지족한다. 자사子思는 조부 공자가 드러낸 그런 충과 서의 변증법을 다음과

같은 한 구절로 요약했다.

> 충과 서로 가면 길에서 (벗어난다고 하더라도) 그리 멀리 벗어
> 나지 않는다.[8]
>
> ^{충 서 위 도 불 원}
> 忠恕違道不遠。《중용》 13.

그랬다. 그것이 공자의 '된 사람'이 세상과 소통에 나서 이르고
자 하는 지향점, 사람 사는 세상의 최종 모습이었다. 공자는 그
지점에서 군자학의 이론적 얼개 짜기를 마무리한다. 공자의 회고
에 따르면 그때 그의 나이 서른이었다.

제7장

길이 막히면 만들어서 간다

四十而不惑

(나이) 마흔에 이르러 미혹을 떨쳐 냈다

공자가 나이 서른에 세운 학문은 그런 충과 서의 윤리학이었다.

이론의 얼개가 탄탄하며 안에 담긴 내용의 호소력이 강하다.

그러나 아무리 훌륭할지라도 이론만으로는 충분치 않다.

무릇 학문은 실제에 응용될 수 있어야 한다.

공자는 자신의 군자학을 들고 직접 세상으로 담금질에 나섰다.

출사를 모색했다. 그러나 기득권의 벽은 공고했다.

곡학曲學하고자 하면 길이 없지 않았다. 선택의 기로에 섰다.

충과 서의 변증법을 굽히면 출사의 길이 전혀 없지 않았다.

충만으로 가자고 하면 마음 편히 홀로 숨어살 길도 있었다.

그러나 차마 인仁의 길을 버릴 순 없었다.

나이 마흔에 마침내 이런저런 유혹을 모두 떨쳐 냈다.

벼슬길도, 은자의 길도 아닌 제3의 길을 가기로 했다.

일상에서, 제자들과 함께, 멀리 보며 가기로 했다.

난세 너머 언젠가 올 새로운 시대를 향해 나아간 것이었다.

출사의 이유

지난 3년여, 세계가 지긋지긋한 코로나바이러스Covid-19 팬데믹을 살았다. 그로 인한 인명 피해가 막심하다. 2023년 5월 말 현재 그동안 7억 7천만 명 가까운 사람들이 감염되어 고통을 겪었고 그 가운데 목숨을 잃고 세상을 떠난 이들의 수가 7백만에 육박하고 있다. 그래도 이제 엔데믹이 선언되어 세계가 활기찬 일상을 회복해 가고 있어 여간 다행한 일이 아니다. 그동안 전 세계적으로 무려 133억 5천만 도우스doses에 달하는 항抗바이러스 백신이 투여되었다고 하는데 백신이 아니었으면 피해가 훨씬 더 컸고, 특히 사망자 수는 4배나 더 많았으리라고 한다.[1]

바이러스학, 분자 생물학, 유전체학, 면역학 등등 통틀어 바이오 사이언스 덕분이 아닐 수 없다. 바이오 사이언스는 대표적인 응용과학이다. 해당 분야에 축적된 정보 및 지식을 활용해 과학자들은 시약을 개발한다. 개발된 시약은 동물 및 인체를 대상으로 임상 실험을 거친다. 효능과 안전성을 확인하는 과정이다. 이런 과정 없이 신약 개발을 마치고 백신 주사를 시행할 수는 없는 일이다. 무릇 응용과학은 그러한 과정을 거쳐 우리의 실생활에 들어오고 그 유용성을 확인받는다.

적용되는 범주가 상이하지만 윤리학 또한 응용과학인 만큼 유사한 과정을 밟는다. 인간 행동에 관해 축적된 정보나 지식을 바탕으로 철학자들은 군주론이나 시민론, 정의론, 평등론 같은 인문사회적 담론을 내놓는다. 이들 담론이 신약처럼 임상 실험을 거칠 수는 없는 일이다. 대신 관심 있는 사람들로부터 공감을 얻는 과정을 거쳐야 한다. 책이 됐든, 대화가 됐든, 강연이 됐든, 구전口傳이 됐든 전파 수단을 통해 일정 부분 이상의 사회적 침투력이 확인되어야 한다. 그 범주 및 강도에 따라 어떤 이론은 생명력을 얻게 되고, 어떤 이론은 사장死藏되는 운명을 맞게 된다.

공자의 군자학이라고 해서 다를 바 없다. 군자학은 크게 세 가지 내용을 담고 있다. 첫째, 비전이 있다. 사람이 사람답게 사는 세상을 말하고 있다. 둘째, 주장하는 바가 있다. 사람 사는 세상은 사람, 그 가운데서도 인격 수양을 통해 '된 사람', '군자'가 만든다는 것이다. 그리고 세 번째, 구체적 방법론까지 갖추었다. '된 사람', '군자'가 되려면 충과 서의 변증법을 익혀야 한다는 것이다. 전체적으로 훌륭하게 잘 짜인 이론적 얼개를 갖춘 정치 윤리학이었다. 그러나 이제까지 없던 새로운 학문이었다. 그런 만큼 잠재 수요 계층의 눈길을 끌 수 있어야 하고 선택을 받아야 했다.

군자학의 잠재 수요 계층은 나라의 주인, 군주였다. 춘추 시대 중원에 산재하며 부국강병의 경쟁을 펼치던 제후들 가운데 누군가의 눈에 들어야 했다. 그러려면 일단 유세遊說의 자리가 주어져야 했다. 유세란 출사에 뜻이 있는 자들이 제후의 나라를 돌며 제후를 만나 자신의 학식과 경륜을 펼쳐 보이며 제후를 설복시키는 일을 뜻했다. 유세의 자리를 얻는다는 것은 마치 신약이 임상 실험의 기회를 얻는 것과도 같은 일이다. 이 과정을 통과하면 신약이 효능과 안정성을 인정받아 시판될 수 있듯이 유세에서 펼쳐 보인 학식과 경륜의 유용성을 인정받아 벼슬길에 오르게 되는 것이었다. 나이 서른에 '된 사람'론을 세운 공자의 30대는 학문을 구상한 책상머리를 떠나 실제 삶의 현장 속에서 담금질하는 시간이었다. 유세의 자리가 긴요했고 이를 통해 출사하고 국정에 참여할 기회를 얻어야 했다. 그래야 응용과학으로서 군자학이 가진 유용성이 만천하에 알려지고, 나아가 중원 전체가 군자학으로 사람이 사람답게 사는 세상을 구현해 갈 수 있는 것이었다. 그것이 중국 고대 때 장장 550년에 달하는 기나긴 대전란의 중간 시기에 태어나 고된 삶을 살면서도 인간에 대한 희망을 잃지 않았던 대학자가 젊은 시절에 품고 평생에 걸쳐 포기하지 않았던 꿈이었다.

사마천에 따르면 공자는 일찍이 30대에 그런 그의 꿈이 햇빛을 볼 수도 있었던 기회를 세 차례 정도 얻는다. 공교롭게도 세 번 모두 제나라 경공과 만난 자리였다. 첫 번째는 나이 서른 무렵에 있었다. 경공이 대부 안영晏嬰을 데리고 노나라와 접경한 지역으로 사냥을 나왔던 적이 있었다. 그때 잠시 공자를 만났고 물었다.

옛날 진나라 목공이 나라도 작고 외진 지역에 있었는데 어떻게 패자覇者가 된 것인가.

^{석 진 목 공 국 소 처 피　기 패 하 야}
昔秦穆公國小處僻, 其霸何也。《사기세가》, 〈공자세가〉 8.

공자가 답했다.

진나라는 비록 나라는 작아도 그 뜻이 원대했고, 외진 곳에 있었으나 나아가는 길이 반듯했습니다. (목공은) 숫양 다섯 마리 가죽을 대가로 주고 백리해를 데려와 그에게 대부의 작위를 주었습니다. 포승줄에 묶인 몸을 풀어 일으켜 주고 삼 일 동안 이야기를 나눈 끝에 그에게 정사를 맡겼습니다. 정사를 이같이 하였으니 왕도를 이룰 만하였고 패업이야 오히려 작다고 할 것입니다.

秦, 國雖小, 其志大; 處雖辟, 行中正。
身舉五羖, 爵之大夫。
起纍紲之中, 與語三日, 授之以政。
以此取之, 雖王可也, 其霸小矣。《사기세가》, 〈공자세가〉 8.

그러자 '경공이 기뻐하였다'로 만남이 끝난다. 사마천의 《사기세가》, 〈공자세가〉에 실린 기록이 그러하다. 하지만 그런 만남이 실제 있었는지, 있었다고 해도 두 사람이 묻고 답한 내용이 사실에 부합하는 것인지에 대해서는 의아한 구석이 없지 않다.

경공이 대부 안영을 데리고 노나라와의 접경 지역으로 사냥을 나갔다는 사실에 대해서는 《사기세가》의 다른 편, 〈노주공세가魯周公世家〉와 〈제태공세가齊太公世家〉에도 기록이 있다. 《춘추좌전春秋左傳》에도 "소공昭公 20년 12월 제나라 군주가 패沛에서 사냥을 하고 안영이 옆에 모시고 있었다."고 했다.[2] 다만 그때 제나라 군주 경공이 공자를 만났다는 사실史實은 〈공자세가〉에만 나온다. 그렇다고 그로써 사실이 부정될 일은 아니다. 대국의 군주가 이웃 소국에 들어와 제후나 대부도 아닌 이제 갓 서른 살 난 선비를 만난다는 것 자체가 예사로운 일이 아니라고 해도 세상에 있을 수 없는 일은 아니겠다. 특히 공자의 영특함이 이웃나라까지 널리 퍼져 있었으며, 제나라 경공이 인재를 두루 애써 찾는 제후였다면 결코 이루어지지 못할 만남은 아니다. 그런데 경공이 그런 제후였을까. 기록에 따르면 그렇지 못했다.

공자가 경공에게 답한 내용도 평범한 것이었다. 오고대부五羖大 夫 백리해百里奚 이야기는 새로울 것이 없는, 알 만한 사람은 다 아는 이야기였다. 이야기 행간도 읽어내기가 어렵지 않았다. 백리 해가 누구인가. 본디 우虞나라 대부 출신이었으나 노비로 전락하 여 초楚나라에 몸을 숨겨 살고 있었는데 그의 인물됨을 알아본 진秦 나라 목공穆公이 그를 초나라에 뺏길 것을 우려해 서둘러 손을 써 서 데리고 와 대부의 작위를 주며 나랏일을 맡겼으며 목공이 패업 을 이루는 데 큰 공을 세웠던 인물 아닌가.[3] 공자는 자신을 그런 백리해에 비유한 것이었다. 자기 또한 그처럼 비록 타지 사람이나 다른 나라에 뺏기면 손해가 큰 인재이니 '서둘러 손을 써서 자기를 데려가 등용하심이 어떠할는지요'라고 유세한 것이었다.

그에 대한 경공의 반응이 '기뻐했다'였다. 왜, 기뻐했을까. 설마 공자가 자기를 진나라 목공에 비유해 준 것이 기뻤던 것일까. 단순 히 그런 게 아니라면 어떤 가정을 해 볼 수 있을까. 그가 패업을 이루고자 하는 야망을 갖고 천하의 인재를 두루 찾는 제후였고, 이야기를 나누어 보니 젊은 백리해를 얻게 생겼기 때문에 그랬던 것일까. 만약, 그랬다면 그 인재를 바로 말에 태워 제나라로 데리 고 왔어야 하지 않았을까. 그러나 그런 일은 없었다. 경공은 인재 가 아니라 사냥하여 잡은 짐승을 가득 채운 수레를 끌고 제나라로 돌아갔고, 공자는 하릴없이 노나라에 남았다. 그렇게 공자의 첫 유세는 실패로 끝났다. 공자로선 찜찜한 만남이었다.

비록 얻은 성과는 없었으나 실망할 일은 아니었다. 소싯적에 공자는 창고지기, 가축지기 같은 공무를 맡아 한 적이 있다. 하지만 그것들은 임시 하급직으로 생계형 종사였을 뿐 조정에 출사했다고 할 것은 못 되었다. 그러니 이제 막 제대로 된 출사의 길에 발을 내디딘 처지였다. 그런 신출내기 선비가 제후, 그것도 대국의 제후를 만나 유세를 한 것이니 오히려 첫 발걸음이 근사한 셈이었다.

하지만 월척만 노릴 일은 아니었다. 앞이 창창한 젊은이인 만큼 벼슬을 작은 나라에서 시작해도 좋았다. 어쩌면 그리 시작하는 것이 더 좋은 길일 수도 있었다. 맡은 국정의 일이 작고 적으면 그만큼 학문을 적용해 효과를 보는 데에도 더 유리한 면이 있을 것이었다. 그러니 모국, 노나라에서 출사하는 것도 괜찮은 선택이었다. 노나라가 어떤 나라인가. 비록 소국이긴 하지만 주나라 무왕의 아우 주공이 봉토를 받아 세운 나라 아닌가. 어느 제후국에 견주어도 사직의 격이 높으면 높았지 결코 떨어지는 곳이 아니었다.

훗날 공자가 나이 쉰 넘어 노나라 조정에 출사하는 때가 오긴 했다. 그러나 나이 서른 무렵에는 아니었다. 노나라의 나라 꼴이 말이 아니었기 때문이다.

당시 나라의 실권을 쥐고 있는 자는 제후 소공이 아니라 맹손, 숙손, 계손씨라는 대부大夫 세 집안이었다. 이들은 오래전 노나라 군주였던 환공桓公의 둘째, 셋째, 넷째 아들 집안이라 삼환三桓이라고 불렸다. 소공은 본디 모자랐을 뿐 아니라 대부 계무자季武子가 주도하여 위에 오른 지라 허수아비였고 재정이나 병권 등 나라의 실권은 모두 삼환의 손아귀에 있었다. 공자는 비판하여 말한다.

천하에 도가 있으면 정권은 대부에게 있지 않으리라.

천 하 유 도   즉 정 부 재 대 부
天下有道, 則政不在大夫。《논어》, 〈계씨〉 2.

그뿐이 아니었다. 삼환 가운데 힘이 가장 센 계씨네 집안이 나라 기강을 어지럽히며 행세하는 꼴은 두 눈 뜨고 못 볼 정도였다.

팔일무를 뜰에서 추게 했으니, 이것을 참을 수 있다면 무엇인들 참아낼 수 없겠는가.

팔 일 무 어 정　　시 가 인 야　　숙 불 가 인 야
八佾舞於庭, 是可忍也, 孰不可忍也。《논어》, 〈팔일〉 1.

팔일무는 가로와 세로 여덟 줄로 맞추어 서서 예순네 명이 추는 춤으로 주나라 천자에게나 허용된 의식이었다. 이를 계평자季平子가 자기 집 뜰에서 벌인 것이었다.[4] 하도 어처구니없는 일인지라 공자는 천하의 법도를 들어 한탄한다.

천하에 도가 있으면 예악과 정벌이 천자로부터 나오는데, 천하에 도가 없으니 제후에게서 나오는구나.

천 하 유 도　　즉 례 악 정 벌 자 천 자 출
天下有道, 則禮樂征伐自天子出,
천 하 무 도　　즉 례 악 정 벌 자 제 후 출
天下無道, 則禮樂征伐自諸侯出。《논어》, 〈계씨〉 2.

팔일무를 제후가 해도 도가 없다고 할 것인데 제후도 아닌 그 아래 대부가 판을 벌였으니 무도하기가 그지없는 행위였다. 예를 모르는 짓일 뿐 아니라 중원의 국가 사회 질서를 어지럽히는 반反 중화적 행위였다. 그런 무도한 권력자 앞에 나아가 벼슬자리 하나 달라고 할 공자가 아니었다. 그런 곳에서 군자가 취할 태도는 명확했다.

(군자는) 천하에 도가 있으면 나타나고, 도가 없으면 숨는다.

_{천 하 유 도 즉 현　무 도 즉 은}
天下有道則見, 無道則隱。《논어》, 〈태백〉 13.

공자 나이 30대 초·중반 시기, 무너진 도가 바로 세워질 조짐은 없었다. 노나라 조정을 틀어쥔 대부 삼환 가문에 감히 대항할 자는 없어 보였다. 그런데 예기치 못한 돌발 사태가 터졌다. 기원전 517년 소공 25년, 공자 나이 서른다섯이 되는 해였다. 그동안 얌전히 허수아비 노릇에 만족하던 소공을 주위에서 부추겨 친위 쿠데타를 일으킨 것이었다. 계평자의 항복을 받아 성공 직전까지 갔으나 소싯적부터 미욱하기 짝이 없던 소공의 운은 1일 천하, 거기까지였다. 그는 막판 뒤집기를 당하고 거꾸로 나라 밖으로 몸을 피신하는 신세가 되고 말았다.

공자는 그 사건에 연루된 것이 없었다. 하지만 언제까지나 그런 나라에 살면서 출사를 미루고 뜻을 썩히고 있을 일은 아니었다. 그동안 노나라 조정이든 다른 나라든 출사하기 위한 노력을 기울이지 않았던 것도 비록 도가 땅에 떨어진 곳이어도 제후 소공이 명색이나마 나라의 주인 자리에 있었기 때문이었다. 그런데 그가 떠난다면 공자로선 달리 선택의 여지가 없었다. 소공을 따라 제나라로 건너갔다. 그를 모시기 위해서가 아니라 자신의 새로운 미래를 개척해 가기 위해서였다.

출사의 벽

　기회는 생각보다 빨리 왔다. 제나라 땅에 들어간 해에 제나라 군주 경공을 알현할 수 있었다. 이번에는 6년 전에 있었던 첫 번째와 달리 경공이 정무를 보는 곳에서 만남이 이루어졌다. 공자로서는 내심 기대가 컸다. 공식적인 유세의 기회를 얻은 것이기 때문이다.

　이미 살펴본 바 있듯이 만남은 금세 끝났다. 경공이 '정치란 무엇인가'라고 물었고 공자는 '군군 신신, 부부 자자'로 답했다. 유세 자리에 으레 나오는 물음에 이제껏 없던 독창적인 답이 나온 것이었다. 공자는 자신의 답을 경공이 절문으로 받아줄 것을 기대한 것이었으나 그런 일은 없었다. 《논어》, 《사기》, 《안자춘추晏子春秋》 등에 수록된 기록에 따르면 두 사람은 이후에도 몇 차례 더 만났고 경공은 공자의 등용 여부를 두고 좌고우면했던 것으로 보인다. 《논어》는 〈미자微子〉에서 이렇게 전한다.

　제나라 경공이 공자를 어찌 대우할 것인지에 대해 말했다. "계씨처럼 대우할 수는 없겠다. 계씨와 맹씨의 중간이면 되겠다." (고쳐) 말했다. "내가 늙었다. 쓰지 못하겠구나." 공자는 떠났다.

齊景公待孔子, 曰。
若季氏則吾不能, 以季孟之間待之。曰。
吾老矣, 不能用也。孔子行。《논어》, 〈미자〉 3.

그리 옮겨 볼 수 있겠으나 대체 무슨 소리인지 모를 말이다. 만나서 직접 한 이야기라면 변덕스러운 늙은이의 푸념 같이 들린다. 아니면 측근과 상의하고 그렇게 공자에게 전했다는 것인지 도통 감이 잡히지 않는다. 어느 경우든 경공이 내심 공자를 쓰고 싶어 했던 것은 분명해 보인다. 하지만 끝내 등용하지 않았다. 경공은 왜 자신의 뜻을 접었을까.

경공은 본디 영명하지 못하고 판단이 흐리멍덩했던 군주였다. 그러나 그의 곁에는 다행스럽게도 대부 안영이 있었다. 안영은 영공靈公, 장공莊公에 이어 경공까지 3대를 섬기며 약 40여 년간 제나라 사직을 지킨 명재상이다. 일찍이 제나라 환공은 거의 동년배인 관중을 작은아버지, 중부仲父라고 높여 불렀는데, 경공에게 안영은 바로 환공의 관중과도 같은 존재였다.

안영이 세상을 떠났을 때 이야기다. 그날따라 경공은 도성 임치를 떠나 한가롭게 나들이를 즐기고 있었는데 돌연 안영이 세상을 떠났다는 기별을 받았다. 그는 곧장 달려왔다. 안영의 집에 도착해서는 허겁지겁 바로 집 안으로 들어가 그의 시신을 껴안고 흐느껴 울기 시작했다. 측근이 "주군, 예가 아닙니다."라고 간했으나 소용없었다. 아예 울부짖었다.

지금 예를 따질 때가 아니다. 내가 옛날 선생과 함께 공부公阜에 놀러 (사냥) 나갔을 때, 하루에 세 번이나 나를 받아들이시지 아니하셨다. 이제 누가 능히 그리하겠는가. 선생을 잃는 것은 곧 내가 망하는 것이다. (그러한데) 어떤 예를 갖추어야 한다는 것이냐.

안 용 례 호　 석 자 오 여 부 자 유 어 공 읍 지 상
安用禮乎。昔者吾與夫子遊於公邑之上,

일 일 이 삼 불 청 과 인　 금 기 숙 능 연 호
一日而三不聽寡人。今其孰能然乎。

오 실 부 자 즉 망　 하 례 지 유
吾失夫子則亡。何禮之有。《안자춘추》, 〈외편하外篇下〉.

　생전에 믿고 의지하는 바가 그 정도였던 안영에게 경공이 공자의 등용 건에 대해 아무런 상의를 안 했을 리 없었다. '군군 신신, 부부 자자'로 답했던 면담 이후 다른 날 자리가 한 차례 더 있었다. 그때도 경공은 공자에게 전에 했던 것과 똑같은 질문을 던졌다. "정치란 무엇인가?" 이번에는 공자가 "정치는 재물을 아끼는 데 있습니다."라고 답하자 경공이 크게 기뻐하며 공자를 장차 이계尼谿의 땅에 봉하려고 했다는 것이다.[5] 그런데《사기》〈공자세가〉에 따르면 이때 안영이 나서며 경공에게 "아니 되옵니다."로 간했다.

　무릇 유학자는 교활하게 머리를 굴리며 법을 따르지 않고, 거만하여 제멋대로 하는지라 아래에 두어 쓸 수 없습니다. (그들은) 초상을 높이 받들어 애통해 마지않으며 파산할 정도로 장례를 후하게 치르는지라 이를 풍속으로 할 수는 없는 일입니다. (또한 그들은) 유세로써 (벼슬자리를) 구걸하러 다니는데 이로써 나라를 만들어 갈 수는 없는 일입니다. (…) 주군께서 그를 등용해 제나라 풍속을 바꾸고자 하신다면 이는 미천한 백성들을 이끌어 가는 바가 아닙니다.

부 유 자 활 계 이 불 가 궤 법　 거 오 자 순　 불 가 이 위 하
夫儒者滑稽而不可軌法, 倨傲自順, 不可以爲下。

^{숭 상 수 애} ^{파 산 후 장} ^{불 가 이 위 속}
崇喪遂哀, 破産厚葬, 不可以爲俗。

^{유 세 걸 대} ^{불 가 이 위 국}
游說乞貸, 不可以爲國。(…)

^{군 욕 용 지 이 이 재 속} ^{비 소 이 선 세 민 야}
君欲用之以移齊俗, 非所以先細民也。《사기열전》,〈공자세가〉10.

《안자춘추》 또한 경공이 공자 등용 건을 안영과 상의했고 그의 반대로 거두어들였던 것으로 전한다. 안영의 반대 의견이 〈공자세가〉와 주된 논조는 같되 언사는 한층 더 모질었다.

저들(유자들)은 교만하여 자신만이 옳다고 하는 자들로, 아랫사람을 가르칠 수 없습니다. 노래하며 즐기기를 좋아하여 백성을 부드럽게 대하는지라, 저들로 하여금 백성을 직접 다스리게 할 수는 없습니다. 명이 서야 일을 세우는 법인지라, (저들은 맡긴) 직무를 제대로 지켜내지 못합니다. 후한 장례로 백성을 파산케 하고 나라를 가난하게 만들며, 초상을 오래 끌고 애도하느라 날들을 허비하니, 저들로 하여금 백성을 사랑하게 할 수는 없습니다. (…)

^{피 호 거 자 순} ^{불 가 이 교 하} ^{호 락 완 어 민} ^{불 가 사 친 치}
彼浩裾自順, 不可以敎下。好樂緩於民, 不可使親治。

^{입 명 이 건 사} ^{불 가 수 직} ^{후 장 파 민 빈 국}
立命而建事, 不可守職。厚葬破民貧國,

^{구 상 도 애 비 일} ^{불 가 사 자 민}
久喪道哀費日, 不可使子民。(…)《안자춘추》,〈외편하〉.

(유자들은) 번잡하게 꾸미고 사술을 부리면서 세상의 임금들을 현혹시키고 있습니다. 성대한 음악으로 백성을 홀리고 우둔하

게 만들고 있습니다. 그들이 말하는 도道로는 세상을 지도해 갈
수 없고, 그들의 가르침으로는 백성을 이끌어 갈 수 없습니다.
지금 그(공자)에게 봉읍을 주시고자 함은 그로써 제나라의 풍
습을 바꾸시겠다는 것입니다. 이는 뭇 백성들을 이끌고 편안케
하는 것이 아닙니다.

_{번 식 사 술}　_{이 영 세 군}　_{성 위 성 악 이 음 우 기 민}
繁飾邪術, 以營世君。盛爲聲樂以淫愚其民。

_{기 도 야}　_{불 가 이 시 세}　_{기 교 야}　_{불 가 이 도 민}
其道也 不可以示世, 其敎也 不可以導民。

_{금 욕 봉 지}　_{이 이 제 국 지 속}　_{비 소 이 도 중 존 민 야}
今欲封之 以移齊國之俗。非所以導衆存民也。

《안자춘추》,〈외편하〉.

비로소 갈피가 잡힌다.《논어》의 〈미자〉가 전하는 이야기는 맞
대면 자리가 아니었다.《사기》〈공자세가〉와《안자춘추》의 기록
이 맞는다면 경공이 공자를 만나 벼슬자리를 주겠다고 하고서 바
로 자기 말을 뒤집은 것이 아니었다. 경공이 정식으로 국정을 논하
는 자리에서 공자를 등용해 쓰고자 한다는 뜻을 밝혔으나 측근들,
특히 대부 안영이 극렬하게 반대한 것이었고 이에 경공이 흠칫
놀라 자신의 늙음을 핑계 삼아 급히 거두어들인 것이었다.《안자
춘추》〈외편하〉에는 이후 경공이 공자에게 후한 예물을 내렸으나
더 이상 정치에 대해서는 묻지 않았다고 전한다.
　때는 중원 전체가 전란의 소용돌이에 휩싸여 있던 시기였다.
기원전 770년 주나라 봉건 질서가 무너졌고 이후 한때 150개가
넘는 제후국들이 난립하면서 각자도생의 생존 경쟁에 돌입해 있었
다. 장정이 노역에 끌려가는 것은 일상사였고 아비가 전쟁터에서

죽고 대를 이어 자식이 같은 운명을 이어갔다. 그렇게 수천만에 이르는 사람들이 550년간을 살아갔다.

사람 사는 세상이 아니었다. 어떻게 해야 다시 사람 사는 세상을 만들 수 있을 것인가. 어떻게 해야 나라를 안전하게 지키고 크게 만들 수 있는 것인가. 그것이 제후들의 주된 관심사였고 서로 간에 무한경쟁이 불붙었다. 그들은 난세를 구원해 줄 경세제민의 지혜를 필요로 했고 힘써 경세가를 찾았다.

사마천은 이때 경세제민의 학이 많이 쏟아져 나왔고 서로 경쟁을 하였다고 전했다. 제자백가가 있었고 그 가운데 특히 음양가·유가·묵가·명가·법가·도덕가의 6개 학파가 서로 쟁명했다고 했다.[6] 하지만 실제 학 혹은 사상으로 평가할 수 있을 만큼 비전과 실천 방법론을 갖춘 것은 도덕가·묵가·유가·법가 등 네 개 학파 정도였다. 이 네 개 학파들도 서로 쟁명했다고 할 정도로 영향력이 엇비슷하였던 것은 아니다. 도덕가·묵가·유가는 주로 재야에 국한된 영향력을 가졌을 뿐이었다. 춘추 전국 시기, 그들 가운데 한 나라의 재상이 되어 역사에 남을 만한 정치적 업적을 남긴 이는 없었다.

국정을 담당하며 실제 경세제민을 실행에 옮기고 치적을 남긴 것은 병가를 아우르는 법가였다. 제나라 환공을 도와 춘추 오패의 첫 번째 패업을 이루었던 관중, 전국 초기 20년간 재상으로 있으면서 변방 진나라를 일약 중원 제일의 군사 강국으로 변모시켰던 상앙商鞅, 춘추 전국 최후의 승자 진나라의 영정嬴政에게 큰 영향력을 미쳤던 한비자, 영정을 도와 천하 통일의 위업을 달성했던 이사李斯 등이 모두 법가였다. 난세를 수습하고 사람 사는 세상으로 가자는 비전 자체는 다른 제자백가들과 같았다. 그러나 '사람 사는 세상'에 대한 인식 및 그곳으로 가는 방법론이 달랐다. 사람 사는 세상으로 가자면 부국강병해야 하고, 부국강병하자면 엄격한 법으로 세상을 다스리는 법치가 필요하다는 것이었다.

공자가 태어나 학자로, 경세가로, 교육자로 활동했던 시기는 춘추 전국의 중간 시점이었다. 그때는 법가들이 이미 보여 준 역사적 업적을 바탕으로 중원 각국의 조정을 장악하고 있던 때였다. 공자는 이들 시대의 주류, 조정의 기득권 세력에 맞서 새로운 학문, 군자학으로 대립각을 세우면서 법치 아닌 예치와 덕치를 통해 새롭게 사람 사는 세상으로 갈 것을 주창한 것이었다.

그렇다고 그가 법가에 대해 진영이 다르다고 헐뜯기나 비난으로 일관한 것은 결코 아니었다. 오로지 자신이 세운 '된 사람'의 기준에 따라 그리고 사실에 따라 편견 없이 시시비비를 말했다. 법가의 시조라고 할 관중을 평할 때를 보면 그랬다.

어느 날 제자가 관중이 예를 알았는지를 공자에게 물었다. 공자가 대답했다.

나라의 군주는 색문塞門[7]을 세운다. 관씨 또한 색문을 세웠다. 나라의 군주들은 서로의 우호를 위해 반점反坫[8]을 놓았다. 관씨 또한 반점을 놓았다. 관씨가 예를 안다면 누가 예를 알지 못하겠는가.

방 군 수 색 문　　관 씨 역 수 색 문
邦君樹塞門。管氏亦樹塞門。

방 군 위 량 군 지 호　　유 반 점　　관 씨 역 유 반 점
邦君爲兩君之好, 有反坫。管氏亦有反坫。

관 씨 이 지 례　　숙 부 지 례
管氏而知禮, 孰不知禮。《논어》, 〈팔일〉 22.

　　그러나 예가 공자 군자학의 중요한 원칙이기는 하였으되 그것
이 핵심을 이루는 것은 아니었다. 후순위의 기준이었을 뿐이다.
공자는 말한다.

　　사람이면서 인하지 않으면 예 같은 것이 무슨 소용인가. 사람이
　　면서 인하지 않으면 음악 같은 것이 무슨 소용인가.

인 이 불 인　　여 례 하　　인 이 불 인　　　여 악 하
人而不仁, 如禮何。人而不仁, 如樂何。《논어》, 〈팔일〉 3.

　　그렇게 공자의 사람됨에 있어서 예보다 먼저, 어느 무엇보다
먼저 갖추어야 할 것은 다름 아닌 인仁이었다. 인은 충과 서의 변증
법을 익히고 실천함으로써 행하게 되는 덕이었고 군자학의 으뜸
원리였다. 어느 날, 제자 번지가 스승에게 인이란 무엇인지를 물었
다. 공자는 한마디로 말했다.

　　(인이란) 사람을 사랑하는 것이다.

애 인
愛人。《논어》, 〈안연〉 22.

　　답은 들었으나 속 시원하지는 않다. 사람 사랑이라니, 짤막한
한마디 말이지만 너무도 뜻하는 바가 많은 말 아닌가. 우선 사랑의
대상이 너무도 넓다. 가족도 사람, 이웃도 사람, 친구도 사람, 적도
사람, 제후도 사람, 천민도 사람, 부자도 사람, 빈민도 사람, 자기에

게 은혜를 베푼 은인도 사람, 자기에게 해코지를 한 원수도 사람이
니 그 모두를 다 사랑하라는 말인가. 사랑하는 대상을 특정한다고
해도 어떤 행동을 사랑이라고 하는 것인지도 모호하다. 어떤 사람
에게 사랑은 주는 것이고 어떤 사람에게는 받는 것이다. 어떤 사람
은 사랑하니까 결혼한다고 하고 어떤 사람은 작별한다고 한다. 어
떤 사람은 사랑하니까 상대를 존중하고, 어떤 사람은 상대가 싫어
하는데도 사랑하니까 쫓아다니고, 어떤 사람은 사랑하니까 싸우
고 또 어떤 경우에는 심지어 사랑하니까 매를 든다고 한다.

공자가 말하는 사랑은 어떤 사랑일까. 어느 날, 제자 자장이 스
승이 말씀하시는 사람 사랑, 인이 대체 어떤 것인지를 캐물었다.
그러자 공자가 이렇게 답했다.

행동을 공손하게, 너그럽게, 믿음 있게, 애써서, 그리고 은혜롭
게 하면 인하다고 하겠다.
_공 _관 _신 _민 _혜
恭, 寬, 信, 敏, 惠。《논어》, 〈양화〉 6.

누군가를 사랑한다면 그 누가 되었든 함부로 대하면 안 되는
것이다. 자기가 부리는 아랫사람이라도 또 가진 것이 없는 빈민,
신분이 낮은 천민이라도 공손하게 대하여야 한다. 누군가를 사랑
한다면 인색하게 굴거나 지나치게 추궁해서는 안 되는 것이다. 궁
색한 처지에 있으면 도움의 손길을 내밀고, 잘못을 저질렀으면 스
스로 바로잡을 기회를 주어야 한다. 누군가를 사랑한다면 그의 믿
음을 저버려서는 안 되는 것이다. 누군가를 사랑한다면 그를 수고
롭게 하지 말고 내가 더 많이 애써야 하는 것이다. 누군가를 사랑

한다면 은혜를 받을 것이 아니라 베풀어야 하는 것이다.

그렇게 한정되어 있으니 공자의 사랑은 예수의 사랑이나 부처의 자비에 비하면 무척 작은 사랑이다. 꼭 원수까지 사랑해야 하는 것이 아니다. 왼뺨을 때리면 오른뺨까지 내밀어야 하는 것이 아니다. 누구를 원망하거나 편애하지도 말고 다른 사람과 일심동체가 되어 고락을 함께하며 내가 가진 것을 아무 조건 없이 내어 주어야 하는 것이 아니다. 더욱이 부처의 자비처럼 세상의 모든 목숨을 가진 것들에 대해 고루 아낌과 사랑을 베풀어야 하는 것도 아니다. 그저 사람답게 '된 사람'으로서 자기가 할 수 있는 최선을 다해 다른 사람에게 도움이 되는 무엇인가를 자기 분수에 맞게 정도껏 하면 되는 것이다.

그랬다. 공자의 인, 사람 사랑은 어렵고 힘든 것이긴 해도 서의 습성을 익히고 충만하게 하여 역지사지하면 비록 백 퍼센트는 아니어도 어느 정도 가까이할 수 있는 사랑이다. 하지만 그 사랑이 충에 기반한 참됨과 바름을 왜곡하는 것이어서는 아니 된다. 공자는 인에 관해 끝으로 이렇게 덧붙였다.

강직하고 의연함, 질박하고 어눌함은 인에 가깝다.

<ruby>剛<rt>강</rt></ruby><ruby>毅<rt>의</rt></ruby>, <ruby>木<rt>목</rt></ruby><ruby>訥<rt>눌</rt></ruby>, <ruby>近<rt>근</rt></ruby><ruby>仁<rt>인</rt></ruby>. 《논어》, 〈자로〉 27.

그런 것이어야 했다. 사랑을 베푼다고 해서 부정한 일을 한다든가 남의 공을 가로채거나 무임승차하여 부귀를 누리는 등의 부조리한 것을 눈감고 넘어가서는 아니 된다. 또한 남들에게 좋은 일이라도 화려한 언변으로 미리 떠벌려서는 안 될 일이다. 다른 일과

마찬가지로 사랑은 말로 하는 것이 아니라 행동으로 하는 것이기에 사전에 치밀하게, 할 수 있는지를 충분히 따져 보아야 한다.

어떤 사람의 됨됨이, 인물됨을 평가할 때 그 사람이 이러한 충과 서의 변증법에 기반한 사람 사랑, 인을 실행하고 있는가 그렇지 못한가가 공자의 가장 중요한 판단 기준이었다. 어떤 사람이 관중의 인물, 사람됨에 대해 공자에게 물었다. 공자가 대답했다.

> 인물이지요. (관중이) 백씨의 변읍 삼백 호를 빼앗는 바람에 (백씨는) 거친 밥을 먹었습니다. 그러나 그는 이가 빠져나가는 때에 이르러서도(죽을 때까지도) 원망하는 말을 하지 않았습니다.
>
> ^{인 야} ^{탈 백 씨 변 읍 삼 백} ^{반 소 식}
> 人也。奪伯氏騈邑三百, 飯疏食。
> ^{몰 치} ^{무 원 언}
> 沒齒, 無怨言。《논어》,〈헌문憲問〉 9.

이 또한 실제 있었던 일에 입각하여 그리고 그가 덕 가운데서도 최우선 순위에 두고 있는 으뜸의 덕, 인 즉 사람 사랑을 기준으로 내리되, 무조건적 사랑이 아니라 공자 특유의 조건적 사랑의 시각에서 내린 평이었다. 백씨란 제나라 대부 백언伯偃을 말한다. 그는 나라로부터 변읍에 봉토를 받아 부귀를 누리고 있었다. 그런데 관중이 그에게서 봉토를 빼앗아 나라 소유로 돌려놓은 것이었다. 대부 백언이 봉토를 받기 전이나 후에 나라에 아무런 공을 세운 적이 없기 때문이었다. 공자는 그렇게 기득권을 빼앗겨 생활에 곤란을 겪게 되었음에도 마땅한 처사라며 아무런 불평도 원망도 하지 않았던 백언의 행위도 충한 것이었고, 부당한 기득권을 빼앗은 관중의 직무 수행도 충한 것이었음을 들어 관중을 뛰어난 사람이라고 평가한 것이었다.

　그뿐이 아니었다. 또 다른 날, 이번엔 제자 자로가 스승에게 물었다. 주군 환공에게 패업을 이루게 해 준 무결점의 충직한 재상이었으나 관중에게도 아킬레스건이라고 할 약점이 하나 있었다. 그는 환공을 모시기 이전, 공자 규糾를 모셨다. 그때 같이 공자 규를 모시던 소홀召忽은 공자 규가 죽자 따라 죽었는데 관중은 그렇지 않았다. 그 사실을 들어 자로가 관중이 인하지 않은 인물이 아니냐고 따져 물은 것이었다. 이에 공자는 이렇게 답했다.

> 환공이 아홉 차례 제후들 회합을 하면서 (한 번도) 병사와 수레를 동원하지 않았다. 관중이 힘쓴 덕분이었다. 이러니 그를 인하다 하겠다. 이러니 그를 인하다 하겠다.
>
> _{환 공 구 합 제 후}　_{불 이 병 거}
> **桓公九合諸侯, 不以兵車。**
> _{관 중 지 력 야}　_{여 기 인}　_{여 기 인}
> **管仲之力也。如其仁。如其仁。**《논어》,〈헌문〉16.

　실제 관중은 군사력이 막강했음에도 무력행사를 자제했다. 군사력을 동원해 상대를 치면 군사력이 우위에 있으니 승리하겠지만 병력의 손실을 피할 길은 없다. 누가 됐든 병사는 한 가정의 가장이거나 아들이다. 그가 죽거나 다치면 그의 가정은 파탄이 나고 만다. 상대를 싸움 없이 수그리고 들어오게 하면 그 누구보다도 제나라 백성이 좋은 것이다. 백성이 고통 받지 않고 생업에 전념할 수 있도록 해 주는 것, 그것이 정치하는 사람이 할 일이었다. 그런 정치가 바로 인이 아니고 무엇이겠는가. 그렇게 답한 것이었다.

다른 자리에서 이번엔 제자 자공이 물었다. 비슷한 취지의 질문이었다. 자기가 모시던 공자 규가 죽었을 때 응당 같이 죽지 못하고 오히려 공자 규를 죽인 환공을 도왔던 사실을 들어 관중이 인하지 못한 것 아니냐고 따져 물었다. 이에 공자가 이렇게 답했다. 보다 직설적이었다.

관중이 환공을 도와 제후들의 맹주가 되게 하여 단숨에 천하를 평안하게 바루었으니, 백성들은 오늘날까지 그의 은혜를 입고 있다. 관중이 없었다면 우리는 머리를 흐트러뜨리고 옷섶을 제대로 여미지 못한 채 나다닐 터이다. 어찌 보통 남자와 여자가 (작은 신의에) 집착하여 스스로 도랑에서 목을 매어, 아무도 알지 못하게 하겠는가.

管仲相桓公, 霸諸侯, 一匡天下, 民到于今受其賜。
微管仲, 吾其被髮左衽矣。豈若匹夫匹婦之爲諒也,
自經於溝瀆, 而莫之知也。《논어》,〈헌문〉 17.

관중은 부국강병에만 힘 쏟은 법가가 아니었다. 모시는 군주의 패업만 도모한 재상이 아니었다. 공자의 눈에 그는 백성을 사랑한 법가였다. 백성의 목숨은 물론이거니와 백성의 살림살이도 챙긴 재상이었다. 부국富國에만 경주하지 아니하고 부민富民에도 힘써, 백성들을 헐벗음에서 구제하고 잘살게 만든 재상이었다. 비록 법가의 시조라 할 인물이지만 그에게서 그런 의심할 바 없는 인을 보았고 따라서 높이 평가해 마지않았다. 진영에 구애받지 아니하고 오직 사람 사랑, 인의 실천 여부로 인물을 평가한 것이었다.

그런 그로서는 자신의 등용 건을 놓고 제나라 조정에서 쏟아진 평은 너무도 뜻밖의 것이 아닐 수 없었다.

당시 앞장서 반대 의견을 낸 안영은 제나라 조정 안팎에서 존경받는 재상이었다. 그런 그의 첫 마디가 '무릇 유학자는 교활하게 머리를 굴리며 법을 따르지 않고'였다. 전형적인 진영 논리이자 법가의 시각이었다. 조정에 출사하고자 하는 뜻이 있으면 의당 자기들 진영에 들어와 줄을 서고 안면도 익혀야 하거늘 자신들이 신봉하는 학설과 전혀 다른, 새로운 학문을 들고서 윗선에서 바로 치고 들어오니 그야말로 오만방자하기 짝이 없는 출사 지망생이 아닐 수 없었다. 안영은 다음 말에서 "거만하여 제멋대로 하는지라 아래에 두어 쓸 수 없습니다."라며 적대 감정을 여과 없이 그대로 입에 올리고 있다. 진영도 달랐고 또 연륜도 내세울 만한 것이 없었으니 공자로서는 어느 정도 날이 선 비판은 각오해야 할 일이었는지 모른다. 그러나 비판이 전혀 사실이 아닌 허위와 과장에 입각한 것이었으니 기가 막히지 않았을까 싶다.

대부 안영은 경공에게 한 진언에서 "(유자들과 공자가) 초상을 높이 받들어 애통해 마지않으며 파산할 정도로 장례를 후하게 치르는지라 이를 풍속으로 할 수는 없는 일입니다."라고 하여 두 가지를 쟁점화하고 있다. 한편으로는 공자가 경공에게 "정치의 요점이 재물을 절제하는 데 있다."고 아뢰었으나 그의 언변과 달리 실상은 사치와 낭비를 일삼는 부류로서 언행이 일치하지 않는 자임을 부각시키고자 하였고, 다른 한편으로는 공자의 군자학이 천하를 다스리는 경세제민의 학과는 거리가 먼, 그저 허례허식을 중시하는 풍속학에 지나지 않는다는 점을 각인시키고자 한 것이었다. 하나 사실과 너무나도 다른 이야기였다.

제나라에 가서 경공을 알현한 때는 공자 나이 서른여섯쯤이었다. 서른에 군자학의 이론적 얼개를 일차적으로 마무리지었으니 그로부터 6년 후였던 셈이다. 학문을 널리 알리기 위해서나 현실 세계 속 검증을 위해서나 출사는 긴요한 일이었다. 그리고 출사를 한다면 의당 모국 노나라에서부터 모색해야 했으나 그럴 수 없었다. 나라가 어지러웠다. 대부 집안이 실권을 쥐고 나라 주인인 소공을 휘두르고 있었다. 그런 무도한 조정에 출사한다는 것은 군자학이 밝히고 있는 '된 사람'이 할 일이 아니었다.

그렇듯 학문의 생명줄과도 같은 출사가 자의 반 타의 반 막혔으니 그의 군자학은 세상 햇빛을 제대로 보지 못하고 있었다. 후에는 제자들이 하나둘 중원 각지에서 몰려들어 버젓한 학당의 모습을 갖추게 되지만 그때는 아니었다. 찾아와서 받은 제자라고 해 봐야 그때까지 두엇 정도였다. 소공 24년, 평소 공자의 학문을 높이 샀던 맹희자孟僖子가 죽으면서 보낸 두 아들이 전부였고 가르친 내용도 예에 대해서였을 뿐 그 위 단계 학문인 군자학은 아니었다. 그런 형편이었으니 안영이 말한 바와 같은 '유자들'이 실체가 있는 무리라고 보기는 어려웠다. 그랬으니 유가의 상례喪禮라는 것이 널리 퍼져 건전한 풍속을 해치고 있을 리도 만무했다.

그리 따져 보면 제나라 조정 안팎에서 존경받고 있던 재상 안영이 경공에게 그렇듯 사실과 달라도 한참 다른 거짓을 버젓이 아뢰었을까 싶긴 하다. 어쨌거나 그것이 사실이 아니라고 하더라도 공자로선 별수 없었다. 달라질 것도 없었다. 남의 나라 조정이었고 그것도 경쟁 학파가 공고한 기득권 세력을 이루는 가운데 진을 치고 있는 상황이었다. 중상이고 모략, 비방이라 할 것이지만 항변이나 해명의 기회는 없었다. 그저 도매금으로 넘어가는 수밖에 달리 방도가 없었다. 중요한 것은 공자가 출사에 실패했다는 것, 따라서 그의 군자학이 재조在朝에서 효능과 안전성을 검증받을 기회를 얻지 못했다는 것이고 그것은 역사적 사실이었다. 법가와 유가가 역사의 맞수로 처음 만나 겨룬 첫 번째 공방은 그렇듯 법가의 한판승으로 마무리되었다.

어쩔 도리가 없는 일이었다. 유가의 시조, 군자학의 창시자 공자에게 이미 나 있는 길은 없었다. 하지만 그대로 주저앉을 수는 없었다. 앞으로 어찌 헤쳐 갈 것인가. 어떻게 하든 길을 내야 했다. 출사를 못 해도 학문을 그대로 밀고 나갈 것인가, 아니면 적당히 절충해 출사를 도모할 것인가. 충을 구부려 법가들이 쓰는 간특한 수단에도 더러 동조해 주면 어떨까. 서를 구부려 그들이 활용하는 잔혹한 형벌을 일부 받아들이면 어떨까. 그래서 그들의 눈에 초록동색으로 보이게 되면 출사가 전혀 불가한 것은 아니지 않을까. 경공의 거절 의사를 듣고 공자가 그런 고민을 하지 않았을까.

모를 일이다. 하지만 그런 미혹에 넘어갈 수는 없었다. 그에게 출사는 목적이 아닌 수단이었기 때문이다. 각고의 노력 끝에 세운 군자학의 효용성을 입증하기 위해, 그래서 장차 중원 천지에 군자학이 받아들여지고 각 나라에 군자학으로 수양한 인재들이 많이 나와 천하를 사람이 사람답게 사는 세상으로 만들어 가는 것이 목적이지 일신의 출세와 영달이 목적이 아니었다.

그러나 내심 기대해 마지않았던 출사가 수포로 돌아갔으니 가슴에 실의가 차오르는 것은 어쩔 수 없었다. 먹여 살려야 하는 식솔들도 있었다. 쪼들리는 살림에 언제까지고 객지에 머무를 수는 없었다. 타향에서 구걸하면서 살아갈 수는 없는 노릇 아닌가. 일단 고향으로 돌아와야 했다. 노나라로 돌아오는 발걸음이 처량했다. 그래도 고개를 떨구지는 않았다. 법가와는 어차피 빙탄불상용氷炭不相容, 얼음과 석탄과도 같이 서로 용해되지 못할 것이니 애당초 엮이지 않는 것이 서로 좋았다. 그는 선선히 돌아섰다.

길이 다르면 서로 도모하지 않는다.

道不同, 不相爲謀。《논어》, 〈위영공〉 40.

제3의 길

앞날에 대한 번민이 고개를 들었다. 장차 어찌해야 할 것인지, 새롭게, 신중하게, 현실적으로 궁리해야 했다. 모국에 돌아왔으나 노나라 정국은 바뀐 것이 없었다. 계속 출사를 도모하자면 또 다른 나라로 가야 했다. 그런데 다른 나라라고 사정이 더 낫다고 볼 수 없었다. 제나라에서 퇴짜를 맞은 일이 중원에 널리 퍼졌을 것이니 더 어렵게 됐다고 보아야 했다. 노나라가 정상적인 나라 모습을 되찾을 때까지 기다리든가 아니면 아예 출사를 포기하든가 하는 도리밖에 별수가 없었다.

번민은 꼬리를 물고 이어졌다. 출사를 포기하면 달리 무엇을 할 것인가. 세상을 피해 어디 산속 깊숙이 들어가 살면 어떨까. 호의호식하자고 꿈꾼 벼슬길도 아니고 소싯적부터 없이 살아왔으니 거친 음식이 무슨 대수겠는가. 맑은 공기 마시면서 충의 습성으로 절문근사하고 사무사하며 하루하루 바른 생활을 이어가면 무도한 법가들과 달리 제법 도를 알며 산다고 할 수 있지 않겠는가. 비록 어려운 처지에 있는 사람들을 거두지는 못할지라도 적어도 세상에 큰 해악은 끼치지 않고 살다 가지 않겠는가. 훗날 공자가 주위에 그런 심사를 털어놓았다.

거친 밥을 먹고 (차가운) 물을 마시며 팔을 굽혀 그것을 베개 삼으면 즐거움도 그 속에 있다. 의롭지 못하면서 부유하고 귀하게 되는 것은 내게 뜬구름과 같을 뿐이다.

반 소 식 음 수　곡 굉 이 침 지　낙 역 재 기 중 의
飯疏食飲水, 曲肱而枕之, 樂亦在其中矣。

불 의 이 부 차 귀　어 아 여 부 운
不義而富且貴, 於我如浮雲。《논어》, 〈술이述而〉 15.

소위 은자隱者의 길이었다. 미혹이 있을 법한 길이었다. 아마도 30대 중·후반 출사가 막혔을 당시 이에 대한 입장을 정리해 두었던 것 아닐까 싶다. 훗날 공자는 제자들에게 이렇게 말하고 있다.

숨어 살면서 자신의 뜻을 추구하고, 의로움을 실천하면서 자신의 도를 달성한다고 한다. 나는 그런 말은 들었으되 그런 사람은 아직 보지 못했다.

은 거 이 구 기 지　행 의 이 달 기 도
隱居以求其志, 行義以達其道。

吾聞其語矣, 未見其人也。《논어》, 〈계씨〉 11.

구체적으로 역사에 이름을 남긴 중원의 일곱 일민逸民들을 예로
들었다. 일민이란 학문과 덕행이 있으나 세상에 나서지 아니하고
세상을 피해 묻혀 사는 사람을 말한다. 공자는 그들이 걸었던 길을
유형별로 나누어 이렇게 평했다.

자기 뜻을 굽히지 않고 자기 몸을 욕되게 하지 않은 사람은 백
이와 숙제이다. 유하혜와 소련을 평하면 그들은 뜻을 굽히고 몸
을 욕되게 했다. 말이 도리에 맞았고 행동도 헤아려서 했다. 그
게 다였다. 우중과 이일을 평하면 그들은 숨어 살면서 말을 자
유롭게 했다. 몸이 깨끗했고 (벼슬을) 버린 것도 권도에 맞았다.

불항기지 불욕기신 백이 숙제여 위 유하혜
不降其志, 不辱其身, 伯夷, 叔齊與。謂, 柳下惠,

소련 강지욕신의 언중륜 행중려 기사이이의
少連, 降志辱身矣。言中倫, 行中慮, 其斯而已矣。

위 우중 이일 은거방언 신중청 폐중권
謂, 虞仲, 夷逸, 隱居放言。身中淸, 廢中權。《논어》, 〈미자〉 8.

그 같은 은자들에 대한 평 말미에 자신이 가고자 한, 가고자
하는 길은 그들의 길과 다른 것임을 분명히 했다.

나는 이와 다르다. (꼭) 받아들여야 할 것도 없고, 못 받아들여
야 할 것도 없다.

아 즉 이 어 시 무 가 무 불 가
我則異於是。無可無不可。《논어》, 〈미자〉 8.

군자학에서 밝힌 '된 사람'은 일민과 다르다는 것이었다. 군자의 길을 가고자 하는 사람은 은자의 길을 걷지 않는다는 것이었다. 쌓은 학문과 덕행에 있어서는 서로 같은 길을 걸을 만하나, 걷고자하고 가고자 하는 곳이 달라서였다.

공자의 '된 사람'은 충을 바탕으로 살되 충만으로 살지 않는다. 충 너머 충과 서의 변증법으로 세상과 소통한다. 군자가 실행하는 인은 사람 사랑이다. 그가 있어야 할 곳은 사람이 사는 곳이다. 그는 말한다.

> 새나 짐승들과 함께 무리를 이룰 수는 없다. 내가 이 (세상) 사람들이 아니고 누구와 함께 산단 말인가. 천하에 도가 있다면, 나는 바꾸는 일에 참여하지 않을 것이다.
>
> 조 수 불 가 여 동 군　오 비 사 인 지 도 여 이 수 여
> 鳥獸不可與同群, 吾非斯人之徒與而誰與。
>
> 천 하 유 도　구 불 여 역 야
> 天下有道, 丘不與易也。《논어》, 〈미자〉 6.

그가 살았고 또 살고 있는 세상은 의롭지 못한 곳일 뿐 아니라 차디찬 곳이었다. 그곳을 떠나 산에 들어가 자연과 더불어 살면나 홀로 참된 마음과 의로움을 잃지 않고 살 수는 있겠으나 그것이 군자가 실천하고자 하는 인의仁義는 아니었다.

세상엔 어질지 못하고 의롭지 못한 권력이 많다. 그런 권력을 즐기다 간 부덕한 군주가 어디 한둘이겠는가. 자신의 등용 건을 소신껏 밀어붙이지 못했던 제나라 경공에게 뒤끝이 남아 있었던 탓일까. 훗날 공자는 수많은 부덕한 군주 중에서 하필 그를 콕 집

어 부덕한 군주의 좋지 않은 예로 삼아 비교했다.

제나라 경공은 말 천 필을 갖고 있었는데 그가 죽던 날 백성들이 그의 덕에 대해 일컫는 자가 없었다. 백이와 숙제는 수양산 아래에서 굶주렸다. 백성들은 오늘날에 이르기까지 그들을 칭송하고 있다.

제 경 공 유 마 천 필   사 지 일   민 무 덕 이 칭 언
齊景公有馬千駟, 死之日, 民無德而稱焉。

백 이 숙 제 아 우 수 양 지 하   민 도 우 금 칭 지
伯夷叔齊餓于首陽之下。民到于今稱之。《논어》, 〈계씨〉 12.

물론 비교해 말할 만한 인물들이었다. 백이와 숙제, 그들은 은나라의 한 지방 토호土豪의 아들들이었다. 그러나 아버지가 죽자 두 형제가 모두 권좌를 이어받지 않고 집을 나갔다. 의롭지 못한 권력에 환멸을 느꼈을 터였다. 그러던 차에 주나라 무왕이 은나라 주왕을 토벌하고 주 왕조를 세우자, 의롭지 못한 세상이라며 주나라 땅에서 난 곡식조차 먹기를 거부했다. 그리고 멀리 수양산에 들어가 몸을 숨기고 고사리를 캐어 먹고 살다가 굶어 죽었다.

그런 의인이자 청렴 거사의 대명사와도 같은 전설적 인물이었다. 백성들은 추위와 가난에 떨며 굶주려 죽기도 하는 세상에 말 천 필을 소유할 만큼 부귀영화를 누린 경공에 비하면 의롭기가 그야말로 하늘과 땅 차이라고 할 것이었다. 그러나 백이와 숙제에게서 그 이상의 덕을 보고 말할 수 있을까. 그들에게서 제 한 몸을 의롭게 보전하는 것을 넘어서 두루 뭇사람들을 사랑하는 큰 덕, 인을 보고 칭송할 수 있을까.[9] '된 사람', 군자됨을 말할 수 있을까.

훗날 자로가 스승에게 군자에 대해 물었다. 공자가 답했다.

(군자는) 자신을 수양하여 공경스러워야 한다.

修己以敬。《논어》, 〈헌문〉 42.

백이와 숙제는 다시없이 훌륭한 자기 수양의 모델이었다. 그러나 그들이 이른 지점은 거기까지였다. 자로는 "그같이 하면 됩니까?"라며 질문을 이어갔다. 공자도 이어 받았다.

자신을 수양하여 사람들을 평안하게 해 주어야 한다.

修己以安人。《논어》, 〈헌문〉 42.

어떤 사람을 평안하게 해 주어야 한다는 것인지 궁금했다. 자로는 더 캐물었다. 공자가 마무리지어 말했다.

자신을 수양하여 백성을 평안하게 해 주어야 한다. 자신을 수양하여 백성을 평안하게 해 주는 것, 그 때문에 요임금도 순임금도 병이 나셨다.

修己以安百姓。修己以安百姓, 堯舜其猶病諸。
《논어》, 〈헌문〉 42.

그랬다. 수양으로 사사로운 이득을 버리고 깨끗한 삶을 살면 의롭다고 할 것이었다. 백성들로부터 공경도 받을 것이었다. 그러나 군자의 덕은 거기에 멈추지 않는다. 제 한 몸에 그치는 덕이

아니라 사람들을 두루 품는 덕, 인을 베풀어야 한다. 사람 중에서
도 사회 밑바닥에서 어렵고 힘들게 사는 백성들까지 사랑해야 한
다. 그것이 요순 성덕이며 모름지기 군자는 그런 인의 최고봉을
향해 나아가야 하는 것이었다.

그런 인을 향해 나아가자면 출사를 해야 했다. 줄곧 그렇게 생각
해 왔다. 그래서 제나라로 건너가 여러 해를 머물며 어렵사리 경공
에게 유세를 펴며 노력을 경주했던 것이었다. 기대가 컸던 만큼
실의가 컸던 것도 사실이었다. 깊은 실의에 젖어 눈높이를 낮추면
어떨까 하는 미혹에 눈을 돌리지 않았다면 거짓이었다. 그러나 노
력이 수포로 돌아갔다고 눈높이를 제 한 몸 올바르게 보전하는
수준으로 낮출 수는 없었다. 그게 군자학의 본령일 수는 없었다.

군자학의 본령은 충과 서의 변증법에 있었다. 충의 습성뿐 아니
라 다른 한편으로 서의 습성을 한껏 키워, 나 홀로 충을 넘어 모두
함께 충으로 가야 했다. 윗사람들만이 아니라 아랫사람들도 함께
잘사는, 백성들이 잘사는, 그런 사람 사는 세상으로 나아가야 했
다. 그러니 피속避俗은 선택일 수 없었다. 긴요한 출사는 하고자
했으나 막혔다. 막막했다. 무력감이 몰려왔다. 무엇 하나 제대로
할 줄 아는 게 없구나, 자괴감도 일었다. 혼잣말처럼 되뇌었다.

군자의 길에 세 가지가 있는데 나는 할 줄 아는 게 없구나. 어진
사람은 근심이 없고, 지혜로운 사람은 미혹됨이 없고, 용감한
사람은 두려움이 없다.[10]

君子道者三, 我無能焉。

인 자 불 우　지 자 불 혹　용 자 불 구
仁者不憂, 知者不惑, 勇者不懼。《논어》, 〈헌문〉 28.

그래도 갈 길을 가야 했다. 앞으로 나아가야 했다. 마음부터 다
잡았다.

삼군에게서 장수기를 빼앗을 수는 있지만, 필부에게서 그의 뜻
을 빼앗을 수는 없다.

삼 군 가 탈 수 야　필 부 불 가 탈 지 야
三軍可奪帥也, 匹夫不可奪志也。《논어》, 〈자한〉 26.

하물며 필부의 뜻도 그러한 것이거늘 공자에게서 '된 사람'의
길에 대한 의지를 빼앗을 수는 없었다. 나이 마흔에 그는 마침내
벼슬길과 은자의 길, 두 미혹을 떨쳐버리고 새로운 길을 찾아 나섰
다. 옛 생각을 고집해서는 답이 없었다. 과감한 발상의 전환이 필
요했다. '된 사람'이 궁극적으로 해야 할 바가 꼭 인이어야 하는지,
즉 사람 사랑, 백성 사랑이어야 하는지를 다시 묻고 생각해 보았
다. 의심의 여지가 없었다. 지향점이 달라질 수는 없었다. 그다음
실현 방도를 살펴보아야 했다. 출사를 하여 조정에 나가면 나라
차원에서 인을 실현해 나갈 기회를 가질 수 있다. 하지만 출사가
불가하다. 그러면 어떤 수가 있을 수 있는 것인가. 고정 관념의
어두운 터널 끝에서 어느 날 뜻하지 않은 한 줄기 빛을 보았다.
발상의 전환이 일어났던 그때 그 순간이 훗날 제자와 묻고 답하는
대화 속에서 재생되어 나왔다.
　어느 날 자공이 물었다.

백성들에게 널리 베풀어 많은 사람을 구제할 수 있다면, 어떻습니까. (그를) 일컬어 어질다고 할 수 있는지요.

여 유 박 시 어 민 이 능 제 중　 하 여　 가 위 인 호
如有博施於民而能濟衆, 何如。可謂仁乎。

《논어》, 〈옹야雍也〉 30.

나이 마흔이 될 즈음에 미혹을 떨쳐 내고 새로운 길을 찾아 나섰던 때를 새삼 떠올렸던 것일까. 공자는 조금도 주저함이 없었다. 분명한 어조로 힘주어 답했다.

어찌 어짊에서 그칠 일이겠느냐. 틀림없는 성스러움이겠다. 요임금, 순임금도 그 때문에 병까지 드셨다. 어진 이는 자기가 서고자 하면 남을 세워 주고, 자신이 이루고자 하면 남을 이루게 해 준다. 가까운 데서 비근한 예를 취할 수 있으면, 그것이 바로 인의 (실천) 방법이라고 하겠다.

하 사 어 인　 필 야 성 호　 요 순 기 유 병 저
何事於仁。必也聖乎。堯舜其猶病諸。

부 인 자　 기 욕 립 이 립 인　 기 욕 달 이 달 인
夫仁者, 己欲立而立人, 己欲達而達人。

능 근 취 비　 가 위 인 지 방 야 이
能近取譬, 可謂仁之方也已。《논어》, 〈옹야〉 30.

그랬다. 인이란, 사람 사랑이란, 백성 사랑이란 반드시 높은 자리로 올라가 먼 곳까지 닿아야 하는 것이 아니었다. 먼 곳 아닌 내 주변에도 사랑을 필요로 하는 사람들이 많이 있지 않은가. 지금 있는 자리에서 가까운 곳부터라도 시작하면 되는 것이었다. 가까이에서 시작하되 멀리 보고 나아가기로 했다. 언젠가 출사의 기회

를 얻으면 그때 가서 높은 곳에서 크게 인을 실천하면 될 것이었다.

어떤 사람이 벼슬을 하지 않고 있는 공자에게 물었다.

선생은 어찌하여 정치를 하지 않으십니까.

　자　해　불　위　정
子奚不爲政。《논어》,〈위정〉 21.

공자가 답했다.

《서경》에 "효다. 오직 효도하면 형제간에도 우애가 있고 정치에
은혜로움이 있다."고 했습니다. 그러니 이 또한 정치를 하는 것
입니다. 어찌 그것(벼슬)을 해야만 정치를 하는 것이겠습니까.

　서　운　　효　호　유　효　　우　우　형　제　　시　어　유　정
《書》云, 孝乎惟孝, 友于兄弟, 施於有政。
　시　역　위　정　　해　기　위　위　정
是亦爲政。奚其爲爲政。《논어》,〈위정〉 21.

그랬다. 정치가 사람을, 백성을 편안하게 해 주는 것이라면 정치
는 조정朝廷 안에만 있어야 할 것이 아니었다. 조정 밖 일상에도
정치가 있어야 하는 것이고 그것이 오히려 더 긴요한 정치였다.
그렇게 보니 문제는 출사가 아니라 사람이었다. 사람이, 백성이
편안한, 그런 사람 사는 세상이려면 조정 안이든 밖이든 '된 사람'
이 있어야 하는 것이었다.

　온 천하의 조정이 바라고 기다리는 사람은 그냥 군君, 그냥 신臣
이 아니었다. 그저 그런 아무 임금이라도 좋은 것이 아니라 군군,
임금다운 임금이 있어야 하고, 그저 그런 아무 신하라도 좋은 것이

아니라 신신, 신하다운 신하가 있어야 하는 것이었다. 조정 밖 세상 온 천지가 바라고 기다리는 사람도 그냥 부父, 그냥 자子가 아니었다. 그저 그런 아무 아비라도 좋은 것이 아니라 부부, 아비다운 아비가 있어야 하고, 그저 그런 아무 자식이라도 좋은 것이 아니라 자자, 자식다운 자식이 있어야 하는 것이었다. 제나라 조정에 들어가 경공에게 말하고자 했던 것이 바로 그것 아니었던가. 그래서 눈치 보지 않고 꼿꼿이 또박또박 아뢰었던 것 아닌가.

그랬다. 초심에 이미 길이 있었다. 다시 깨달았다. 그가 있을 곳은 조정 안이 아니라 밖이었다. 재조 아닌 재야였다. 출사하여 조정에 나아가면 기껏해야 신신, 신하다운 신하일 뿐이었다. 그가 할 일은 재조에 있으면서 군주가 범주를 정하여 맡긴 나랏일을 신신으로서 잘 수행해 가는 것이 아니라, 재야에 있으면서 온 천하가 바라고 기다리는 사람을 키우는 것이었다. 한 사람의 신신, 신하다운 신하가 될 것이 아니라 군군, 신신, 부부, 자자를 키우는 사람이 되는 것, 그것이 그가 갈 길이었다. 출사가 아니라 교육, 그것이 보다 긴요한 정치였고 보다 큰 정치였으며 그가 가야 할 길이었다.

더 이상 번민은 없었다. 그는 가야 할 길로 갔다. 중간에 몇 해 짧은 기간 출사하기도 했으나 서른 해 남짓 되는 마흔 이후의 삶 대부분을 '된 사람' 키우기에 힘썼다. 한편으로는 중원 천지로부터 찾아온 제자들을 받아 군자의 길로 인도했으며 다른 한편으로는 세상을 떠나는 날까지 자기 자신을 더욱 갈고 닦아 스스로 군자 됨에 힘썼다. 나이 쉰에 지천명知天命, 예순에 이순耳順, 일흔에 종심소욕불유구從心所欲不踰矩라 한 것이 그것이었다.

군자는 세상을 피해 숨어 살지 않는다. 공자의 '된 사람'은 산속이 아니라 사람들이 모여 사는 사회 안에 산다. 세속에서 사람 사는 세상을 희구하며 온갖 사람들과 온몸으로 부대끼고 소통하며 일상을 함께한다. 공자 또한 그 안에서 더불어 살았다.

선한 것을 보면 (스스로) 거기에 미치지 못한 것처럼 하고, 선하지 못한 것을 보면 끓는 물을 손으로 잡은 듯이 한다. 나는 그런 사람을 보았고, 그런 말도 들었다.

견 선 여 불 급   견 불 선 여 탐 탕
見善如不及, 見不善如探湯。
오 견 기 인 의   오 문 기 어 의
吾見其人矣, 吾聞其語矣。《논어》, 〈계씨〉 11.

공자는 그렇게 착한 사람들과 함께 일상에서 사람 사는 세상으로 나아가고자 하는 사람을 보았고 그런 사람을 전해 들었으며 장차 그런 사람이 올 것을 기대해 마지않았다. 그리고 그런 사람들에게 평생을 두고 갈고 닦아야 할 것, 한 가지를 당부했다. 자신에게 한 다짐이기도 했다.

어느 날, 제자 자공이 물었다.

한마디로 평생, 삶을 마칠 때까지 행해야 할 것이 있을까요.

유 일 언 이 가 이 종 신 행 지 자 호
有一言而可以終身行之者乎。《논어》, 〈위영공〉 24.

공자가 답했다.

그것은 서恕다. 자기가 원하지 않는 것을 남에게 하지 않아야
한다.

기 서 호　기 소 불 욕　물 시 어 인
其恕乎。己所不欲, 勿施於人。《논어》,〈위영공〉 24.

그 서로부터 나온 덕이 다름 아닌 인, 즉 사람 사랑, 백성 사랑이
었다. 그러나 춘추 전국은 그런 것이 통할 시대가 아니었다. 전쟁
이 일어나면 사내란 사내는 죄다 전장에 끌려가 피를 쏟아야 했고
전쟁이 끝나면 노역장에 끌려가 땀을 쏟아야 했다. 그래도 살아야
했다. 살아남아야 뭘 바라도 바라고, 뭘 해도 할 수 있는 것이었다.
생존이 최고의 덕이었다. 너 죽고 나 살기식 서바이벌이 시대정신
이었다.

기원전 260년 진나라 소양왕昭襄王 47년, 진나라가 욱일승천의
기세를 타며 전국 시대 최후의 승자로 올라서고 있던 때였다. 장평
長平에서 진나라와 조趙나라가 저마다 국가의 총력을 기울여 맞붙
었다. 40여 일간의 농성에 지친 나머지 조나라 장군 조괄趙括은
진나라의 포위망을 뚫기 위해 정예군을 이끌고 헤쳐 나가다가 화
살에 맞아 굴러떨어졌다. 장군이 죽자 조나라 병사 40만 명이 진나
라 장군 백기白起에게 투항하였다. 이들을 어떻게 처리해야 옳을
까. 백기는 살려 두면 그들이 반란을 일으킬 것이 두려웠다. 그래
서 모두를 파묻어 죽여 버렸다. 《사기》는 이렇게 전하고 있다.

(백기는) 위협하고 속여서 그들을 모두 구덩이에 묻어 죽였다.
소년 240명을 남겨 조나라로 돌려보냈다. 그 전후로 머리가
잘려 죽은 포로의 수가 45만 명이었다.[11]

乃挾詐而盡阬殺之, 遺其小者二百四十人歸趙。
_{내 협 작 이 진 갱 살 지 유 기 소 자 이 백 사 십 인 귀 조}
前後斬首虜四十五萬人。《사기열전》,〈백기왕전열전白起王翦列傳〉5.
_{전 후 참 수 로 사 십 오 만 인}

　그런 인류 역사상 유례없는 대학살이 자행되고 있던 때였다.
그래도 공자의 제자들은 산으로 들어가 숨어 살지 않았다. 스승의
군자학을 곡학하지 아니하고 본래 뜻 그대로 간직해 온 자들의
경우, 비록 출사를 못하여 재조에 있지는 못하였으나 재야에서 잔
학무도한 세상에 비판의 목소리를 내는 데 앞장서 왔다. 그에 대한
답이 진시황의 '분서焚書'였다. 승상의 지위에 오른 법가 이사는
진시황에게 '의술, 약제, 복서, 농사에 관한 서적을 제외한 유가
학설,《시경》,《서경》, 제자백가의 글이 담긴 서적들을 깨끗이 없
애버릴 것'을 주청했고 황제는 이에 좇았다.[12]
　하지만 공자가 일으킨 '사람 농사'는 대성공이었다. 그의 사후
250여 년간 재야는 물론 재조에도 유학을 익힌 선비들이 곳곳에
자리하였고 군자학은 살아남았다. 맹자가 이어받아 키워간 재야
쪽 세勢만 해도 결코 만만치 않았다. 전국 시대 말 법가의 집대성이
라고 할 한비자도 유학자 순자 문하에서 이사와 함께 동문수학하
였을 정도였다. 재조 쪽에서는 후에 육고가 한나라 고조의 측근이
되어 황제에게《시경》,《서경》을 읊었으며 이어서 무제 때 재상
동중서董仲舒는 황제에게 진언, 기원전 135년 공자의 학문이 마침
내 중원의 국학으로 공인받도록 하였으며 나아가 유학은 중원을
넘어서 동북아로 뻗어 나가 지역 전체를 유교 문화권으로 묶어내
는 데까지 이르렀다.

그렇다고 이후 동북아 유교 문화권이 인의 역사, 사람 사랑과 백성 사랑의 역사를 써 내려간 것은 물론 아니었다. 유학을 국교로 선포하고 군자학을 가르친다고 곧 인의 세상이 되는 것은 아니었다. 사람들이 '된 사람'이 되고, 군자가 많이 나와, 사람 사는 세상을 구현해 가는 것은 여전히 꿈이었다. 예전 춘추 전국 시대만큼은 아니었으나 전란 또한 좀처럼 끊길 줄 몰랐다. 그때마다 백성들은 특히 이루 말 못할 고초를 견뎌야 했다. 역대로 대부분의 벼슬아치는 그런 민초들의 삶을 나 몰라라 하며 눈 감았다. 그들에게 정치권력이란 민초들을 지배하고 그 위에 군림하기 위해 추구하는 것이지 그들을 사랑하기 위해서 하는 것이 아니었다. 유교 문화권의 선비들이 유학 경서를 읽고 공자를 논하는 것은 대부분 출사하여 본인의 영달과 가문의 영광을 드높이기 위한 것이지 세상에 사람 사는 길을 내기 위한 것이 아니었다.

살신성인의 길

사실 공자가 내고 밝힌 군자의 길은 너무도 좇기 어렵고 힘든 길이었다. 내 한 몸을 죽여서라도 사람을 사랑하는 것이 궁극의 경지였다.

뜻있는 선비면서 어진 사람은 자기 살자고 하여 인을 해치지 않고, 제 몸을 죽여 인을 이룬다.

지 사 인 인   무 구 생 이 해 인   유 살 신 이 성 인
志士仁人, 無求生以害仁, 有殺身以成仁。《논어》, 〈위영공〉 9.

살신성인, 말이 쉽고 좋지 그게 어디 감히 엄두라도 낼 일인가. 공자가 칭송해 마지않았던 요순 성덕 이래 오늘날에 이르기까지 중국 중원에 얼마나 많은 살신성인이 있었을까. 그에 대해서는 과문하여 잘 모르겠으되 공자가 오랑캐 땅이라며 낮추어 보던 곳, 산 너머 바다 건너 조선에서는 훗날 그런 살신성인의 덕을 실천한 군자들이 여럿 있었다. 물론 오늘날 우리가 사는 지금 시대에도 있다. 그 가운데 대한민국 국민 모두가 단연 첫손으로 꼽는 데 조금도 주저하지 않을 인물이 있다. 이순신이다. 이름 앞에 그 어떤 다른 수식어도 그에게 충분히 걸맞지 않다.

1592년 임진년 5월 왜倭의 침공으로 시작된 왜란은 1598년 12월까지 지속되었다. 이순신은 그 기간 총 스물세 차례의 크고 작은 전투를 이끌었고 전승을 거두었다. 총 8백 척에 이르는 적선을 침몰시키고 수만 명의 적을 수장시켰다. 특히 1597년 10월에 있었던 명량 해전에서는 고작 열세 척의 배로 3백 척이 넘는 적의 함대를 무찔렀다. 왜선 대부분이 격침되거나 나포되었고 적은 겨우 10여 척의 배를 수습해 달아났다. 일찍이 세계 전쟁사에 이런 사례가 또 있었을까. 게다가 그런 불패 신화의 명장이 용맹한 장수, 지혜로운 장수, 덕 있는 장수를 넘어서 그 옛날 공자가 설파한 살신성인의 인을 실천한 군자였다면 믿어지는가. 일찍이 그런 장수가 어디에 또 있었을까.

중국 전국 시대 초, 지장智將에 덕장德將으로도 이름이 났던 오기吳起라면 어떨까. 두루 알다시피 그는 《손자孫子》와 함께 중국 2대 병법서로 일컬어지는 《오자吳子》를 남긴 인물이다. 《사기》는 부하 병사에 대한 사랑, 그의 서를 이렇게 전한다.

오기는 장군이 되었을 때, 가장 아래 병사들과 같은 옷을 입고 같은 음식을 먹었다. 누워 잘 때 자리를 깔지 않았고, 행군할 때 말을 타지 않았으며, 친히 식량을 싸서 몸에 지니고 다녔다. (그같이) 병사들과 함께 노고를 나누었다.[13]

기 지 위 장　여 사 졸 최 하 자 동 의 식
起之爲將, 與士卒最下者同衣食。

와 불 설 석　행 불 기 승　친 과 영 량　여 사 졸 분 노 고
臥不設席, 行不騎乘, 親裹贏糧, 與士卒分勞苦。

《사기열전》, 〈손자오기열전孫子吳起列傳〉.

과연, 비록 한때이긴 하나 공자의 제자, 증자로부터 직접 군자학을 배우기도 하여 예의를 알고 존숭한다는 평을 받을 만했다. 이어서 《사기》는 그가 부하 병사에게 행한 인도 전하고 있다.

병사들 가운데 등창이 난 자가 있었는데, 오기가 그것을 입으로 빨아냈다. 병사의 어미가 그 이야기를 듣고 통곡했다. 사람들이 물었다. "아들이 병사인데도 장군이 그의 등창을 빨아 주었는데, 어째서 우는 것이오." 그 어미가 말했다. "그렇지 않습니다. 예전에 오공께서 그 아비의 등창을 입으로 빨아 주었는데, 그 아비는 전장에 나가 발꿈치를 돌리지 못하고 끝내 적에게 죽임을 당하고 말았습니다. 이제 오공께서 다시 그 자식의 등창을 빨아 주었다고 하니, 저는 그 애가 어디서 죽을지 모르게 된 것입니다. 그래서 통곡하고 있는 것입니다."[14]

졸 유 병 저 자　기 위 연 지　졸 모 문 이 곡 지
卒有病疽者, 起爲吮之。卒母聞而哭之。

인 왈　자 졸 야　이 장 군 자 연 기 저　하 곡 위
人曰。子卒也, 而將軍自吮其疽, 何哭爲。

<ruby>每<rt>모</rt></ruby><ruby>日<rt>왈</rt></ruby>。<ruby>非<rt>비</rt></ruby><ruby>然<rt>연</rt></ruby><ruby>也<rt>야</rt></ruby>。

往年吳公吮其父, 其父戰不旋踵, 遂死於敵。

吳公今又吮其子, 妾不知其死所矣。是以哭之。

《사기열전》, 〈손자오기열전〉.

등창을 빨 어젊이라는 연저지인<ruby>吮疽之仁<rt></rt></ruby>의 고사성어가 유래하게
된 사건의 기록이다. 분명 인은 인인데 이상한 인이다. 베풂을 받
은 쪽에 고마움이 아니라 두려움을 불러일으키는 인이다. 죽음의
복선이 깔려 있기 때문이다. 오기가 의도했든 그렇지 않았든 그가
어젊을 베푼 병사는 전장에서 죽기 살기로 싸우게 마련이다. 그렇
게 하여 살아 돌아오면 좋겠으나 그가 베푼 연저지인은 병사의
어머니가 통곡한 것처럼 그만 국가를 위해 혹은 장군을 위해 자기
몸을 바치는 그런 살신성인을 유도해 병사를 죽게 만드는 악덕이
되고 만다.

이순신 또한 살신성인의 인을 행한 장수이다. 전장에 선 장수이
니 원수를 사랑하는 성자일 수는 없었다. 하지만 그가 행한 인에는
연저지인에 어려 있는 그런 죽음의 복선 같은 것은 일절 없었다.

왜적의 침공을 받은 지 채 한 달도 안 되어 임금은 한양을 적에
게 내주고 조정 대신들과 함께 의주로 몸을 피했다. 모든 피해는
병사와 백성들 몫이었다. 병사들은 그럴 시간을 벌어 주는 총알받
이가 되어야 했고, 백성들은 자기들을 버리고 도망친 왕에게 분노
했지만 별 수 없었다. 그저 제각기 알아서 적군의 총칼을 피해 살
아가야 했다. 국록을 먹는 장수가 되어서 나라 꼴이 그렇게 돌아가

게 놔둘 수는 없는 일이었다. 이순신은 바다에 나아가 장졸들을 진두지휘해 싸웠고 적을 무찔러 나갔다. 임진왜란 벽두 임진년 음력 7월, 임금께 장계를 올려 그달 10일에 있었던 전투를 이렇게 보고하고 있다.

집이 있는 대선大船과 2층 대선에 탄 왜적들은 거의 다 죽거나 다쳤습니다. 그런데도 죽거나 다친 왜적을 하나도 빠짐없이 끌어내 소선을 이용해 실어냈고, 다른 배의 왜적을 소선에 옮겨 실어 층각대선으로 모아들였습니다. 그러기를 종일했습니다. 그러나 그 배 또한 거의 다 깨부수자 살아남은 왜적 등은 모두 육지로 올라갔습니다. 육지에 올라간 적들은 미처 다 잡지 못했습니다. 그 지역에 살고 있는 백성은 산골에 숨어 있는 자가 아주 많았기에 왜적들의 배를 다 불태우면 궁지에 몰린 도적이 되게 만들게 되어, 숨어 있는 백성이 짓밟혀 결딴나는 재앙을 면치 못하게 될 듯해 잠시 1리쯤 물러나 밤을 보냈습니다.[15]

그렇게 전쟁통 속에서도 백성을 내 가족처럼 여겨 전선을 뒤로 물린 장수가 일찍이 세계 전쟁사에 또 있었을까. 그러면서도 이순신은 전투마다 연전연승을 이어갔다. 그런 장수를 한양 조정은 돌연 1597년 1월(음력) 소환해 심문하였다. 임금이 부산포로 나아가 싸우라는 명을 내렸는데 이를 차일피일 미루고 즉각 실행에 옮기지 않았다는 죄였다. 임금은 이순신을 삼도수군통제사에서 파직하고 후임으로 원균을 임명하였다. 원균은 전혀 깜냥이 안 되는 인물이었다. 그는 1957년 7월 칠천량 해전에서 대패하고 적의 칼에 죽임을 당하였다. 어쩔 수 없었다. 억지 죄를 씌워서 파직시키고 백의종군시킨 이순신을 급히 불러들여 조선의 바다를 다시 맡겼다. 삼도 수군통제사에 재임명된 이순신은 수군의 진영을 진도로 옮겼다. 가는 중에 피난길에 오른 백성들을 보았다. 백성들도 그를 보았다. 그들은 울부짖으면서 "사상使相께서 다시 오셨으니, 우리 등은 살길이 생겼습니다. 이제는 우리가 살길이 생겼습니다."라고 했다.[16]

이순신이 서둘러 수군을 모아 점검해 보니 쓸 만한 배는 열두 척뿐이었다. 무능한 조정은 우왕좌왕 갈피를 못 잡았다. 수군이 아주 적어 적을 막을 수 없다고 판단하고 이순신으로 하여금 육지에 올라 싸우라고 명령을 내렸다. 수군을 폐하고 바다를 포기하겠다는 것이었다. 이순신은 황급히 장계를 올렸다.

임진년부터 5~6년 동안, 적이 감히 전라도와 충청도로 곧바로 돌격할 수 없었던 것은 수군이 그 길목을 누르고 있었기 때문입니다. 지금 신에게는 전선이 아직도 열두 척이 있습니다. 죽을 힘으로 막고 싸운다면, 오히려 해낼 수 있습니다. 지금 만약 수군을 전부 없앤다면, 적은 이를 행운으로 여길 것입니다. 그렇게 된다면 전라·충청의 오른쪽(서해안)을 거쳐 한강에 이를 것입니다. 신은 이것을 두려워할 뿐입니다. 전선의 수가 비록 적을지라도 미천한 신이 죽지 않는다면, 적은 감히 우리를 업신여기지 못할 것입니다.[17]

천만다행, 조정이 이순신의 뜻에 따랐다. 기사회생, 조선이 다 죽었다가 되살아나게 되는 순간이었다. 그해 음력 9월 수백 척을 이끌고 적이 쳐들어왔다. 이순신은 백성의 염원을 가슴에 품고 전선 단 열세 척을 이끌고 울돌목으로 나아가 적을 대파하고 돌아왔다. 후에 〈명량대첩비〉는 이렇게 기렸다.

왜적의 배를 쳐부순 것이 5백 척이며 그 장수 마다시를 베었다.[18]

破賊船五百艘, 斬其將馬多時。〈명량대첩비〉.

이로써 전세는 단번에 역전되었다. 이듬해 음력 11월 이순신은 싸우기를 회피하는, 공자의 나라 중원에서 파견된 장수 진린을 설득하여 왜란을 종결짓는 최후의 전투에 나섰다. 다시금 이 땅에 발을 붙이지 못하게 적을 섬멸하고자 했다. 앞장서 병사들을 독려하며 함께 죽기 살기로 싸웠다. 적이 쏜 탄환이 날아와 그만 그의 가슴에 박혔다.

나의 죽음을 알리지 말라.[19]

그의 마지막 군령, 마지막 말이었다. 왜적은 조선 바다에서 퇴각했고 다시 나타나지 않았다. 그렇게 그는 죽음으로써 힘없고 헐벗은 백성들의 삶터를 되찾아 주었고 부끄러운 조정을 대신해 7년 가까이 생사의 고비를 넘으며 목숨을 이어온 그들을 위로해 주었다. 좌의정 이덕형은 당시의 통한을 이렇게 적어 조정에 치계馳啓로 올렸다.

불의에 진격하여 한창 혈전을 하던 중 순신이 몸소 왜적에게 활을 쏘다가 왜적의 탄환에 가슴을 맞아 선상船上에 쓰러지니 순신의 아들이 울려고 하고 군사들은 당황하였다. 이문욱李文彧이 곁에 있다가 울음을 멈추게 하고 옷으로 시체를 가려놓은 다음 북을 치며 진격하니 모든 군사들이 순신은 죽지 않았다고 여겨 용기를 내어 공격하였다. 왜적이 마침내 대패하니 사람들은 모두 '죽은 순신이 산 왜적을 물리쳤다'고 하였다. 부음訃音이 전파되자 호남湖南 일도一道의 사람들이 모두 통곡하여 노파와 아이들까지도 슬피 울지 않는 자가 없었다. 국가를 위하는 충성과 몸을 잊고 전사한 의리는 비록 옛날의 어진 장수라 하더라도 이보다 더할 수 없다. 조정에서 사람을 잘못 써서 순신으로 하여금 그 재능을 다 펴지 못하게 한 것이 참으로 애석하다. 만약 순신을 병신년과 정유 연간에 통제사에서 체직시키지 않았더라면 어찌 한산閑山의 패전을 가져왔겠으며 양호兩湖가 왜적의 소굴이 되겠는가. 아, 애석하다.[20]

사람 사는 세상을 염원하며 공자가 말하고 그의 진실한 제자들이 전했던 군자의 살신성인이 그로부터 2천 1백 년 후 그들이 생각지도 못했던 오랑캐 땅에서 비로소 온전히 발현된 것이었다. 그에 비견할 살신성인이 유교 문화권에서 언제 또 있었는지는 과문하여 잘 모르겠다.

제8장

더불어 조화롭되 같지 않다

오 십 이 지 천 명
五十而知天命

(나이) 쉰에 이르러 하늘의 명을 알았다

공자는 나이 서른에 충과 서의 변증법을 밝혔다.

나이 마흔에 미혹을 떨치고 굳건히 인의 길을 가기로 했다.

이후 생애를 통해 그는 인의 길을 가는 법을 규명해 갔다.

첫째가 천명, '하늘의 뜻'을 받들어 가는 것이었다.

그는 나이 쉰에 처음으로 출사, 5년 남짓 나랏일을 보았다.

그때 스스로 다짐하고 어김없이 실천한 것이 있다.

화이부동의 정치이다.

남과 더불어 조화롭되 같지 않은 '내가 있는 우리'의 정치였다.

화이부동의 정치는 제가에서 치국, 평천하로 나아간다.

'내가 있는 우리' 가족이어야 반듯한 집안이고,

'내가 있는 우리' 나라여야 반듯한 나라이며,

그런 '우리나라가 있는 세상'이어야 반듯한 천하이다.

그런 반듯한 집안, 반듯한 나라, 반듯한 천하가 '하늘의 뜻'이다.

그런 '하늘의 뜻', 천명을 받드는 것이 정치가 할 일이다.

조선은 유교를 국교로 하는 국가였다. 공자의 가르침을 신봉하는 군주와 사대부가 지배층이 되어 백성을 다스리는 신분 사회였다. 군주와 사대부가 버릇처럼 입에 담은 것이 공자요 사서삼경이었던 만큼 그들이 할 바, 대의는 분명했다. 증자는 공자가 세운 대의를 이렇게 정리해 말했다.

선비란 너그러우면서도 강인하지 않으면 안 된다. 맡아서 해야 할 임무가 무겁고 가는 길이 멀기 때문이다. 인을 자기의 임무로 하고 있으니 또한 (책임이) 무겁지 않은가. 죽어서야 비로소 뒤로 물릴 수 있으니 (갈 길이) 멀지 않은가.

사 불 가 이 불 홍 의　임 중 이 도 원　인 이 위 기 임
士不可以不弘毅。任重而道遠。仁以爲己任,

불 역 중 호　사 이 후 이　불 역 원 호
不亦重乎。死而後已, 不亦遠乎。《논어》,〈태백〉7.

그랬다. 인, 즉 사람 사랑, 백성 사랑이 선비의 책무였다. 선비뿐만이 아니었다. 군자이고자 하는 사대부와 군주 모두가 할 바였다. 맡은 임무인 인을 행하는 것보다 더 큰 대의는 없었다. 이순신은 그에 부합하는, 그 이상 부합할 수 없는 대의를 실천했다. 문자 그대로 결사 항전하여 왜적을 물리치고 사직과 백성을 구했다. 그야말로 살신성인이었다.

역사는 무정했다. 이순신이 떠나고 38년 후, 1636년 병자호란이 일어났다. 청淸나라 군대는 전광석화 같은 속도전을 벌이며 한양으로 곧장 쳐들어왔다. 임금과 조정은 가까스로 남한산성으로 피신해 농성전에 들어갔다. 40여 일 동안 성 밖에서 구원군이 몇

번 왔지만 오는 족족 패하고 병사들의 주검만 늘려갔다. 성안에선 먹을 것이 떨어져 가고 추위와 굶주림에 백성들부터 쓰러져 숨져 갔다. 전황은 날로 악화되어 갔다. 세자와 세손, 그리고 훗날 효종이 되는 봉림대군 등이 피신했던 강화산성이 함락되어 그들 모두 포로가 되고 산성을 지키던 2천여 명의 병사가 몰살당했다. 하지만 조정의 주전파는 국가의 존망보다 더 중요한 것이 상국上國 명明을 섬기는 대의라며 숭명배금崇明拜金의 척화론을 굽히지 않았다. 그들의 우두머리는 예조판서 김상헌이었다. 풍전등화의 위기를 느낀 임금은 그를 불러 물었다. 항전을 굽히지 않으니 무엇인가 믿는 구석이 있지 않겠는가 싶었다.

무엇을 믿을 수 있는가.

김상헌이 답했다.

하늘의 뜻은 믿을 만합니다.

중화기 홍이포紅夷砲로 무장한 적군 앞에서 조선의 예조판서가 내놓은 신묘한 계책이 '하늘의 뜻'이었다.[1] 나라가 누란의 위기에 처한 상황에서 임금이 묻는 말에 답한 것이니 허투루 한 말일 수는 없었다. 처한 상황을 나름 진지하게 분석하고 대책을 심사숙고한 끝에 이르게 된 판단을 진언한 것이라고 봄이 마땅했다. 그렇게 보면 그가 말한 '하늘의 뜻'이 어떤 특정한 내용을 담고 있는 관용어구라 할 것이었다. 대체 어떤 뜻을 담은 것이었을까. 김상헌이 알고 믿은 '하늘의 뜻'은 과연 무엇이었을까. 일찍이 공자도 '하늘의 뜻', 천명을 말했다. 둘이 같은 것일까.

옛사람들에게 하늘의 뜻, 천명은 반드시 따라야 할 어떤 것이었다. 천명을 어기는 것은 막돼먹은 자나 할 짓이었다. 제대로 '된 사람'이라면 그래서는 안 되는 것이었다. 군자라면 의당 알아야 하고 두려워하며 좇아야 할 것들 가운데 공자가 첫손에 꼽은 것도 바로 천명이었다.

> 군자에게는 두려워하는 것이 세 가지 있다. 천명을 두려워하고, 말과 행실이 바르고 덕이 높은 대인을 두려워하며, 성인이 한 말씀을 두려워한다. 소인은 천명을 알지 못하므로 두려워하지 않고, 대인을 희롱하며 성인의 말씀을 조롱한다.
>
> 군 자 유 삼 외 외 천 명 외 대 인 외 성 인 지 언
> 君子有三畏。畏天命, 畏大人, 畏聖人之言。
> 소 인 부 지 천 명 이 불 외 야 압 대 인 모 성 인 지 언
> 小人不知天命而不畏也, 狎大人, 侮聖人之言。
> 《논어》, 〈계씨〉 8.

천명은 예나 학문에 앞서는 것이었다. 그것을 알아야 비로소 군자라 할 수 있는 것이었다. 공자는 거듭 강조해 말했다.

> 천명을 알지 못하면 군자가 될 수 없다. 예를 알지 못하면 (사람으로서) 설 땅이 없다. 말을 알지 못하면 (다른) 사람을 알 수가 없다.
>
> 부 지 명 무 이 위 군 자 야 부 지 례 무 이 립 야
> 不知命, 無以爲君子也。不知禮, 無以立也。

부 지 언　무 이 지 인 야
不知言, 無以知人也. 《논어》, 〈요왈〉 3.

《논어》의 마지막 장, 마지막 말씀이 그러하다. 《논어》 전체를 요약해 놓은 논지라 할 것이다. 그 천명을 오십이지천명五十而知天命, 공자는 나이 쉰에 이르러 알았다고 했다. 그런데 그가 알았다는 하늘의 뜻, 하늘의 명은 무엇이었을까. 아쉬운 일이다. 《논어》 어디에도 '하늘의 뜻, 하늘의 명이란 이것이다'라고 딱 부러지게 말해둔 구절이 없다. 그러니 그가 설파한 군자학의 요론을 헤아려 추정해 보는 수밖에 달리 뾰족한 수가 없다. 열 사람에게 물으면 각기 다른 열 가지 답이 나오지 않을까 싶다. 그만큼 여러 갈래로 해석될 여지가 있으나 그래도 가장 그럼직한 것 하나를 짚어내 보기로 하자.

물론 쉽지 않은 일이다. 자칫 가당치 않게 헛짚을 수도 있다. 아니, 헛짚을 가능성이 제대로, 바르게 짚어 낼 가능성보다 작지 않다고 하겠다. 그러나 그게 두려워 시도조차 하지 않는다면 공부하는 사람, 학자라고 할 수 없다. 그 뜻을 특정하지 않고 '오십이지천명'을 백 번 입에 올려 봐야 공염불이다. 공염불을 외우는 것이 학문의 길이 아니지 않은가. 입에 발린 공염불보다는 틀린 해석이 더 유용하다. 공염불은 아무짝에도 소용이 없는 것이지만 틀린 해석은 틀림으로써 용도가 훌륭하다. 당장, 아니면 언젠가는 누군가가 틀렸다고 비판할 것이다. 마침 그 비판이 옳은 경우, 틀린 선택지를 하나 지워 낼 수 있게 된다. 그러면 누가 됐든 장차 공자가 의도했던 '하늘의 뜻', 천명을 바르게 콕 짚어 낼 가능성을 높여 갈 수 있다. 그것이 선생과 후생 간 신나는 학문적 콜라보collaboration

가 아니겠는가.

앞서 본 바와 같이 공자는 나이 마흔에 불혹했다고 했다. 한편으로는 벼슬길에 대한 미련을 버렸고, 다른 한편으로는 은자의 삶도 선택지에서 지웠다. 먼 훗날 언젠가는 '된 사람'들이 많이 나와 그들이 힘을 합쳐 사람이 사람답게 사는 세상을 이루어 가게 될 것을 꿈꾸며, 출사도 은둔의 길도 아닌 제3의 길을 가기로 했다. 한편으로는 자기가 몸소 인을 바르게 실천하는 '된 사람'을 체현해 보이면서 다른 한편으로는 후생들이 그런 '된 사람'으로 고양해 가도록 안내하고 지도하는, 스승의 길이 그것이었다.

공자에게 은자의 길로 새지 않는 것은 그리 어려운 일이 아니다. 그의 '된 사람'은 일단 수신, 즉 충과 서의 변증법을 익혀서 인을 실천할 준비가 된 사람을 말한다. 수신한 사람이 인을 펼쳐 가야 하는 세계는 산속이 아니었다. 가깝게는 가족 일가이고 나아가 나라를 거쳐 온 천하까지 아우른다. 제가, 치국, 평천하가 그것이다. 제가도 그렇거니와 치국, 평천하를 은자가 되어 속세를 피해 살면서 이룰 수는 없는 일이다. 치국, 평천하하는 데 참여하고 나름 기여하자면, 지금이야 꼭 그렇지 않지만 당시만 해도 의당 출사를 해야 했다. 공자가 벼슬길에 나아가고자 했던 것도 그 때문이었다. 또한 벼슬길에 나아가 세상에 부딪쳐 보아야 자기의 군자학이 실제 어떤 가치를 지닌 것인지도 확인할 수 있기 때문이었다.

공자는 벼슬길에 나아가기만 하면 치국, 평천하에 크게 기여할 자신이 있었다. 그랬던 만큼 자의 반 타의 반으로 출사를 포기하고 재야에 머물기로 한 자신의 선택, '사십불혹'에 대해 흡족해하고 있었던 것은 아니었다. 그것은 어쩔 수 없이 선택한, 어쩌면 그럴 수밖에 없는 상황에 의해 강제된 자기 다짐 같은 것이었다. 게다가 고금을 막론하고 권력자들은 쓸 만한 인재를 아래에 두고 쓰고 싶어 한다. 다스림의 성패가 바로 역량 있는 사람을 등용해 쓰기에 달려 있음을 알기 때문이다. 그래서 세상의 인재들은 이런저런 출사의 유혹을 받게 마련이다. 공자 역시 예외가 아니었다. 그래도 40대 후반까지 10여 년간 자신의 결의를 꿋꿋하게 지켜 갔다.

공자가 제나라를 떠나 노나라에 돌아온 것은 그의 나이 30대 후반에 접어들었을 무렵이다. 노나라 조정은 그가 떠났을 때와 비교해 나을 것이라곤 없었다. 제나라로 망명해 간 소공이 세상을 떠나자 노나라의 실권자인 계손씨 계평자는 소공의 동생을 군주의 자리에 앉혔다. 그가 정공定公인데 허수아비였던 소공과 별로 다를 바가 없었다. 나라 꼴은 해가 갈수록 더 사나워졌다. 대부들인 삼환에 실권을 내주고 자리를 지키고 있는 것도 제후의 위신이 서지 않는 것인데 정공 6년에는 계손씨의 가신 출신 양화陽貨(양호陽虎라고도 한다)[2]가 삼환을 제압하며 국정을 농락하는데도 그저 남의 일인 양 보고만 있었다.

새로운 실력자로 부상하자 양화는 공자에게 유혹의 손길을 뻗쳤다. 공자를 등용해 쓸 생각에 그를 만나고자 했다. 공자가 곁을 주지 않자 꾀를 썼다. 공자의 거처로 삶은 돼지를 보낸 것이다. 선물을 받게 되면, 받은 이가 보낸 이를 찾아가 감사의 말씀을 드리는 것이 당시의 예법이었다. 공자도 할 수 없이 꾀를 썼다. 양화가 집에 없을 때를 잡아 방문했다. 그로써 예를 갖춘 셈이었다. 그러나 만날 운이었는지 그만 귀갓길에 양화와 마주치고 말았다. 양화가 반색을 하며 공자에게 말을 건넸다. 《논어》는 그때 이야기를 이렇게 전하고 있다.

> (양화가) 공자를 가리키며 말했다. "이리 오시오. 내가 (당신과) 더불어 할 말이 있소." (양화가) 말했다. "(가슴에) 보물을 품고서 나라를 혼미하게 하면, 인仁하다고 말할 수 있겠소?" (공자가) 답했다. "그럴 수 없겠지요." "(나랏)일을 힘써 하기를 좋아하면서 자주 때를 놓친다면, 지혜롭다고 말할 수 있겠소?" (공자가) 답했다. "그럴 수 없겠지요." "해가 가고 달이 갑니다. 세월은 나와 더불어 있지 않지요." 공자가 답했다. "그렇습니다. 장차 출사하도록 하겠습니다."

> 위 공 자 왈   래   여 여 이 언   왈   회 기 보 이 미 기 방
> 謂孔子曰。來。予與爾言。曰: 懷其寶而迷其邦,
> 가 위 인 호   왈   불 가   호 종 사 이 기 실 시   가 위 지 호
> 可謂仁乎。曰: 不可。好從事而亟失時, 可謂知乎。
> 왈   불 가   일 월 서 의   세 불 아 여
> 曰: 不可。日月逝矣, 歲不我與。
> 공 자 왈   낙   오 장 사 의
> 孔子曰: 諾。吾將仕矣。《논어》, 〈양화〉 1.

그와 같이 완곡하게 그러나 단호히 공자는 양화의 벼슬 제의를 거절했다. 양화 아래에서 세상의 도를 추구하기 어려울 것이기 때문이었다. 그뿐이 아니었다. 공자는 일을 도모할 때 같이하는 사람의 됨됨이를 살폈다. 덜 돼먹은 자와는 작은 일이나 큰일이나 함께하기를 꺼렸다. 나랏일을 함께하는 경우라면 더더욱 피할 일이었다. 자칫 큰 화를 입을 수도 있기 때문이었다.

비루먹은 자로구나. (그런 자와) 더불어 군주를 모실 수 있는

것일까. (그런 자는 벼슬)자리를 얻지 못했을 때는 못 얻을까
걱정하고, 얻고 나면 잃지 않을까 걱정한다. 그것을 잃지 않을
까 걱정하면 하지 못할 것이 무엇이겠는가.

鄙夫。可與事君也與哉。其未得之也, 患得之,
既得之, 患失之。苟患失之, 無所不至矣。《논어》,〈양화〉 15.

꼭 양화를 두고 한 말은 아니었으나 신통하게도 양화가 꼭 그랬
다. 양화는 얼마 후 권력을 잃었을 뿐 아니라 나라에서 쫓겨나 이
나라, 저 나라로 객살이하면서 눈칫밥을 먹는 신세가 되었다. 그
뒤를 이어 계손씨의 또 다른 가신 공산불요公山弗擾(공산불뉴公山弗
擾라고도 한다)[3]가 계손씨 봉토인 비費 땅에서 반란을 일으켰다.
그 또한 덕망이 있는 인재가 절실했기에 공자에게 사람을 보내
출사를 청했다. 제자들은 응당 스승이 거절할 것을 믿어 의심치
않았다. 한데 너무도 뜻밖이었다. 공자가 그 청에 응할 뜻을 내비
친 것이었다.

(그가 공자를) 부르니 공자가 가고자 했다. 자로가 복종하지 아
니하고 말했다. 갈 곳이 없으면 그만이지 하필 공산씨에게 가려
고 하십니까. 공자가 말했다. 나를 부르는 자가 어찌 그냥 그래
본 것이겠느냐. 만일 나를 등용해 쓰는 사람이 있다면 나는 그
에게 동주를 만들어 주리라.

召, 子欲往。子路不說, 曰。末之也已,

^{하 필 공 산 씨 지 지 야   자 왈   부 소 아 자 이 기 도 재}
何必公山氏之之也。子曰。夫召我者而豈徒哉。
^{여 유 용 아 자   오 기 위 동 주 호}
如有用我者, 吾其爲東周乎。《논어》,〈양화〉5.

대부인 삼환, 계손씨 천하에서도 나라에 도가 없다며 출사할
생각조차 안 했던 사람이지 않았던가. 그런 사람이 계손씨 가신으
로 주인에게 반란을 일으킨 자가 부른다고 간다? 이로운 것을 보
면 의로운 일인지를 생각하라고 하지 않았던가. 전혀 명분이 없는
일이었다. 그렇게 세월이 그를 초조하게 만들고 있었다. 나이 마흔
에 불혹했다고 한 것은 그 시점에 그랬다는 것이지 그가 이후 생애
에서 벼슬길에 대한 미련을 완전히 떨쳐낸 것은 아니었다. 다만
잠재되어 있었을 뿐이었고 미련이 불쑥 수면 위로 솟아오른 것이
었다. 왜 공자는 그렇듯 벼슬에 대한 미련을 완전히 떨쳐내지 못했
던 것일까. 사마천은 이렇게 쓰고 있다.

공자는 오래도록 도를 좇았다. 시험해 볼 수 없어 무척 답답해
했다. 아무도 자기를 기용해 쓸 수 있는 사람이 없었다. (그는)
말했다. 주나라 문과 무, 모두 풍豐과 호鎬 땅에서 일어나 왕이
되었다. 지금 비 땅이 비록 작지만, 어쩌면 그런 기미를 바라볼
수 있는 것 아닌가. 가고자 했다.

^{공 자 순 도 미 구   온 온 무 소 시   막 능 기 용   왈}
孔子循道彌久。溫溫無所試。莫能己用。曰。
^{개 주 문 무 기 풍 호 이 왕   금 비 수 소   당 서 기 호}
蓋周文武起豐鎬而王。今費雖小, 儻庶幾乎。
^{욕 왕}
欲往。《사기세가》,〈공자세가〉15.

공자를 위한 사마천의 변명이었다. 공자는 세상에 도가 없으면 출사를 하지 않기로 한 사람이다. 그런데 세상에 도가 선 나라가 없으니 그가 등용될 곳이 없고, 도를 세우고 있는 군주가 없으니 그를 등용할 사람도 없는 것이었다. 그렇게 10여 년을 지냈으니 군자학이라는 신학문으로 사람이 사람답게 사는 세상을 세우고자 한 사람으로서는 너무도 갑갑하고 초조하지 않았겠는가. 그런 터라 가능성이 그리 크지 않지만 지푸라기라도 잡는 심정으로 공산불요에게 가 새로운 세상을 열고자 했던 것 아니겠는가.

그랬으리라 싶다. 사마천이 글의 행간을 통해 말하고 있듯이, 공자의 벼슬길에 대한 미련이 출세욕에서 비롯된 것은 아니었다. 사람 사는 세상에 대한 큰 그림을 그리면서 낸 자신의 군자학을 실제에 응용해 보고 싶은 마음이 실로 컸던 것이다. 공자의 삶과 그의 학문 요강을 볼 때, 국정을 담당해 본다는 것은 학자로서 욕심내 볼 만한, 아니 욕심내어야 할 일이었다. 꼭 자기가 직접 시험해 보아야 할 필요는 없다. 하지만 누군가는 자신이 개발한 군자학을 실제에 응용해 주어야 했다. 그로부터 얻게 될 피드백은 학문을 완성하는 데 없어서는 안 될 정보이기 때문이다. 잘 된 것은 굳히고 잘 안 된 것이나 빠진 것은 수정하거나 보완해야 완벽한 군자학이 될 것이기 때문이다.

말은 그리하였지만, 공자는 결국 공산불요에게 가지 않았다. 공자가 자기도 못 따라갈 군자라며 가장 칭찬을 아끼지 않았던 제자가 안회였다면, 죽을 때까지 가장 믿고 의지했던 제자는 자로였다. 그런 충직한 제자의 불같은 반대에도 불구하고 가야 할 길은 아니었다. 그러나 마침내 기다리고 기다리던 기회가 왔다. 무엇보다 출사의 명분이 그런대로 서는 자리였다. 노나라 군주 정공이 직접 왕의 직할지인 중도라는 읍을 다스리는 직책, 재宰에 임용한 것이었다. 군주가 직접 맡기는 일을 하는 것이었으니 삼갈 이유가 없었다. 그때 나이 쉰 살 무렵이었고 이후 승진을 거듭하여 공자는 대사구大司寇에 이른다. 처음에 작은 읍의 행정 전반을 총괄해 보았고, 능력을 인정받아 노나라의 치수治水 업무도 담당하게 되었으며 나중에는 노나라 도읍의 치안과 송사를 담당하는, 오늘날로 치면 장관직까지 오른 것이었다.4 그로써 신분이 비록 삼환과 같은 상대부上大夫에는 못 미쳤으나 하대부下大夫에는 이르렀던 것으로 보인다.

때는 마침 그의 나이 50대 전반기 5년 남짓 동안이었다. 후에 공자가 오십이지천명이었다고 술회했으니 그의 '하늘의 뜻'은 아무래도 당시 그가 맡아서 처리했던 나랏일과 연관이 깊지 않을까 싶다. 공직에 있으면서 공자가 주도했던 일은 크게 두 가지였다. 둘은 그 효과가 미치는 차원이나 성과 측면에서는 각기 달랐다. 그러나 추구하는 바가 같았고 또한 실제 추진해 가는 방식, 노선은 같았다. 두 시책 모두 인, 사람 사랑과 백성 사랑을 실천하고자 하는 것이었고 채택한 노선은 '화이부동和而不同'이었다. 공자는 소인과 구별되는 군자의 덕목으로 '화이부동'을 말했다.

군자는 (다른 사람과) 함께 조화를 이루되 같지 아니하며, 소인은 (다른 사람과) 같을 뿐 함께 조화를 이루지 못한다.

군 자 화 이 부 동   소 인 동 이 불 화
君子和而不同, 小人同而不和。《논어》, 〈자로〉 23.

'너 자신을 알라'. 잘 알다시피 소크라테스가 한 말이다. 그러나 그가 처음 한 말은 아니다. 기원전 5세기 고대 그리스의 엘리트들이 집단 지성으로 내고 즐겨 썼던 말이다. '화이부동'도 그러하다. 공자가 한 말이다. 그러나 공자가 처음 한 말은 아니다. 기원전 6세기 고대 중국의 지식층이 집단 지성으로 내고 즐겨 썼던 말이다. 붉은 꽃과 초록 잎은 색깔이 같지 않되 보기에 좋다. 조화롭다. 화이부동이다. 반면 풀색 잎에 녹색 꽃이라면 어떨까. 초록동색이라고 한다. 색깔이 같은 것이니 조화라고 할 것이 없다. 풀색이나 녹색이나 같은 것끼리 하나를 이루었으니 동이불화同而不和이다.

공자와 안영, 둘의 인연이 묘하다. 두 사람이 직접 대면했던 것은 공자 나이 서른 무렵이었다. 앞서 살펴본 것처럼 경공이 노나라 국경에 인접한 곳에 수렵을 왔다가 잠시 노나라에 들어오게 되었을 때였다. 그러고 5, 6년 후 공자가 제나라 조정에서 경공을 알현했을 때 안영과 다시 얼굴을 마주쳤을 개연성이 높다. 서로 직접 이야기를 나누었는지의 여부는 확인할 길이 없으나 공자는 제나라 대부 안영의 사람 됨됨이를 높이 평가하고 있었다.

> 안평중은 사람들과 더불어 사귐이 좋은 분이다. 오래 사귀어도 (사람들은) 그를 공경하였다.
>
> 안 평 중 선 여 인 교　구 이 경 지
> 晏平仲善與人交。久而敬之。《논어》, 〈공야장〉 17.

안평중은 안영을 말했다. 그런 안영이 공자에 앞서 화이부동을 말했다. 대부 안영이 제나라 군주 경공의 잘못을 세 번 지적했다는 일일삼과一日三過의 고사가 전해져 내려오는데, 그 두 번째 이야기에서 안영은 '화이부동'으로 경공의 잘못을 일깨워 주고 있다. 경공은 그날 이후 안영을 마음속 깊이 공경하였고 그가 세상을 떠났을 때 일일삼과의 일을 떠올리며 애통해 마지않았다. 사람들은 그를 높여 안자라고 불렀다.

　얼마 지나지 않아 양구거가 말 여섯 필이 끄는 수레를 몰고 달려왔다. 경공이 물었다. "누구일까." 안자가 답했다. "양구거입니다." 경공이 물었다. "(보지도 않고) 어찌 아는가." 안자가 답했다. "(절기가) 대서인데 (저토록) 무섭게 달리게 되면 심한 경우 말이 죽고, 가볍더라도 말이 상하게 됩니다. 양구거가 아니면 누가 감히 저리하겠습니까. 경공이 말했다. "양구거는 나하고 조화를 이루는 사람이오." 안자가 답했다. "(서로 같을 때는) 한가지 동이라고 말합니다. 조화롭다고 할 때는 임금이 달다고 하는데 신하는 시다고 하고, 임금이 싱겁다고 하는데 신하는 짜다고 할 때입니다. 양구거는 임금이 달다고 하면 그 또한 달다고 합니다. 이러한 때는 한가지 동이라고 말합니다. (이를 두고) 어찌 조화로움을 얻었다고 하겠습니까."

無幾何而梁丘據御六馬而來, 公曰: 是誰也。

晏子曰: 據也。公曰: 何如。曰: 大暑而疾馳。

甚者馬死, 薄者馬傷, 非據孰敢爲之。

公曰: 據與我和者夫。晏子曰: 此所謂同也。

所謂和者, 君甘則臣酸, 君淡則臣鹹。

금 거 야 감 군 역 감　소 위 동 야　안 득 위 화
今據也甘君亦甘, 所謂同也。安得爲和。
《안자춘추》, 〈내편內篇〉 간상諫上.

　임금에게 그저 '그러하옵니다', '지당하옵니다'라며 맞장구를
잘 치는 신하가 서로 잘 어울리는 신하인 것이 아니었다. 그런 신
하는 임금의 심기나 살피면서 비위를 맞추는 신하이고 그런 군신
관계는 '나 없는 우리'로 귀결되므로 그저 같은 것, 동同이라고
한다는 것이었다. 같은 것끼리 맺은 관계이니 다른 것끼리 함께하
여 서로 잘 어울린다는 화和일 수가 없다는 이야기였다. 말하자면
맥주에 소주를 타서 '소맥'이 되면 화라고 할 수 있으나 물에 물
타면 같은 물이니 동이라는 것이었다. 요컨대 화이부동이란 조화
로운 우리로서 그 안에 하나 아닌 여러 복수의 '나'가 존재하는
경우를 말하는 것이다. 다시 말해 '나 없는 우리'가 아닌 '내가
있는 우리'여야 비로소 화이부동인 것이었다.

　공자가 알았다는 '하늘의 뜻', 천명이란 다른 것이 아니었다.
'된 사람', 군자라면 일상의 사회관계에서 그런 화이부동의 윤리
를 실천해야 하는 것이었다.

　수신에 이어 이루어 가야 할 제가는 가장家長 홀로 존재하고 전
횡하는 가부장 공동체가 아니었다. '된 사람'들의 가족 공동체라
면 어느 한 사람이 구심점을 이루고 다른 사람들은 그에 동화되는,
소위 일심동체가 되어야 하는 것이 아니다. 같아지되 조화롭지 못
한, 그런 동이불화가 아니라 저마다 화이부동해야 한다.

　부부父父 자자子子가 그것이다. 아비다운 아비는 자식이 아비의
눈치를 살피며 아비에게 맹종할 것을 바라지 않는다. 자식다운 자

식은 아버지가 자신의 머리 위에 올라 자신을 구속하고 보살펴 주기를 바라지 않는다. 저마다 자기가 있는, 한 독자적 인격체로서 서로 참된 마음과 바른 뜻을 주고받는 소통을 원한다. 서로 자기 자신이 있되 상호 이해와 공감 속에 조화로운 부자 관계를 맺을 수 있게 되기를 바란다. 그런 화이부동한 가족 공동체가 공자가 말하는 반듯한 집안, 제가이다.

제가에 이어 이루어 가야 할 치국 또한 군주 홀로 존재하고 독재하는 조직으로 하자는 것이 아니었다. 가족 공동체와 마찬가지로 '된 사람'들로 이루어진 조정朝廷이라면 구성원들이 마음도 하나, 몸도 하나가 되어야 하는 것이 아니다. 같아지되 조화롭지 못한, 그런 동이불화가 아니라 화이부동해야 한다.

군군君君 신신臣臣이 그것이다. 임금다운 임금은 신하가 임금의 눈치를 살피며 임금에게 맹종할 것을 바라지 않는다. 신하다운 신하는 임금이 자신들의 머리 위에 앉아 자신을 구속하고 벼슬자리를 보전해 주기를 바라지 않는다. 서로 자기 역할이 있는, 한 독자적 유기체로서 참된 마음과 바른 뜻을 주고받는 소통을 원한다. 저마다 자기 자신이 있되 상호 이해와 공감 속에 조화로운 군신 관계를 맺을 수 있게 되기를 바란다. 그런 화이부동한 조정 공동체여야 공자가 말하는 반듯한 나라, 치국에 이를 수 있는 것이다.

치국에 이어 이루어 가야 할 평천하 또한 크고 강한 나라 홀로 존재하고 지배하는 제국 공동체가 아니었다. 가족 공동체나 국가 공동체와 마찬가지로 반듯한 나라들로 이루어진 천하라면 구성원들이 모두 하나로 통일되어야 하는 것이 아니다. 세상에는 크고 강한 나라도 있고 작고 약한 나라도 있다. 크고 작고, 강하고 약한 그 모든 나라들이 같아지되 조화롭지 못한, 그런 동이불화가 아니라 저마다 화이부동해야 한다. 공자가 말한 바, 부부 자자, 군군 신신을 앞 연聯으로 하여 뒤 연을 맞추어 본다면 제제帝帝 군군君君이라 하겠다.

제왕은 천하의 우두머리 나라, 크고 강한 나라의 임금이다. 예전 중국에서는 중원의 임금을 천자라고 불렀다. 제왕다운 제왕, 천자다운 천자라면 각 나라 임금이 자신의 눈치를 살피며 자기에게 맹종할 것을 바라지 않는다. 각 나라의 임금다운 임금은 제왕이 자신의 머리 위에 앉아서 자기를 구속하며 임금 자리를 보살펴 주기를 바라지 않는다. 서로 자기 역할이 있는, 한 독자적 유기체로서 참된 마음과 바른 뜻을 주고받는 소통을 원한다. 서로 자기 자신이 있되 상호 이해와 공감 속에 조화로운 선린 관계를 맺을 수 있게 되기를 바란다. 그런 화이부동한 국가들의 연합 공동체여야 공자가 말하는 반듯한 천하, 평천하에 이를 수 있는 것이다.

그것이 공자가 말한 오십이지천명의 속 내용이었다. 나이 쉰에 조정에 나아간 그는 그런 화이부동을 '하늘의 뜻', 천명으로 알고 수행해 갔다고 말한 것이었다. 실제가 그랬다. 나랏일 두 개를 통해서였다.

하나는 평천하 차원의 것이었다. 노나라 정공은 정공 10년에 이웃 강국 제나라 군주 경공을 만나 두 나라의 선린을 다지는 '협곡의 회맹'을 하는데 이때 공자를 협상 대표의 일원으로 발탁하였다. 협상에 나선 공자는 대화와 무력, 어디에도 치우치지 않는 가운데 교섭을 이끌었고 제나라 경공을 예禮로 설득하여 상호 친선을 다졌을 뿐 아니라 과거에 제나라가 노나라로부터 빼앗았던 변경 지역 읍들을 되돌려 받는 망외의 성과까지 거두었다. 일찍이 역사상 유례를 찾아볼 수 없는 화이부동의 평천하였다.

전화戰禍 속에 인이 꽃필 수는 없다. 더러 핀다 해도 슬프고 고통스러운 꽃으로 핀다. 인이 꽃피는 데는 아무래도 평화로운 세상이 제격이다. 사람을 사랑한다면, 백성을 사랑한다면 위정자는 모름지기 평화로운 질서를 세우고 지켜내야 한다. 평화도 일방이 타방에 복속되는 동이불화의 관계가 아닌 상호 선린으로 맺어진 화이부동의 관계 속에 평화를 유지해 간다면 그보다 더 큰 인의 실천은 없다.

'협곡의 회맹'에서 공자가 노나라 사람들에게, 약소국 노나라 백성들에게 가져다준 평화는 바로 그런 평화였다. 강대국 제나라 사람들과, 제나라 백성들과 동등하게 대접받는 우리, 즉 '내가 있는 우리'의 선린 관계를 세운 것이었다. 무력행사가 아닌 예의 설파로써 그런 선린의 평화를 구축한 것이니 오늘날에는 상상조차 할 수 없는 그야말로 비현실적인 평화이고 치적이라 하겠다.

이런 성과는 대외적으로 공자의 명성을 중원에 널리 알리고 드높여 주었다. 대내적으로는 하대부로서의 그의 정치적 위상을 확고히 하고 정치적 힘을 강화시켜 주었다. 이를 기반으로 공자는 두 번째 시책을 폈다. 이번에는 치국 차원의 것이었다.

옛날에는 백성, 지금은 국민 혹은 시민이 되겠다. 나라 구성원들을 편안하게 생업에 종사할 수 있도록 해 주는 일이 위정자들이 해야 하는 본연의 기본 과업이다. 인이란 다른 것이 아니다. 그 기본 과업을 차질 없이 수행하는 것이다. 이를 위해서는 대외적 선린 관계에 더하여 국내 정세의 안정이 긴요하다. 그런데 당시 노나라의 국내 정세는 여전히 어지럽고 불안했다. 대부인 삼환 가문과 군주 간 역전되어 있는 권력관계가 가장 큰 문제였다. 이를 정상으로 바꾸어 놓아야 제후국으로서 나라 기강이 바로 서는 것이었고 그래야 백성들이 마음 편히 생업에 힘써 살림이 넉넉해지고 나라도 부강해질 수 있는 것이었다.

그런 대의명분하에 정공 13년 여름, 공자는 마음을 다잡고 정공에게 간언했다.

> 신하는 갑옷을 비축하지 말아야 하며 대부는 백치百雉[5]의 성벽을 쌓지 말아야 합니다.
>
> <ruby>臣<rt>신</rt></ruby> <ruby>無<rt>무</rt></ruby> <ruby>藏<rt>장</rt></ruby> <ruby>甲<rt>갑</rt></ruby>, <ruby>大<rt>대</rt></ruby> <ruby>夫<rt>부</rt></ruby> <ruby>毋<rt>무</rt></ruby> <ruby>百<rt>백</rt></ruby> <ruby>雉<rt>치</rt></ruby> <ruby>之<rt>지</rt></ruby> <ruby>城<rt>성</rt></ruby>。 《사기세가》, 〈공자세가〉 18.

계손, 숙손, 맹손의 삼환 세 집안이 제각기 도읍에 축조해 놓은 높은 성벽을 허물게 할 작정이었다. 그러나 이는 추진되는 듯하다가 종내 유야무야로 끝나고 말았다. 이로써 공자는 사실상 권력 다툼에서 밀려나게 됐다. 애당초 누리기 위해 탐냈던 것이 아니기에 대사구라는 높은 벼슬자리에도 연연해하지 않았다. 떠나야 할 때가 온 것이었다. 떠나기로 했다. 두 가지 이유에서였다.

무엇보다도, 그것이 '하늘의 뜻'에 부합하는 일이었다. 대부 신분이면서 팔일무와 같이 천자에게나 허용된 의식을 버젓이 집안 뜰에서 행하는 등 예와 도를 모르는 삼환 특히 계손씨가 대를 이어 실권을 틀어쥐고 있는 정세政勢에 변한 것이 없었다. 조정에 계속 자리하고 있자면 그들에게 빌붙어야 했다. 그들과 같아져야 했다. 나라의 기강을 바로잡지 못한 이상, 남아 있으려면 동이불화가 불

가피한 사정이었다. 화이부동의 정치를 고수하자면 의당 떠나야
했다.

또한 신상에도 좋았다. 떠나는 것이 현명한 선택이었다. 언제인
가 제자 자공이 스승에게 어떤 사람이 똑똑한 것인지, 명철한 판단
에 대해 물은 적이 있다. 공자가 이렇게 답했다.

거짓 비방, 참소가 소리 없이 스며들어 입은 옷을 적시고, 제
살갗에 달라붙는 일이 없도록 해야 한다. 그러면 가히 명철한
사람이라 하겠다. 거짓 비방, 참소가 소리 없이 스며들어 입은
옷을 적시고, 제 살갗에 달라붙는 일이 없도록 해야 한다. 그러
면 가히 멀리 보는 사람이라 하겠다.

浸潤之譖, 膚受之愬, 不行焉。可謂明也已矣。

浸潤之譖, 膚受之愬, 不行焉, 可謂遠也已矣。

《논어》, 〈안연〉 6.

그는 권력의 생리, 조정의 속성을 꿰뚫어 보고 있었다. 더 이상
붙어 있는 것은 '하늘의 뜻'을 거스르는 일일 뿐 아니라 그렇듯
위험한 일이었다. 명분 없는 벼슬자리에 목숨을 걸 일이 아니었
다. 현명한 사람은 길을 멀리 보며 가는 법이었다. 사십 대에 그
랬듯 인의 길을 다시 멀리 보며 가기로 했다. 그때와 달리 국내에
남아 있을 수는 없었다. 나라도 떠나야 했다. 얼마 후, 공자는 그
렇게 자의 반 타의 반 노나라를 떠나 중원으로 천하 주유의 길에
올랐다.

그렇게 공자가 벼슬길에 올랐던 출사의 여정은 5년 남짓밖에 되지 않았다. 일생에 그게 전부였다. 그동안 그는 나이 쉰에 깨닫게 된 '하늘의 뜻', 천명을 실행에 옮겼다. 치국, 평천하 차원에서 인을 실천하되 화이부동하라는 것이 그가 본 '하늘의 뜻'이었고 그에 따라 두 가지 큰 나랏일을 수행했다. 하나는 역사에 남을 만한 치적이었고 다른 하나는 실패작이었다.

그런 공자의 정치 역정은 짧은 단막극으로 끝났으나 그가 현실 정치에 들어오면서 낸 '하늘의 뜻', 천명은 이후 2천 5백 년의 유구한 세월을 이어온 동북아 유교 문화권의 정치를 밝히는 지표가 되었다. 중원 천하가 아닌 동쪽 오랑캐 땅에도 유교 정치가 전파되었고 병자호란을 당한 조선의 사대부, 김상헌도 그 지표를 이어받아 '하늘의 뜻'을 믿는다고 한 것이었다.

그런데 김상헌의 '하늘의 뜻'과 공자의 '하늘의 뜻', 천명이 같은 내용을 뜻하는 것일까. 조선의 다른 사대부와 마찬가지로 그 또한 독실한 유교 선비였을 터이니 공자가 알았다는 '하늘의 뜻', 천명을 받들었던 것 아닐까. 공자처럼 '하늘의 뜻'을 받들어 인, 백성 사랑을 화이부동의 정치로써 실천했던 것 아닐까. 그랬으면 얼마나 좋았겠는가. 하지만 아니었다. 전혀 아니었다.

김상헌이 '하늘의 뜻'을 믿는다고 했으나 임금은 더 이상 그런 신하를 믿을 수 없었다. 청나라 군대가 남한산성 건너편 산에 올라 기세를 올리자, 임금은 절망했다. 주화파 이조판서 최명길로 하여금 항서를 쓰게 했다. 김상헌은 두 눈을 부릅뜨고 최명길이 쓴 항서를 읽더니 갈기갈기 찢어버렸다. 가히 항우가 뽐냈다던 역발산力拔山 기개세氣蓋世의 모습이었다. 거듭 결사 항전을 외치며 단식에 들어갔다. 의아했다. 단식이 적을 물리치는 무기라도 되는 것인가. 그리하면 어떤 의로움인지도 모른 채, 적이 그에 탄복하여 순순히 물러가기라도 한다는 것인가. 부당한 탄핵에도 순순히 따르며 살신성인의 항전을 이어간 이순신과는 달라도 한참 달랐다.

그는 임금이 제 뜻대로 하지 않는다고 죽음을 무릅쓰고 결연히 항의를 하되, 죽음을 무릅쓰고 적과 싸우지는 않았다. 항복하는 날까지 그는 남한산성 밖으로 한 발자국도 내디디지 않았다. 야음을 틈타 적의 수급을 하나라도 따오면, 그러다가 적의 칼에 찔려서 죽으면 혹 꺼져 가는 항전의 기운을 되살려 내는 데 도움이 되었을지도 모르나 그런 무모한 일은 결코 도모하지 않았다.

결국 개전 한 달여 만에 조선의 임금 인조는 한강 동쪽 삼전도에서 청나라 태종太宗에게 항복과 함께 군신의 예를 행했다. 청군은 본국으로 돌아가면서 수만 명의 양민들을 납치해 갔다. 김상헌은 인조의 행위가 대의에 어긋난 것이라 하여 항복하는 자리에 가지 않고 고향 안동으로 향했다. 훗날 그는 대의를 지킨 유림의 표상으로 존숭받고 조선 후기 조정을 쥐락펴락하는 안동 김씨 세도 정치의 원조가 된다.

그런 그의 행적에서 공자가 말한 '하늘 뜻', 천명을 읽을 수 있을까. 그가 지켜야 한다고 주장하고 또 지키고자 한 대의는 무엇이었을까.

당시 조선의 지배 계층 사대부는 현실이 아닌 이념 세계에 살고 있었다. 그들의 중국 중원에 대한 존숭과 짝사랑은 가히 병적이었다. 청과 화친을 맺자는 주화파라고 다르지 않았다. 농성에 들어간

남한산성이 함락될 풍전등화 상태에 빠지자 그제야 사직과 목숨이라도 보전하자는 꾀를 낸 것일 뿐, 조정 전체가 존명배청尊明排淸을 대의로 삼고 있었다.

김상헌은 그 우두머리였다. 그가 지켜야 할 의리는 명나라와 그 황제에 대해서였지 조선의 군주에 대해서가 아니었다. 그가 사랑한 것은 명의 축복을 받아온 사대부 계층이었지 백성이 아니었다. 전쟁 중에도, 후에도 백성의 삶은 그의 관심사가 아니었다. 전후 그를 받드는 세력이 권세를 누렸으나 조선 조정은 청나라에 끌려간 수많은 양민들에 대해 어떠한 연민도 책임 의식도 없었다. 그들의 대부분은 부녀자였고 후에 조선으로 돌아왔으나 몸 버린 환향녀還鄕女라 하여 누구에게도 환영받지 못했다. 환향녀는 절개를 잃은 '화냥년'이라고 불리며 손가락질을 받았고 천대를 받으며 죽지 못해 삶을 이어가야 했다. 그들은 아무런 죄가 없었다. 죄라면 힘이 약한 나라 조선 사람이고 그 가운데서도 가장 힘없는 부류였으며 모진 고초를 견디고 고향에 돌아왔다는 것이 죄였다. 공자의 '하늘의 뜻'이라면 그들을 향해야 했다. 공자가 말한 천명을 받드는 조정이라면 그들의 고초에 대해 예를 갖추어 속죄하고 그들이 살아갈 사회적 환경을 조성해 주고 물질적 기반을 닦아 주어야 했다. 그러나 조선 조정이 그들에게 해 준 것은 한양 홍제동 개울에서 그들의 몸을 씻게 하고 그로써 몸이 깨끗해졌다고 엄숙히 선포해 준 것이 전부였다.

그런 전후 사정을 볼 때, 김상헌이 임금에게 믿는다고 했던 '하늘의 뜻'은 그들 전쟁의 고초를 한 몸에 안고 버틴 백성들과는 아무런 상관이 없었다. 그저 중원 천하의 주인 나라 명에 복속한 채,

명나라 조정에 대해 동이불화함으로써 자기들 사대부 계층의 기득 권을 계속 누려 가는 것, 그것이 그가 믿은 '하늘의 뜻'이었던 셈이 다. 그런 그였기에 전후 김육 등이 가난한 백성들의 구제를 위해 간절히 호소한 대동법의 시행에도 극력 반대한 것이었다. 그렇게 공자가 알았던 '하늘의 뜻'은 유교를 국교로 받아들이고 사서삼경 을 달달 외워 과거를 치러 벼슬자리에 오른 동쪽 오랑캐의 사대부 들에 의해 철저히 무시당하고 배신당했다.

공자가 '하늘의 뜻', 천명으로 알았던 화이부동은 현대 시민 사 회를 사는 오늘의 우리에게도 시사하는 바가 적지 않다. 현대 시민 은 남과 다른 독자적 인격을 가진 주체이다. 남과 다른 생각, 남과 다른 취향, 남과 다른 정서 등으로 독자적 자아를 형성하고 있는 인격체이다. 그런 인격체인 우리에게 화이부동은 너무도 잘 어울 리는 윤리가 아닐 수 없다. 화이부동이 될 때 우리는 비로소 저마 다 '성숙한 개인'으로서 아울러 '내가 있는 우리'로서 존재하게 되는 것이기 때문이다.

그런데 우리는 지금 얼마나 그런 '성숙한 개인' 그리고 '내가 있는 우리'로 살아가고 있을까. 몇 해 전 불거진 전前 법무부 장관 조국 사태는 우리의 존재적 정체를 들여다볼 수 있는 자화상, 거울 이 아닐까 싶다.

벼슬길에 오르기 이전, 조국은 훌륭해 보였다. 기득권 세력의 비위 및 비리를 찌르는 촌철살인의 어록을 토해 내며 우리 사회에 경종을 울려 왔다. 듣기에 좋았다. 그런데 안타깝다. 알고 보니 그는 내가 하면 로맨스, 남이 하면 불륜, '내로남불'의 달인이었다. 심지어는 '조로남불'이라는 조어까지 탄생시킬 정도였다. 인터넷

상에 떠도는 그 예는 헤아리기 힘들 만큼 많다. 그 가운데 한 가지만 들어 본다.

> 가히 학생들을 내신, 수능, 논술로 옭아매는 '죽음의 트라이앵글'이라 할 만하다. 유명 특목고는 비평준화 시절 입시명문 고교의 기능을 하고 있으며, 초등학생을 위한 특목고 대비 학원이 성황이다. 이런 사교육의 혜택은 대부분 상위 계층에 속하는 학생들이 누리고 있다. 그런데 현재 대학 입시 행정의 초점이 온통 성적 우수자 선발에 맞추어져 있고, 특목고를 우대하는 사실상의 고교등급제는 일부 사립대를 중심으로 작동하고 있다.[6]

2007년 4월 〈한겨레신문〉 칼럼에 기고한 글의 일부이다. '죽음의 트라이앵글'에 갇힌 학생들을 해방시켜야 한다고 주장하고 있다. 상위 계층의 학생들이 수혜자가 되는 현행 교육 시스템의 불합리·부조리를 고발하고 있다. 매우 훌륭한 논지가 아닐 수 없다. 사람 사랑, 못 가진 백성에 대한 사랑이 잔뜩 배어 있다. 일찍이 공자가 설파한 인이 그런 것 아닌가.

그러나 인을 말하고 실천한 공자와 달랐다. 그는 인을 그저 입으로 했다. 자신의 딸과 아들을 특목고에 보내고 내신, 수능, 논술로 옭아매는 '죽음의 트라이앵글'에 가두었다. 그러면서 그는 한 언론 인터뷰를 통해 "나의 진보적 가치와 아이의 행복이 충돌할 때 결국 아이를 위해 양보하게 되더라."며 훗날 정치인으로 변모할 때를 대비해 짐짓 인자한 아버지로 변신해 두었다. 그렇게 말하고 스스로 겸연쩍었던지 그는 진보적 가치를 실천은 못 하고 입으로라도 각성하고 추구하는 것, 그 자체만으로도 의미 있다는 말로 인터뷰를 마쳤다. 그런 자타 공인 위선자이자 궤변론자를 그 언론은 '인간적인 중도좌파' 지식인으로 특별히 퍼스널 브랜딩personal branding해 주었다.[7]

기막히게 잘 짜인 정치적 각본이 아닐 수 없다. 그에 대해 공자 말씀을 들이대며 표리부동한 자, 돼먹지 못한 자, 소인이라며 화내 보았자 시대착오적 꼰대로 눈총 받기에 딱 좋을 뿐이다. 그저 그가 보여 주는 화려한 화술과 솜씨 좋은 각색 등을 감탄하는 눈으로 바라보고, 그의 그럴듯한 정치적 메시지에 홀린 팬덤이 눈덩이 불어나듯 붙는 모습을 안타까운 눈으로 바라보면 그런대로 서로 점잖고 좋게 끝날 일이었다.

그런데 일이 제대로 꼬였다. 2019년 8월 소위 '조국 사태'라는 것이 터졌다. 자녀의 대학 입시와 관련해 부인이 사문서 위조 등 갖가지 부정한 수단을 썼다는 의혹이 일었다. 조국은 방조하거나 함께 거든 혐의를 받았다. 합리적 의심을 넘어서 의심할 여지조차 없는 증거들이 속속 나왔다. 후에 법원은 그 증거들을 받아들여 조국 부부에게 징역형을 선고했다.[8] 하지만 '공정'의 가치를 높이 세우고 '공정'의 가치를 전유專有하며 세일해 온 소위 586세대 민주 진영 일부는 조국 팬덤으로 똘똘 뭉쳤다. 당시 대통령 문재인도 "조국 전 장관의 지금까지 겪었던 어떤 고초, 그것만으로도 저는 아주 크게 마음에 빚을 졌다."[9]며 조국 팬덤이 짠 동이불화의 스크럼에 가담했다. 공자는 이런 종류의 편들기를 남사스럽게 보았다. 됨됨이가 '된 사람'이 할 행동이 아니라며 따끔하게 거듭하여 경종을 울렸다.

군자는 긍지를 갖되 다투지 않으며, 무리를 이루되 (무리의) 편을 들지 않는다.

군 자 긍 이 부 쟁   군 이 부 당
君子矜而不爭, 群而不黨。《논어》, 〈위령공〉 22.

군자는 친하더라도 (친한 사람) 편을 들지 않고 소인은 편을 들되 친하지 않다.

군 자 주 이 불 비   소 인 비 이 부 주
君子周而不比, 小人比而不周。《논어》, 〈위정〉 14.

정치란 어렵고 어려운 것이다. 2천 5백 년 전 고대 중국 제나라 대부 안자는 모시고 있는 군주 경공에게 동이불화를 말하면서 아첨하는 자를 경계할 것을 진언했다. 공자는 정치에 나서면서 '하늘의 뜻', 천명을 이야기하며 화이부동의 윤리를 가슴에 새겼다. 화이부동의 정치를 실행에 옮겼으며 더 이상 화이부동을 하지 못하게 되었을 때 정치를 떠났다. 그에게는 인, 즉 사람 사랑에 부합하는 것이 선이었다. 정치란 그 선을 실천하기 위해 다른 사람과 조화를 이루는 것이었다. 설혹 윗사람의 뜻이 그러하고, 또한 출사해 나랏일을 담당하는 벼슬아치 모두의 뜻이 하나로 모아졌다고 해도 그것이 인, 백성 사랑에 반하는 것이면 동의해서는 안 되는 것이었다. 그런 것에 동의하는 것은 동이불화로서 윗사람에게 하는 것이라면 아첨하는 것이고 동료나 아랫사람에게 향한 것이라면 영합하는 것이었다.

안자는 일일삼과의 고사에서 경공에게 전자, 아첨의 유혹을 경계했고, 공자는 제자에게 후자, 인기 영합의 유혹을 경계해 이렇게 말했다.

　　자공이 물었다. "마을 사람이 모두 그를 좋아하면 어떻습니까."
공자가 답했다. "그 정도로는 안 된다." "마을 사람이 모두 그를
미워하면 어떻습니까." 공자가 말했다. "그 정도로는 안 된다.
마을 사람 가운데 선한 사람이 그를 좋아하는 것만 못하다. 선
하지 않은 사람이 그를 미워하는 것만 못하다."

　　자 공 문 왈　　　향 인 개 호 지　　　하 여
子貢問曰: 鄕人皆好之, 何如。

　　자 왈　　미 가 야　　　향 인 개 오 지　　　하 여
子曰: 未可也。鄕人皆惡之, 何如。

　　자 왈　　미 가 야　　불 여 향 인 지 선 자 호 지
子曰: 未可也。不如鄕人之善者好之。

　　기 불 선 자 오 지
其不善者惡之。《논어》, 〈자로〉 24.

　　인, 즉 사람 사랑, 백성 사랑에 부합하는 일을 행하면 선한 사람
이다. 공정에 부합하는 일을 하면 또한 선한 사람이다. 그렇지 않
으면 사악하다. 입으로는 인과 공정을 말하고 어느 것도 실천을
하지 않으면 위선이다. 공자의 '된 사람'에게 정치는 선한 자와
더불어 할 수 있으면 하는 것이고 사악한 자, 위선한 자와는 더불
어 하지 않는 것이다. 그것이 바로 화이부동의 정치 윤리이고 공자
가 나이 쉰에 알았다고 한 '하늘의 뜻', 천명이었다.

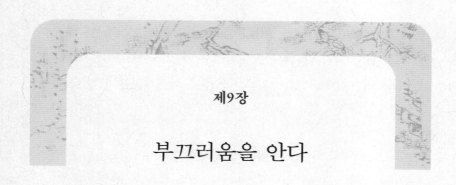

제9장

부끄러움을 안다

<ruby>六十而耳順<rt>육 십 이 이 순</rt></ruby>

나이 예순에 귀가 순해졌다

군자는 '화이부동'하는 가운데 인을 실천한다.

그것이 공자가 헤아린 '하늘의 뜻'이다. 이를 실천하자면?

극기복례克己復禮, 자기를 이기고 예를 차릴 줄 알아야 한다.

인의 실천이 군자의 소명, '화이부동'이 실천 윤리라면,

'극기복례'는 실천 방법론이라 하겠다.

이는 어떻게 해서 닦을 수 있는 것인가.

나이 예순에 이르러 공자는 이순, 귀가 순해졌다고 했다.

어떤 쓴소리라도 들을 줄 알게 되었다는 이야기다.

단소리는 누구에게나 잘 들린다.

쓴소리는 부끄러워할 줄 아는 심성이 있는 사람에게만 들린다.

군자는 부끄러워할 줄 안다. 그러니 쓴소리를 들을 줄 안다.

쓴소리를 들을 줄 알면 잘못을 미연에 줄일 수 있다.

부끄러움을 아는 심성을 갖추어야 극기복례,

인에 반하는 '몹쓸 욕심'을 이겨 내고 예를 행할 수 있는 것이다.

공자는 자신이 낸 학문의 실제적 유용성을 의심치 않았다. 그는 사족土族 이상의 범汎지배 계층을 군자학의 잠재적 수요층으로 보았다. 그리고 믿었다. 장차 군자학이 그들의 일상은 물론 한 걸음 더 나아가 그들이 전유하고 있는 현실 정치도 이끌어 갈 것이었다. 그에 따라 사람 사는 세상, 사람들이 사람답게 사는 세상이 도래하게 될 것이었다. 일생 가슴에 품고 산 꿈이 그랬다.

하지만 아무리 좋은 약이라도 복용해야 약효가 나는 법이다. 약효가 있는지 없는지 모르면 사람들은 약을 먹지 않는다. 약효가 있다는 걸 알아야, 적어도 그리 믿어야 약을 복용한다. 마찬가지다. 군자학이 제아무리 좋은 내용을 가졌다 한들, 내 일신에 그리고 세상에 어떤 좋은 일이 생기게 되는 것인지 알지 못하는데 어느 누가 애써 배우고 익히려고 하겠는가.

눈에 보이는 학문적 성과가 필요했다. 군자학이 밝히고 있는 군자의 길을 따라 실제 수신하여 사람답게 '된 사람', 즉 군자의 전범典範을 그렇지 못한 사람과 대비해 보여 줄 수 있어야 했다.

군자와 대척점에 놓을 반면교사反面敎師의 예로는 서주의 마지막 임금 유왕이나 제나라 경공, 노나라 대부 계손씨 등이면 충분했다. 백이와 숙제와 같은 은자는 타산지석의 예로서 훌륭했다. 그런데 정작 군자의 롤 모델로 요임금이나 순임금 같은 아득한 역사 이전의 전설적 인물 정도밖에 들 수 없다면 아무래도 설득력이 약했다. 그보다는 실제 역사 속 인물 가운데 업적이 크고 뚜렷한 인물을 예로 들 수 있다면 훨씬 호소력이 클 것이었다. 예컨대 관중管仲과 같은 인물이면 좋았다. 하지만 관중만 해도 비근한 예로서는 큰 무리가 없으나 그를 군자의 흠결 없는 전범으로 삼기에는 부족했다.

그러니 하는 수 없었다. 달리 들 수 있는 인물이 없다면 자기라
도 몸소 체현해 보여 주는 수밖에 없는 것 아닌가. 그랬을 것이었
다. 공자는 군자학을 통해 자신이 밝힌 군자의 길을 자신의 삶 속
에서 직접 밟으며 군자를 몸소 시현해 보여 주기로 했다. 오십이지
천명이 바로 그런 자신이 장차 살아갈, 그리고 실제 살아갔던 삶의
이정표였다. 그가 나이 쉰에 알았다고 한 '하늘의 뜻', 천명은 다른
것이 아니었다. '하늘의 뜻'에 따르면 사람다운 사람이 '된 사람'
은 세상 사람들과 화이부동하며 인을 실천해 가야 하는 것이었다.

그랬다. 화이부동이 인의 실천 윤리였다. 다른 사람들과 더불어
조화롭게 어울리되 같지는 않은 독자獨自를 지켜 가는 가운데 인,
즉 사람 사랑, 백성 사랑을 실천해 가는 것, 그것이 군자가 받들고
수행해야 할 천명이었다. 어떤가. 우리가 능히 감당해 낼 수 있는
일인가. 주저 없이 그렇다고 감히 장담할 사람이 있을까. 그것은
사람이 되어 온전하게 가뿐히 해낼 수 있는 일이 아니었다. 공자
또한 예외적 존재일 수 없었다. 그러나 그는 진솔했다. 제자들에게
도 젠체하거나 자신의 약점을 잡힐까 봐 숨기고 달리 포장하는
법이 없었다.

> 공자가 (제자들에게) 말했다. "그대들은 내가 무엇인가를 숨긴
> 다고 생각하는가. 나는 숨기는 것이 없다. 나는 그대들과 함께
> 하지 않는 것이 없다. 그게 바로 (나) 구다.
>
> 子曰: 二三子以我爲隱乎。吾無隱乎爾。
> 吾無行而不與二三子者, 是丘也。《논어》, 〈술이〉 24.

말 그대로였다. 그는 솔직했다. 솔직한 사람은 대개 자존감이 높다. 자존감이 높은 사람은 자신에게 엄격하다. 그것은 화이부동하는 군자가 갖추어야 할 덕목이기도 했다. 그는 제자들에게 일깨워 주었다.

자신의 행동은 무겁게 생각하고 다른 사람은 가볍게 책망하면 원망을 멀리할 수 있다.

궁 자 후 이 박 책 어 인　　즉 원 원 의
躬自厚而薄責於人, 則遠怨矣。《논어》, 〈위영공〉 15.

엄격한 주문이 지혜롭다. 제자들에게 들려준 그런 엄격함으로 공자는 자기 주제를 헤아렸다. 제자들에게도 자신의 부족함을 거리낌 없이 털어놓았다.

문장은 내가 남들과 같지 않겠는가. (하지만) 군자의 길을 힘써 닦고 있음에도 (그 길에서) 내가 아직 얻은 바가 없구나.

문 막 오 유 인 야
文莫吾猶人也。

궁 행 군 자　　즉 오 미 지 유 득
躬行君子, 則吾未之有得。《논어》, 〈술이〉 33.

짐짓 자신의 겸양지덕을 드러내려고 하는 말이 아니었다. 공자가 구체적으로 무엇이 부족한지 조목조목 뜯어서 술회한 것을 손자 자사가 《중용》에 남겼다.

군자의 도 네 가지가 있는데, 나 구는 능히 해내지 못했다. (어버이가) 자식에게 원하는 바로써 어버이를 섬겨야 했으나 그렇지 못했다. (군주가) 신하에게 원하는 바로써 군주를 섬겨야 했으나 그렇지 못했다. (형이) 아우에게 원하는 바로써 형을 섬겨야 했으나 그렇지 못했다. 친구가 원하는 바를 친구에게 먼저 베풀어야 했으나 그렇지 못했다.[1]

군자지도사 구미능일언   소구호자이사부   미능야
君子之道四, 丘未能一焉。所求乎子以事父, 未能也。

소구호신이사군   미능야   소구호제이사형   미능야
所求乎臣以事君, 未能也。所求乎弟以事兄, 未能也。

소구호붕우선시지   미능야
所求乎朋友先施之, 未能也。《중용》 13.

군자라면 자기가 맺는 모든 관계에서 역지사지하여 인을 실천하여야 하나, 공자는 스스로 그에 이르지 못하고 있음을 자사의 손을 빌어 자술하고 있다. 그러나 어쩌랴. 그가 밝힌 군자의 길 자체가 사람으로서는 온전히 따르기 어려운 길인 것을. 그래도 공자는 포기하지 않았다. 나이 예순을 넘어서, 세상을 떠나는 날까지 군자의 길을 진득하게 좇았다. 자기가 가진 바 있는 힘을 다해 인의 실천에 매진했다. 후학들에게 가르치는 일 또한 포기하지 않았다.

성스러움과 어짊 같은 것을 내가 감히 어떻게 감당해 내겠는가. 삼가 그것들을 행하는 것에 싫증을 내지 않고, (그것들을) 사람들에게 가르치는 일을 게을리하지 않을 뿐이다. 그저 그렇다고 말할 수는 있겠다.

약성여인   즉오기감   억위지불염   회인불권
若聖與仁, 則吾豈敢。抑爲之不厭, 誨人不倦。

즉 가 위 운 이 이 의
則可謂云爾已矣。《논어》, 〈술이〉 34.

　그렇게 자신의 한계를 제자들과 애틋하게 공유하고 있다. '하늘의 뜻'을 알고 실행하고자 하나 가지고 있는 역량이 미치지 못하는 실정이다. 화이부동하면서 인을 실천한다는 것은 너무도 어려운 일이다. 한두 가지 뛰어난 재능이 있다고 하여 능히 해낼 수 있는 일이 아니다. 갖추어야 할 소양이 여러 가지 참으로 많다. 그 가운데 어느 것 하나 부족해도 자칫 일을 그르칠 수가 있다. 잘못할 수가 있는 것이다. 도대체 어찌해야 '하늘의 뜻'을 제대로 수행해갈 수 있는 것인가. 그는 스스로에게 물었다.

　필요한 모든 소양을 온전히 다 갖추면 된다. 사람들을 참된 마음으로 대하며 절문근사할 줄 알아야 한다. 역지사지하여 남의 아픔을 내 일처럼 알고 공명할 줄 알아야 한다. 그러나 사람으로서 완벽한 충과 완벽한 서의 습성을 갖추고 세상과 소통하는 사람은 없다. 세상에 그렇게 완벽한 사람은 없다. 그러하니 '필요한 모든 소양을 온전히 다 갖추기'는 애당초 취할 방법이 아니다. 아니 못된다. 달리 실제 응용이 가능한 방법은 없을까. 문제였다.

　공자가 가장 총애하는 제자, 안연이 어느 날 스승에게 바로 그 인의 실천 방법에 대해 물었다. 공자가 한마디, 극기복례克己復禮로 답했다.

　나를 이겨 내고 예를 되찾는 것이 인이다. 하루라도 나를 이겨 내고 예를 되찾으면, 천하가 인으로 돌아갈 것이다. 인을 행함은 내게서 나오는 것이지, (어찌) 다른 사람에게서 나오겠는가.

극 기 복 례 위 인　일 일 극 기 복 례　천 하 귀 인 언
克己復禮爲仁。一日克己復禮, 天下歸仁焉。
위 인 유 기　이 유 인 호 재
爲仁由己, 而由人乎哉。《논어》,〈안연〉 1.

무슨 말인지 대략적으로 이해할 수는 있었다. 다만 예를 되찾는
다 하는데 대체 무슨 예를 말하는 것인지 좀 더 구체적으로 들었으
면 했다. 안연은 조심스럽게 물었다.

(구체적으로) 어떤 항목들이 있을지 여쭙습니다.

청 문 기 목
請問其目。《논어》,〈안연〉 1.

공자가 답했다.

예가 아니면 보지 말고, 예가 아니면 듣지 말며, 예가 아니면
말하지 말고, 예가 아니면 움직이지 말아야 한다.

비 례 물 시　비 례 물 청　비 례 물 언　비 례 물 동
非禮勿視, 非禮勿聽, 非禮勿言, 非禮勿動。《논어》,〈안연〉 1.

물음에 딱 맞는 답이 아니었다. 으레 그랬다. 스승은 어미 새가
새끼에게 벌레를 입에 물어다 주듯 답하지 않았다. 에둘렀다. 스승
이 즐겨하는 대화법 혹은 교수법이었다. 스승이 하신 말씀을 바로
이해하지는 못했으나 더 이상 꼬리를 물어 묻는 것은 제자이기
이전 공부하는 자의 예가 아니었다. 적중的中하는 답을 당장 못
얻었으니 시간을 두고 곱새기며 억중臆中할 일이 남았다. 안연은
스승과의 대화를 예로써 마무리 지었다.

회(안연)가 비록 빠르지 못하오나, 그 말씀을 받잡습니다.

회 수 불 민　청 사 사 어 의
回雖不敏, 請事斯語矣。《논어》,〈안연〉 1.

《논어》는 완성된 대화록이 아니다. 길을 가는 이정표가 군데군데 세워져 있고 이정표와 이정표를 잇는 구간은 여백으로 남아 있는 책이다. 읽는 사람이, 공부하는 사람이 헤아려가며 뜻을 파악해야 한다. 억측臆測하면 당연히 오독하는 대가를 치러야 한다. 그러나 오독이 무서워서 추측을 아끼면 억중하는 일도 생기지 않는다. 그것은 책을 반만 읽고서 다 읽었다고 하는 것과 진배없다. 남이 하는 이야기를 중간에 잘라먹고서 좋은 말씀이라고 하는 것과도 같다. 담긴 구절의 뜻을 모호하게 읽고, 모호하게 유통시켜, 뜬구름 같은 군자의 길을 모호하게 전하자고 쓴 책이 아니라면 《논어》는 오독을 각오해야 읽어지는 책이다. 세워진 이정표에 대한 분명한 이해를 바탕으로 하되 여백으로 남아 있는 구간은 과감한 추리로 읽어 내야 하는 것이다.

극기복례의 극기란 무슨 뜻인가. 나를 이겨 낸다는 말이다. 한데 이겨 내야 할 나는 어떤 '나'인가. 추리해 본다. 군자학의 이론적 얼개로 미루어 볼 때, 충하지 아니하고 사邪하거나 거짓된 것을 행하는 습성이 있다면 이겨 내야 할 '나'이겠다. 서하지 아니하고 자기만 내세우거나 남에게 냉혹하고 모질게 대하는 습성을 가졌다면 이 또한 이겨 내야 할 '나'이겠다. 한마디로 말해 '몹쓸 욕심'을 가진 '나'를 말하는 것 아니겠는가.

복례란 예를 되찾는다는 것이다. 구체적으로 어떤 예를 되찾게 된다는 것인가. 안연도 궁금해서 스승에게 물었으나 공자는 에둘러 답했다. 하니, 공자가 들려준 답을 하나하나 뜯어보며 결코 예일 수 없는 비례非禮의 예例들을 유추해 가려낼 수밖에 없다. 오늘 우리가 사는 일상에서 들어 보기로 하자.

하지 말아야 할 것이 네 가지다. 먼저, '예가 아니면 보지 말라'고 했다. 무엇이 해당될까. 남이 원치 않는 모습을 몰래 훔쳐보는 것, 그런 행위는 예가 아니니 하지 말라는 것 아니겠는가. 다음, '예가 아니면 듣지 말라'고 했다. 남이 원치 않는데 당사자 몰래 하는 이야기를 듣고 즐긴다면 이 또한 예가 아니니 하지 말라는 것이겠다. 그다음, '예가 아니면 말하지 말라'고 했다. 남에 대한 험담과 악플을 늘어놓고 즐긴다면 이 또한 예가 아니니 하지 말라는 것 아닌가. 끝으로 '예가 아니면 움직이지 말라'고 했다. 갑질, 학폭, 성폭력 등등을 자행하며 즐긴다면 결코 예일 수 없다. 그러니 하지 말라는 것 아니겠는가.

이렇듯 비례非禮가 너무도 많다. 하나같이 남의 마음과 몸을 아프게 하고 괴롭힌다. 그런 모든 유무형의 폭력들이 뻔뻔스럽게 자행되고 있다. 복례란 이들 폭력과 정반대의 것, 남의 마음을 즐겁게 유쾌하게 해 주고 몸을 편안하게 해 주는 태도를 되찾는 것을 말하는 것이겠다.

그렇듯 극기란 내가 가진 '몹쓸 욕심'을 이겨 내는 것이고 복례란 공동체를 이루며 함께 사는 누군가에게 맛있는 요리를 만들어 대접하듯, 살맛이 나는 행위를 빚어 대하는 것이겠다. 공자는 그런 극기복례를 인을 실천하는 주요한 방편으로 보았다. 언감생심 그 누가 인의 완성에 이를 수 있겠느냐만 그는 극기복례함으로써 우리가 완성된 인의 경지에 조금이나마 더 가까이 다가갈 수 있는 것이라고 생각했다.

극기복례는 응용과학인 군자학의 기초를 다지는 데에도 중요한 초석 역할을 한다. 인의 실천이 군자가 행하여야 할 소명이고 '화이부동'이 그 실천 윤리라면, '극기복례'는 실천 방법론에 해당하는 것이었다.

《논어》에 수록된 공자의 제자와의 대화는 공자가 제자에게만 준 가르침이 아니었다. 그것은 동시에 자기 자신이 실행에 옮겨야 할, 자기 자신에게 낸 숙제이기도 했다. 공자가 인의 실천을 군자의 소명으로 말했을 때 인의 실천이 그랬고, 그 실천 윤리로 화이부동을 말했을 때 화이부동이 그랬듯이 인의 실천 방법으로 극기복례를 말했을 때, 이 또한 공자가 실제에 응용해 보여 주어야 할 과제가 되었다. 그러자니 습관처럼 그는 스스로를 되돌아보며 어긋남이 없었는지 늘 살폈다. 따지고 보면 실은 그에게도 비록 '몹쓸 욕심'이라고 할 것까지는 아니나 사적 욕심이 전혀 없지 않았다. 아니 그 때문에 군자의 길을 잃어버릴 뻔한 적이 한두 번이 아니었다.

공자는 벼슬길에 대해 매우 엄격한 기준을 세워 놓고 있었다. "천하에 도가 있으면 나타나고, 도가 없으면 숨는다."는 것이었다.[2] 위衛나라 대부 거백옥蘧伯玉을 살아 있는 롤 모델로 삼아 칭송했다.

군자로다, 거백옥은. 나라에 도가 있으면 벼슬길에 나아가고, 나라에 도가 없으면 (자신의 뜻을) 돌돌 말아 가슴에 품고 계셨다네.

군자재거백옥 방유도 즉사 방무도 즉가권이회지
君子哉蘧伯玉。邦有道, 則仕, 邦無道, 則可卷而懷之。
《논어》, 〈위영공〉 7.

신조 따로, 말 따로, 행동 따로 하는 사람이 많다. 멋져 보이는 롤 모델을 세워 사람들에게 그를 팔며 자기도 그런 사람인 척하는 사람이 적지 않다. 종교계는 그런 사람들이 없어야 할 것 같은데 웬걸, 현실 앞에 기대는 여지없이 산산조각이 나고 만다. 불교 종파 안에 한자리를 차지하고서 부처를 팔아먹는 사이비 불제자들이 끊이지 않는다. 기독교 기성 교단에서 혹은 자기가 세운 교회에서 성직을 꿰차고 앉아 예수를 팔아먹는 사이비 크리스천도 끊이지 않는다. 공자의 후학, 유가 선비들이라고 다르지 않았다. 공자의 나라 중국 중원은 물론 유학을 국교로 받든 조선조 이래 우리 땅에도 그런 유자儒者들이 수두룩하게 많았고 지금도 상당히 많아 보인다.

하지만 유가의 시조, 그들의 스승 공자는 그렇지 않았다. 신조와 말과 실제 행동이 같았고 또한 한결같았다.[3] 롤 모델을 들었으면 그 자신이 롤 모델에 충실히 따랐다.

그렇다고 그 과정까지 완벽했던 것은 아니다. 결과적으로는 용케 자기가 한 말에서 벗어나지는 않았으나 마음에 흔들림이 전혀 없지 않았다. 아니 출사에 관한 한, 공자는 대쪽이라기보다는 부는 바람에 흔들리는 갈대와 같았다. 사십이불혹, 나이 마흔에 이르러 미혹을 떨쳐 냈다고 하였으나 나이 마흔 넘어 생에서 매 순간 실제 굳건한 모습을 보였던 것은 아니었다. 한 번도 아니고 두 번, 세 번 거듭 유혹에 흔들리는 모습을 보였다.

첫 번째는 아직 한 번도 출사하기 이전의 일이었다. 노나라 조정의 막후 실력자였던 계손씨의 가신 공산불요가 발호하면서 함께하자며 공자를 불렀는데 이때 공자가 가려고 했다. 자로가 가로막고 나서지 않았으면 갔을지도 몰랐다. 그랬다면 오늘날 우리가 아는 공자는 아마도 없었다. 그때 그의 나이 쉰 즈음이었다. 이후 얼마 지나지 않아 노나라 군주 정공이 불렀고 공자는 조정에 나아가 대여섯 해를 종사했다. 종사는 성공적이었다. 제나라와의 대외 교섭을 잘 이끌어 자리를 잡게 되자 공자는 내친 김에 나라의 기강도 바로잡고자 했다. 대부 삼환 가문이 저마다 도읍에 세운 높은 성벽을 허무는 문제를 놓고 다투었다. 성공을 눈앞에 둔 듯했으나 막판에 역부족하여 밀리게 되었고 그러자 자리에 집착하지 않았다. 벼슬을 내려놓고 천하 주유의 길을 떠났다. 나이 쉰 중반 때였다.

하지만 출사의 염念까지 모두 다 내려놓고 떠난 것은 아니었다. 길을 떠난 지 얼마 되지 않아서였다. 그가 위나라 도읍에 들어갔을 때였다. 위영공의 부인 남자南子가 사람을 보내 한번 만날 것을 청했다.

사방의 군자들 가운데 저희 군주와 형제처럼 지내고 싶어함을 부끄럽게 여기지 않는 이들은 반드시 저희 군주의 부인을 만납니다. 저희 군주 부인께서 만나 뵙길 원합니다.[4]

이에 기꺼이는 아닐지라도 어쨌든 응했다. 가서 부인을 알현하고 왔다. 출사에 전혀 생각이 없었어도 그랬을까. 다녀와서 공자는 묻지도 않는데 제자들에게 말했다. "나는 원래 만나러 가지 않으려 하였다. 마지못해 가서 만났지만 예를 갖추어 대하였을 뿐이다."고 했다. 마치 숙제를 하지 않고 놀러 나간 아이가 엄마한테 자기는 놀러 가고 싶지 않았는데 친구가 가자고 해서 하는 수 없이 나갔다고 둘러대는 것과 같았다. 스승의 말에도 자로가 언짢아하는 기색을 감추지 않자, 공자는 정색을 하고 하늘을 우러러 말했다.

내가 떳떳하지 못한 일을 저질렀으면 하늘이 나를 버릴 것이다. 하늘이 나를 버릴 것이다.[5]

물론 가서 영공 부인에게 벼슬자리를 청탁하고 온 것은 아니었다. 그래도 방에 들어가 아마도 남면南面하고 있는 그에게 공자가 북쪽을 향하여 허리를 깊숙이 굽혀 절을 하고 나왔을 것이었고 그것이 대개 군주를 알현하는 예법이라는 것 또한 부정될 수 없는 사실이었다. 그의 나이 쉰여섯 때였다.

그렇게 나름 공을 들였으나 위영공은 끝내 공자를 등용해 쓰지 않았다. 낙담하던 차에 노나라 중모中牟 읍재인 대부 필힐佛肸이 공자에게 사람을 보내서 와 주기를 청했다. 그는 반란을 일으켜 세를 규합하고 있던 중이었다. 그런 사람인데도 공자가 그에게로 가겠다는 뜻을 내비쳤다. 그러자 제자가 스승 앞에 나아가 쓴소리를 드렸다. 또 자로였다.

예전에 저는 선생님으로부터 이런 말씀을 들었습니다. "그 자신에게 몸소 나쁜 짓을 한 자에게는 군자는 다가가지 않는다." 필힐은 중모에서 반란을 일으킨 자이온데 선생님이 가시려 하시니, (이것이) 어찌된 일입니까.

<ruby>昔<rt>석</rt></ruby><ruby>者<rt>자</rt></ruby><ruby>由<rt>유</rt></ruby><ruby>也<rt>야</rt></ruby><ruby>聞<rt>문</rt></ruby><ruby>諸<rt>저</rt></ruby><ruby>夫<rt>부</rt></ruby><ruby>子<rt>자</rt></ruby><ruby>曰<rt>왈</rt></ruby>。<ruby>親<rt>친</rt></ruby><ruby>於<rt>어</rt></ruby><ruby>其<rt>기</rt></ruby><ruby>身<rt>신</rt></ruby><ruby>爲<rt>위</rt></ruby><ruby>不<rt>불</rt></ruby><ruby>善<rt>선</rt></ruby><ruby>者<rt>자</rt></ruby>,

군 자 불 입 야　필 힐 이 중 모 반　자 지 왕 야　여 지 하
君子不入也。佛肸以中牟畔, 子之往也, 如之何。
《논어》, 〈양화〉 7.

뜻밖이었다. 예전 공산불요에게 가고자 하여 가로막아 설 때는
자로의 말을 군소리 없이 들어주었으나 이번에는 달랐다. 투덜대
는 말에 가시까지 돋아 있었다.

그래. 그런 말을 한 적이 있었지. 그런데 견고하다고 말하지 않
았더냐. 갈아도 닳지 않는다고 말이다. 희다고 하지 않았더냐.
검은 개흙으로 물들여도 검어지지 않는다고 말이다. 내가 무슨
썩은 조롱박이더냐. 어찌 매달아 놓기만 하고 (물 한 잔 떠) 먹
을 수도 없단 말이냐.

연　유 시 언 야　불 왈 견 호　마 이 불 린　불 왈 백 호
然。有是言也。不曰堅乎。磨而不磷。不曰白乎。
날 이 불 치　오 기 포 과 야 재　언 능 계 이 불 식
涅而不緇。吾豈匏瓜也哉。焉能繫而不食。《논어》, 〈양화〉 7.

한편으로는 어디 스승이 가는 곳에 따라 형편없게 변할 사람이
더냐, 그렇게 못 미더우냐 하는 고까움 같은 것이 묻어 있고, 다른
한편으로는 이제 늙어서 별 쓸모없다는 것이냐, 그만 퇴물이란 말
이냐 하는 신세한탄 같은 것도 서려 있었다. 그랬지만 공자는 이번
에도 그 이상 어깃장을 놓지 않고 제자의 말을 따랐다. 결국 필힐
에게 가지 않았다. 그의 나이 쉰아홉 때였다. 나랏일을 맡아 보기
에는 이미 적지 않은 나이였다.

그랬는데 5년 후 위나라 군주 출공出公이 공자를 등용해 쓰고자

했다. 그때는 자로도 뛸 듯이 기뻤다. 스승이 펼치게 될 경륜의 정치를 기대하며 축하의 말씀을 겸하여 물었다.

위나라 군주가 선생님을 기다려 정사를 하려고 합니다. (정사를 맡으시면) 장차 무엇을 우선하실지요.

<ruby>衛<rt>위</rt></ruby><ruby>君<rt>군</rt></ruby><ruby>待<rt>대</rt></ruby><ruby>子<rt>자</rt></ruby><ruby>而<rt>이</rt></ruby><ruby>爲<rt>위</rt></ruby><ruby>政<rt>정</rt></ruby>。<ruby>子<rt>자</rt></ruby><ruby>將<rt>장</rt></ruby><ruby>奚<rt>해</rt></ruby><ruby>先<rt>선</rt></ruby>。《논어》, 〈자로〉 3.

공자가 말했다. 한결같았다.

반드시 명분이 서게 하겠다.

<ruby>必<rt>필</rt></ruby><ruby>也<rt>야</rt></ruby><ruby>正<rt>정</rt></ruby><ruby>名<rt>명</rt></ruby><ruby>乎<rt>호</rt></ruby>。《논어》, 〈자로〉 3.

자로는 걱정이 되었다. 노나라에서 벼슬자리를 그만두고 나올 때도 바로 나라 기강을 바로 세우겠다는 명분 때문에 그랬던 것 아닌가. 조심스럽게 진언했다.

그런 일이 (언제) 있었던가요. 선생님은 세상 물정에 어두우십니다. 무엇을 바르게 한다는 것입니까.

<ruby>有<rt>유</rt></ruby><ruby>是<rt>시</rt></ruby><ruby>哉<rt>재</rt></ruby>。<ruby>子<rt>자</rt></ruby><ruby>之<rt>지</rt></ruby><ruby>迂<rt>우</rt></ruby><ruby>也<rt>야</rt></ruby>。<ruby>奚<rt>해</rt></ruby><ruby>其<rt>기</rt></ruby><ruby>正<rt>정</rt></ruby>。《논어》, 〈자로〉 3.

스승이 바라고 바라던 기회가 좋은 결실을 맺게 되기를 진실로 바라는 충정의 말이었다. 하지만 노여움이 섞인 질책이 돌아왔다.

거칠구나, 유(자로)야. 군자라도 자기가 모르는 것에 대해서는 대개 마땅히 해야 할 바를 빠뜨릴 수가 있는 것이다. 명분이 바르지 못하면 말이 순조롭지 못하다. 말이 순조롭지 못하면 일이 이루어지지 않는다. 일이 이루어지지 않으면 예악이 일어날 수 없다. 예악이 일어나지 않으면 형벌이 들어맞지 않게 된다. 형벌이 들어맞지 않으면 백성들은 팔다리를 둘 곳이 없다. 그러므로 군자는 명명할 때는 반드시 말할 수 있어야 하고, 말을 할 때는 반드시 실천할 수 있어야 한다. 군자는 자신의 말에 대해 대충하는 것이 없도록 할 뿐이다.

野哉由也。君子於其所不知, 蓋闕如也。

名不正, 則言不順。言不順, 則事不成。

事不成, 則禮樂不興。禮樂不興, 則刑罰不中。

刑罰不中, 則民無所措手足。

故君子名之必可言也, 言之必可行也。

君子於其言, 無所苟而已矣。《논어》, 〈자로〉 3.

지당한 말씀이었다. 그 누가 어느 한 구절 토를 달 것인가. 소신이 저러한데도 등용된다면 그야말로 천운이었다. 하지만 그 순간 자로는 직감해야 했다. 뜻으로야 천 번, 만 번 옳다고 할 것이나 성사되기로는 천부당, 만부당한 일이었다. 저런 명분을 지금 세상에 어느 누가 받아 준다는 말인가. 자기가 보는 시대, 위나라 조정의 정세와 스승이 말하는 군자의 도 사이에 벌어진 간극이 커도 너무도 컸다. 결국 출사는 틀어지고 자로와 나눈 대화는 공자의 이루어지지 않은 마지막 출사표로 남았다. 그때 그의 나이 예순넷 이었다.

그 후로는 더 이상 공자를 불러 등용해 쓰려고 한 사람도 없고 그가 기웃거렸던 곳도 없었다. 그로부터 아홉 해 후 그는 세상을 떠나는데 하직하기 전, 예순 즈음을 돌아보며 하는 말이 이랬다.

나이 예순에 귀가 순해졌다.

六十而耳順, 《논어》, 〈위정〉 4.

귀가 순해졌다고 했으니 다른 사람의 말을 잘 듣게 되었다는 이야기이다. 나이 예순에 이르러 비로소 그리되었고 그 이전에는 그렇지 못했다는 말은 아니다. 보통은 그렇지 않던 사람도 나이가 들면 고집이 세진다. 완고해진다. 남의 말을 잘 안 듣게 되는 경우가 일반적이다. 그러나 공자는 어려서뿐 아니라 성년이 되고, 나아가 제자들을 가르치는 선생이 되어서도 다른 사람의 말을 귀기울여 들었던 사람이다. 앞서 보았듯이 제자가 하는 이야기라도 바른 소리면 쓴소리라도 듣고 따랐다. 다만 자신의 학문과 소신, 자신이 헤아린 '하늘의 뜻'에서는 물러남이 없었을 뿐이었다. 그러니 그가 말한 육십이이순은 예순이 되어서 '비로소' 남의 이야기를 잘 듣게 되었다는 것이 아니라 예순이 되어서도 '예전처럼 아니, 예전보다 더' 남의 이야기를 귀에 거슬리는 쓴소리까지 잘 듣게 되었다는 이야기였다.

어떻게 그럴 수 있었을까. 다른 이유가 없었다. 부끄러워할 줄

알았기 때문이다. 공자라고 귀에 거슬리는 쓴소리가 달콤했겠는
가. 그러나 자기가 한 말을 실천하지 못하고 다른 짓을 한다든가,
의도했든 아니했든 사실과 다른 이야기를 한다든가 하는 것은 남
부끄럽기 이전에 나 스스로에게 부끄러운 일이었다.

공자가 필힐에게 가겠다는 자기를 막아선 자로에게 노여움을
감추지 않았으면서도 그의 말을 따랐던 것도 바로 그 때문이었다.
나라에 도가 없으면 벼슬길로 나아가지 않는다고 말해 놓고선 반
란을 일으킨 필힐에게 간다는 것은 앞뒤가 맞지 않은 행동이었다.
자신의 말을 허언으로 만드는 행동이 아닐 수 없었다. 그런 것을
알았기에 그는 부끄러웠고 부끄러웠기에 결국 가지 않았던 것이
다. 그랬다고는 하지만 공자에게 출사는 여전히 말끔히 해소되지
않은 미련이었다.

공산불요가 불렀을 때 가려고 했던 것도 그랬고 위영공의 부인
남자를 알현한 것도 그랬고 모두 공자 스스로 생각해도 그리 떳떳
한 일은 아니었다. 그래서 그때마다 부끄러워하며 제자가 하는 쓴
소리를 귀 기울여 들었다. 그러나 반성이 충분하지 못했다. 그랬기
에 필힐이 불렀을 때 예순이 넘은 나이에도 다시 혹했던 것이었다.
무엇이 문제였던 것일까.

공자가 벼슬길에 나선 것은 '하늘의 뜻'을 좇기 위한 것이었다.
인, 즉 사람 사랑, 백성 사랑을 실천하기 위한 것이었다. 출사의
동기가 그랬다는 것은 의심의 여지가 없는 일이다. 군자는 나라에
도가 없으면 벼슬길에 나아가지 않는다고 했다. 그 이유가 나라에
도가 없어 인의 실천이 불가한 실정이기 때문이라는 것과도 일맥
상통하는 이야기였다. 그래서 공자 또한 대부 삼환씨가 실권을 장

악하고 있던 시기, 그의 나이 40대 후반까지도 노나라 조정에 나아 가지 않았던 것이었다. 그런데 나이 쉰을 넘어서면서 그는 출사와 관련해 자신도 모르게 현실과 타협하고 있었던 것으로 보인다. 왜 그랬던 것일까.

한 가지 짚이는 이유가 있다. 상례常禮가 아님에도 불구하고 위나라 군주의 부인에게 인사를 닦는 등 나름 공을 들였고 또한 몇 해를 넘겨 가며 진득하게 기다렸음에도 불구하고 끝내 위영공이 공자를 등용하지 않았다는 이야기를 했다. 당시 그는 이렇게 자탄했다.

누군가 나를 써 주기만 한다면 열두 달이라도 좋고, 3년이면 완성할 수 있을 것인데.

苟有用我者, 期月而已可也, 三年有成。《논어》, 〈자료〉 10.

예순 가까운 나이에, 여느 사람 같으면 벌써 뒷방 늙은이 신세를 한탄이나 하고 있을 나이에 자신의 역량에 대해 가지고 있는 자신감이 그 정도였다. 다른 사람은 못 해도 나는 해낼 수 있다는, 다른 사람들보다 뛰어난 나에 대한 믿음이 깊고 사랑이 진한, 그런 나르시시즘적 야망이 그의 가슴 속 깊은 곳에 자리하고 있었다. 예전 공산불요가 불렀을 때 가려고 하면서 드러냈던 야망 그대로였다.[6]

그 때문이었다. 공자는 아직 자기 자신을 스스로 이기지 못하고 있었다. 사람 사는 세상에 대한 꿈이 살아 있었고, 그런 세상으로 인도해 줄, 인의 길에 대한 확신이 있었고 그 길을 헤쳐 갈 자신이 있었다. 그런 만큼 현실 정치에 참여해 자기 자신이 몸소 사람 사는 세상을 일구어 가는 데 기여하고 싶은 욕망이 컸다. 그러나 사람이 어찌 가는 세월을 이기랴. 영공의 뒤를 이어 군주의 위에 오른 위나라 출공도 자기를 등용해 쓸 듯하다가 없던 일로 하자 그때를 끝으로 공자는 더 이상 그런 자신을 고집하지 않았다. 스스로에게도 부끄러웠고 이제는 제자들 보기에도 부끄러웠다.

그리고 받아들였다. 시대 운이 없었고 벼슬길과도 궁합이 별로 맞지 않았다. 오랫동안 소구해 왔음에도 불구하고 50대 초중반 5년 남짓 출사하였던 것이 그에게 허용된 처음이자 마지막 기회였다. 시대는 더 이상 그를 찾지 않았다. 그런 상황에서 미련하게 고집할 일이 아니었다. 출사하여 사람 사는 세상을 위해 일하고 싶다는 욕심, 살아생전에 그런 세상을 내 손으로 만들어 가겠다는 욕심을 버려야 할 때였다.

하루라도 빨리 버리고 40대 초반, 미혹을 이기며 선택했던 제3의 길로 복귀하는 게 옳았다. 벼슬길도 은자의 길도 아닌 선생의 길이 자신이 세상에 대해 행하여야 할 최고의 예이자 인이었다. 현실 정치야 다른 사람, 자기가 키우는 후학들이 커서 대신할 수도 있는 일이지만 '된 사람'을 키워 내는 일은 스스로 생각해도 자기만한 적임자가 없었다. 사실 군자의 길을 가르칠 선생으로서 그는 대체 불가한 존재였다. 그는 타고난 선생이었다. 예순 중반 천하 주유 때 일이었다.

진나라의 사패(법무 책임자) 벼슬을 하는 사람이 물었다. "(노나라 임금) 소공은 예를 아는 분입니까." 공자가 답했다. "예를 아십니다." 공자가 물러나자, (사패가) 무마기에게 읍하며 들어

오게 하고 말했다. "군자는 편들지 않는다고 들었는데, 군자도 편드는군요. 임금(소공)은 오나라 (왕실)에서 아내를 얻었는데 동성이기에 아내를 오맹자라고 하였습니다. 그런 임금이 예를 안다면 누가 예를 모르겠습니까." 무마기가 이 말을 전하자, 공자가 말했다. "구(공자)는 운이 좋다. 잘못이 있으면 사람들이 꼭 알게 해 준다."[7]

진 사 패 문　소 공 지 례 호　공 자 왈　지 례
陳司敗問。昭公知禮乎。孔子曰。知禮。

공 자 퇴　읍 무 마 기 이 진 지　왈　오 문 군 자 부 당
孔子退, 揖巫馬期而進之, 曰。吾聞君子不黨,

군 자 역 당 호　군 취 어 오 위 동 성　위 지 오 맹 자
君子亦黨乎。君取於吳爲同姓, 謂之吳孟子。

군 이 지 례　숙 부 지 례　무 마 기 이 고　자 왈
君而知禮, 孰不知禮。巫馬期以告, 子曰。

구 야 행　구 유 과　인 필 지 지
丘也幸。苟有過, 人必知之。《논어》,〈술이〉31.

지적질을 받고 운이 있다며 좋아하고, 지적해 준 사람에게 고마워한다? 세상에 그런 사람이 몇이나 될까. 어쨌거나 공자는 그랬다. 누군가가 자기 잘못을 지적해 주면 그렇게 했다. 고까워하기는커녕 고마워하면서 자기가 한 말을 다시 생각해 보고 틀렸으면 바로잡아 제자에게 이야기해 줄 줄 알았다. 세상에 다시없이 훌륭한 선생이었다. 그러니 제자들을 가르치는 일에 전념하는 것이 그가 시대에 기여할 최고의 업業이자 사람 사는 세상을 희구하는 사람들에게 해야 할 도리였다. 그가 출사하여 치국, 나라의 기강을 바로잡아 반듯한 나라를 만들어 갈 욕심을 버리고 훗날을 바라보고 나라의 동량을 많이 키워 내는 일에 종사하는 것이 보다 사회적

후생이 큰 일이었고 따라서 그것이 그가 해야 할 극기복례였던 셈이다.

그러나 조정에 나아가 벼슬을 하는 사람들이 모두 공자처럼 그런 의로운 동기로 출사를 도모하는 것은 아니다. 비록 출사의 동기가 그랬을지라도 벼슬을 하면서 다른 '몹쓸 욕심'에 빠지는 경우가 허다하다. 여러 '몹쓸 욕심' 가운데 공자의 눈에 재물욕이 특히 몹쓸 욕심이었다. 극기복례는 무릇 공직에 나아간, 장차 나아갈 세상의 모든 선비들에게 보내는 교훈이기도 했으나 안회를 통해 제자들이 전해 듣고 스스로 경각심을 갖게 되기를 바라는 숨은 심려도 있었다. 세월이 흘러 위나라며 노나라에 공자의 가르침을 받은 제자들이 이미 여럿 출사해 있던 때였다. 극기복례는 그들에게 늙은 스승이 노심초사하며 주는 당부의 말이기도 했다. 스승처럼 일 욕심에 빠지는 것도 경계하고 극복해야 할 것이지만 모쪼록 벼슬을 하면서 부귀영화에 빠지지 말 것을 겸하여 이야기한 것이었다. 다 늙어서 처음 하는 이야기가 아니었다. 일찍이 계제가 될 때마다 제자들에게 누차 강조해 왔던 것이었다.

공자는 여러모로 욕심이 많은 사람이었다. 공부 욕심도 많았고 일 욕심도 많았으며 사람 욕심도 많았다. 어느 날 제자 자하에게 말했다.

너는 군자 유자儒者가 되어야지 소인 유자가 되어서는 안 된다.

여 위 군 자 유　무 위 소 인 유
女爲君子儒, 無爲小人儒。《논어》, 〈옹야〉 13.

이 또한 제자 모두에게 한 말이었다. 공자의 제자라면 '군자 유자가 되라'는 말이 무엇을 뜻하는 것인지 안다. 스승은 말할 때 즐겨 대비법對比法을 썼다. 군자를 소인과 대비하여 말했다.

군자는 덕에 뜻을 두고 소인은 땅에 뜻을 둔다. 군자는 모범이 됨을 생각하고, 소인은 혜택 받음을 생각한다.

군 자 회 덕　소 인 회 토　군 자 회 형　소 인 회 혜
君子懷德, 小人懷土。君子懷刑, 小人懷惠。《논어》, 〈이인〉 11.

공자의 제자들은 대개 사족 출신이었다. 귀족과 달리, 또한 백성과 달리 사족 출신 선비들은 농사일을 몰랐을 뿐 아니라 많은 경우 농사를 지어 먹고살고자 해도 소출을 낼 땅이 없었다. 밭을 일구어 먹거리, 입을 거리를 생산하는 일은 백성의 일이었고 업이었다. 생업生業이라고 했다. 선비들에게 밭이 있다면 그것은 사람의 밭이었다. 스승을 만나 학문을 익히고 덕을 쌓아 사람들에게 덕을 베풀며 나아가 그런 사람들을 키워 내는 일이 선비의 일이었고 업이었다. 덕업德業이라고 했다.

부쳐 먹을 변변한 땅뙈기 하나 없고 게다가 생업이 아닌 덕업을 업으로 하여 평생을 살아가야 한다. 사족 출신 선비의 생활 여건이 그랬다. 공자는 그런 선비의 각박하고 힘든 사정을 잘 아는 사람이었다. 실제 그런 여건 속에 살아온 사람이었다. 군자 선비라면 달리 살아가는 법이 있을 수 없었다.

선비가 (편안하게) 사는 것에 뜻을 두고 있으면, 선비가 되기에는 부족하다.

사 이 회 거　부 족 이 위 사 의
士而懷居, 不足以爲士矣。《논어》, 〈헌문〉 2.

선비가 도에 뜻을 둔다고 하면서, 허름한 옷과 나쁜 음식을 부끄러워한다면 더불어 (도를) 논의할 만하지 못하다.

사 지 어 도　　이 치 악 의 악 식 자　　미 족 여 의 야
士志於道, 而恥惡衣惡食者, 未足與議也。《논어》,〈이인〉 9.

거친 밥을 먹고 맹물을 마시며, 팔을 굽혀 그것을 베개로 삼으면 즐거움도 그 속에 있다. 의롭지 못하면서 잘살고 귀하게 되는 것은 나에게는 뜬구름만 같은 것이다.

반 소 식 음 수　　곡 굉 이 침 지　　낙 역 재 기 중 의
飯疏食飮水, 曲肱而枕之, 樂亦在其中矣。

불 의 이 부 차 귀　　어 아 여 부 운
不義而富且貴, 於我如浮雲。《논어》,〈술이〉 16.

하나 같이 빈한한 삶이었고 그런 삶을 편안하게 즐기며 사는, 안빈낙도의 삶이었다. 의로움이 이로움에 앞서는 삶, 사람이 재물보다 먼저인 삶이었다. 공자 자신이 평생 그렇게 살아오기도 했지만 그것이 군자 선비가 살아가는 법, 선비가 되어 남의 손가락질을 받지 않고 남부끄럽지 않게 살아가는 생활 예법이었다. 군자 선비의 그런 예법이 벼슬길에 올랐다고 해서 바뀔 것은 아니었다. 공자가 벼슬길에 올라 노나라 조정에 출퇴근할 때의 일이었다. 하루는 마구간에 불이 났다. 공자가 조정에서 물러 나와 물었다.

사람이 다쳤느냐.

상 인 호
傷人乎。《논어》,〈향당鄕黨〉 12.

그게 다였다. 마구간에 있던 말은 어찌 되었는지는 아예 묻지도

않았다. 공자가 사람살이에 대해 가지고 있는 기본 태도가 그러했다. 조정에서든 집안에서든 모름지기 군자 선비가 챙겨야 할 것은 사람이고 사람살이였다. 어떤 경우에도 재산이 사람보다 앞일 수는 없었다. 사람이 먼저였다. 사람보다 재물을 먼저 챙기는 것은 부끄러운 일이었다.

그런 생활 예법은 제가를 넘어 치국 차원에서도 그대로 적용되었다.

> 나라에 도가 있는데 가난하고 천한 것은 부끄러운 일이고, 나라에 도가 없는데 부유하고 귀한 것은 부끄러운 일이다.
>
> ^{방 유 도} ^{빈 차 천 언} ^{치 야}
> 邦有道, 貧且賤焉, 恥也,
> ^{방 무 도} ^{부 차 귀 언} ^{치 야}
> 邦無道, 富且貴焉, 恥也。《논어》, 〈태백〉 13.

나라 기강이 제대로 서 있고 백성이 편안한 생활을 영위하고 있으면 나라에 도가 있다고 할 수 있다. 그렇지 않고 나라가 혼란하고 백성이 수탈당하고 굶주림과 헐벗음에 고초를 겪고 있는 처지라면 나라에 도가 있다고 할 수 없다. 나라 형편이 그러한데도 벼슬아치가 부귀한 생활을 한다는 것은 있을 수 없는 일이었다. 제가할 때 군자 선비라면 재물보다 사람을 앞세우듯, 치국하는 군자 선비라면 자신의 부귀보다 나라의 도를 먼저 챙겨야 하는 것이었다. 그것이 군자 선비가 좇아야 할 '하늘의 뜻'이었다. 나라에 도가 없는 마당에 벼슬아치가 백성을 착취하여 제후나 귀족의 부를 더 늘려 준다거나 자신의 부를 챙긴다는 것은 부끄러운 일일 뿐 아니라 '하늘의 뜻'을 거역하는 일이었다. 그런 일을 보고 가만히 있을 공자가 아니었다.

염구冉求는 그런 스승이 아끼는 제자 가운데 하나였다. 그 수가 수천에 달했다는 공자의 문하 제자들 가운데 그의 수제자 넷을 꼽으라고 하면 자로, 안연, 자공과 함께 그 안에 들 정도의 인물이다. 공자는 염구의 재예才藝를 알아보았다. 그래서 그를 특별히 공들여 가르쳤다. 이런 정도였다.

자로가 물었다. "(도를 들으면) 들은 것을 바로 실행해야 합니까." 공자가 답했다. "부형이 계신데 어떻게 듣는 대로 곧바로 실행하겠느냐." 염유가 물었다. "들은 것을 바로 실행해야 합니까." 공자가 답했다. "들으면 바로 실행해야 한다." 공서화가 물었다. "유(자로)가 '들은 것을 바로 실행해야 합니까.'라고 여쭈었을 때 선생님께선 '부형이 계신데 (어찌 그러겠느냐)라고 하셨습니다. 구(염유)가 '들은 것을 바로 실행해야 합니까.'라고 여쭈었을 때는 선생님께선 '들으면 바로 실행해야 한다.'라고 말씀하셨습니다. 어린 생각에 의아하여 감히 여쭙습니다. 공자가 말했다. "구는 뒤로 물러나므로 앞으로 나아가게 한 것이고, 유는 다른 사람을 겸하려 하므로 물러서도록 한 것이다."

子路問。聞斯行諸。子曰。有父兄在,
如之何其聞斯行之。冉有問。聞斯行諸。
子曰。聞斯行之。公西華曰。由也問聞斯行諸, 子曰。
有父兄在。求也問聞斯行諸, 子曰。聞斯行之。

적 야 혹　감 문　자 왈　구 야 퇴　고 진 지
赤也惑, 敢問。子曰。求也退, 故進之。
유 야 겸 인　고 퇴 지
由也兼人, 故退之。《논어》, 〈선진〉 22.

중도에 공부를 그만두려고 하였을 때는 친자식처럼 호되게 야단을 쳐 돌려세워 주었다.

염구가 말했다. "선생님의 도가 기쁘지 않은 것은 아니나 (제) 능력이 부족합니다." 공자가 말했다. "능력이 부족한 사람은 중도에 그만둔다. 지금 너는 (미리) 획을 긋고 (한계를 두고) 있다.

염 구 왈　비 불 열 자 지 도　역 부 족 야
冉求曰。非不說子之道, 力不足也。
자 왈　역 부 족 자　중 도 이 폐　금 여 획
子曰。力不足者, 中道而廢。今女畫。《논어》, 〈옹야〉 12.

그렇게 키운 제자였다. 그 또한 스승의 기대를 저버리지 않았다. 받은 은혜로움도 잊지 않았다. 말이 좋아 천하 주유이지 정해진 거처도 일정한 벌이도 없이 14년 동안 중원 여러 나라를 떠도는 유랑 생활을 스승을 모시고 줄곧 함께했다. 막바지 무렵 노나라 대부 계강자李康子에 의해 등용되어 벼슬자리에 올라서는 남다른 정치적 수완을 발휘하고 제나라와의 싸움에서 전승을 거두는 무공도 세웠다. 그런 활약 속에 조정 내에서 입지를 다진 그는 계강자를 설득해 어느덧 예순여덟에 이른 스승을 노나라로 모셔 왔다. 그런데 그런 그가 그만 대형 사고를 치고 공자의 눈 밖에 나고 말았다. 공자가 가장 싫어하는 몹쓸 짓을 하고도 부끄러운 줄 몰랐기 때문이었다. 공자는 대로했다.

계씨는 주공보다도 부유하다. 그런데도 구(염구)는 그를 위해
세금을 (가혹하게 많이) 거두어들여 그의 부를 더욱 늘려 주었
다. 공자가 말했다. (그는) 우리 무리가 아니다. 아이로 하여금
북을 울려 그를 꾸짖어라, 가히 그럴 만하다.

季氏富於周公, 而求也爲之聚斂, 而附益之。
子曰。非吾徒也。小子鳴鼓而攻之, 可也。《논어》, 〈선진〉 17.

권력자가 됐든 혹은 자기 자신이 됐든 무릇 부유한 자를 위해
빈한한 백성을 축내는 일은 군자 유자라면 절대 해서는 안 되는
일이었다. 부끄러운 일이었고 '하늘의 뜻', 천명을 정면으로 거스
르는 행위였다. 그렇게 공자는 공들여 키운 애제자고 사적으로도
자기에게 잘했던 그였지만 결국 염구를 내쳤다. 그는 그러한 자를
향원이라고 지칭하며 특별히 경계했다.

향원, 덕을 해친다.

鄉原, 德之賊也。《논어》, 〈양화〉 13.

공자는 살아생전 애제자 염구를 잃었지만 먼 훗날 총명하며 또
한 용맹스런 계승자 맹자를 얻는다. 맹자는 공자와 사뭇 다르다.
누가 물으면 에두르지 않고 칼같이 쪼개가며 분명한 답을 낸다.
제자 만장萬章이 공자가 말한 향원이 대체 어떤 자를 말하는 것인

지를 물었다. 맹자가 답했다.

그는 "어째서 원대한 것을 지향해서 말은 실천을 고려하지 않고 실천은 말을 돌아보지 않으면서, 말만 했다 하면 '옛사람들은 어떠했는데, 옛사람들은 어떠했는데'라고 하는가? 또 어째서 행동함에 거리낌 없이 나아가지 못하고 외로움을 자처하는가? 이 세상에 났으면 이 세상에 맞추어 살아가고 남들이 선하다고 하면 될 텐데."라고 하면서 속내를 감추고 세속에 영합하니 이러한 자가 바로 향원이다.[8]

이어서 만장은 공자가 향원을 덕을 해치는 자라고 한 이유가 무엇인지를 캐물었다. 맹자가 답했다.

비난하려고 해도 지적할 것이 없고 꼬집으려 해도 꼬집을 만한 것이 없으며, 세상의 흐름에 동화되고 더러운 세상에 영합하여 평소에는 충성스럽고 믿음성이 있는 듯하고 행동함에 청렴결백한 것 같으며, 뭇 사람들이 그를 좋아하면 스스로 옳다고 여기지만, 그런 자와는 더불어 요순의 도에 들어갈 수 없다. 그러므로 공자께서는 덕을 해치는 자라고 하신 것이다.[9]

맹자는 스스로 답이 미진하다고 생각했는지 덧붙여 말했다.

공자께서 '비슷하지만 아닌 것(사이비似而非)을 미워하노라. 가라지를 미워하는 것은 곡식의 싹을 어지럽힐까 염려하기 때문이다. 잔재주가 뛰어난 자를 미워하는 것은 의로움을 어지럽힐까 염려하기 때문이다. 말이 번드레한 입을 가진 자를 미워하는 것은 믿음성을 어지럽힐까 염려해서이다. 감정의 절제가 없는 정鄭나라의 음악을 미워하는 것은 올바른 음악을 어지럽힐까 염려하기 때문이다. 자주색을 미워하는 것은 붉은색을 어지럽힐까 염려하기 때문이다. 향원을 미워하는 것은 덕을 어지럽힐까 염려하기 때문이다'라고 하셨다.[10]

그러나 군자는 아직 현실 역사의 주인이 아니었다. 여전히 아니며 어쩌면 영원히 아닐지 모른다.

공맹孔孟 이래 유가는 날로 세를 키워 갔다. 비록 춘추 전국의 전란기엔 법가에 가려 빛을 보지 못하였으나 한나라 무제에 이르러서는 국교로 공인 받기에 이르렀다. 중원은 물론 주변 오랑캐 지역까지 위세를 떨쳤다. 그동안 얼마나 많은 유자들이 있었는지 모른다. 그중에는 군자 유자도 있었고 사이비 군자, 향원 유자도 있었다. 유교 문화권에서 백성들의 삶이 가난과 헐벗음에서 벗어나지 못했던 사실에 비추어 볼 때 아무래도 군자 유자보다는 향원 유자들이 그 수도 많고 세력도 더 크지 않았을까 싶다. 안타까운 일이나 동쪽 오랑캐 나라 조선에서도 사정은 마찬가지 아니었을까 싶다. 퇴계 이황은 조선 유림이 자랑하는 대표적인 유학자이다. 그는 말했다.

제 잘난 체하지 말고 말을 함부로 하지 말라.[11]

별난 가르침이 아니다. 이 말의 원전은《논어》까지 거슬러 올라 간다. 제자 사마우司馬牛가 어느 날 공자에게 인에 대해 물었다. 공자가 답했다.

인자는 말을 더듬더듬한다.

인 자 기 언 야 인
仁者其言也訒。《논어》, 〈안연〉 3.

왜 군자, 인의 실천을 천명으로 알고 좇는 선비는 말을 함부로 하지 않고 심지어 더듬더듬하는 걸까.

행동에 옮기면서도 말에 미치지 못할까 부끄러워했기 때문이다.

치 궁 지 불 체 야
恥躬之不逮也。《논어》, 〈이인〉 22.

공자에 따르면 옛 현인들이 그랬고 군자 또한 마찬가지였다. "자신의 말이 그의 행동을 넘어서는 것을 부끄러워한다."[12]

그들은 왜 말이 앞서는 것을 부끄러워하는가. 다른 이유가 아니었다. 실천 때문이다. 부끄러워하지 않으면 말이 많이 앞설 것이며 따라서 그만큼 실천하기 어려울 것이기 때문이었다.

자기가 하는 말에 부끄러움을 가지지 않는다면, 그 말을 실천하는 것이 어렵다.

기 언 지 부 작   즉 위 지 야 난
其言之不怍, 則爲之也難。《논어》, 〈헌문〉 20.

군자 선비가 말을 더듬더듬하는 것은 행동이 말을 뒤따르지 못하는 것을 부끄럽게 여겼기 때문이고 그런 것을 부끄럽게 여긴 것은 그래야 한 말을 실천하기가 용이할 것이기 때문이었다. 그래서 무릇 군자는 "행동을 말에 앞세워, 말이 행동을 따르도록 하며"[13] "말은 어눌하게, 행동은 민첩하게 하려고 한다".[14]

유자 이황이 말을 함부로 하지 말라고 한 것 또한 그러한 이유에서였을 것이다. 자신이 한 말이니 사람들에게 말을 할 때 그 누구보다도 무거운 입으로 한마디 한마디 조심스럽게 했을 터였다. 그런 입으로 그는 사람들에게 부귀를 경계하고 청빈한 삶을 살 것을 말하고 또 말했다. 공자와 별반 다르지 않았다.

공자가 뜬구름으로 보았던 부귀를 이황은 뜬 연기로 보았다.

부귀는 뜬 연기와도 같고 명예는 나는 파리와도 같다.[15]

공자가 말한 극기복례를 이황은 이렇게 풀어서 이야기했다.

군자는 모름지기 선비의 본분과 문명 의식을 지키며, 청렴하고 맑은 마음으로 욕심을 적게 한다.[16]

공자가 오십이지천명으로 자기의 삶을 한마디로 약술한 것처럼 이황은 자신의 삶을 한 문장으로 자술했다.

나는 부귀하게 살기 위해서가 아니라 도덕적으로 완전해지기 위해서 살아가고 있다.[17]

그러나 그의 말과 행동은 사뭇 달랐다. '분재기分財記'라는 것이 있다. 재산 상속 및 분배에 관련된 내용이 담긴 제반 문서를 통칭하는 말이다. 현재 남아 있는 것으로는 고려 말에 작성된 것이 가장 오래되었고 주로 조선 시대 때 것이 많다. 이황이 자식에게 남긴 재산의 분재에 관한 문서도 존재한다. 상속 재산은 전답이 총 3,000두락으로 약 36만 4천 평에 달했고, 노비는 남녀 합쳐 367명에 달하였다. 대대로 내려온 재산이 있는 진사 집안이긴 했으나 많아도 너무 많았다. 당대 유림儒林 지주들의 평균 재산은 전답 300두락에 노비 100여 명 정도였다. 게다가 이황은 집안의 노비들을 양인과 결혼시켜 자식을 낳게 하고 노비의 숫자를 불렸으며 이 축재법을 자식들에게도 전수했다.[18]

　앞에서 보았듯이 공자는 '나라에 도가 없는데도 부유하고 귀한 것은 부끄러운 일'[19]이라고 했다. 또한 "군자는 (사정이) 급한 사람을 구제하지, 부를 이어받지 않는다'[20]고 했다. 부끄러운 일이기 때문이다. 사대부는 백성의 것을 탐하지 않는다. 부끄러운 일이기 때문이다. 조선 사대부들이 달달 외웠을 《대학》의 한 구절이다.

　네 마리 말을 키우는 사람은 닭이나 돼지를 치지 않는다. 얼음을 사용하는 집안은 소나 양을 치지 않는다. 수레 백 대를 지닌 집안은 백성을 착취하는 신하를 두지 않는다. 백성을 착취하는 신하와 함께하기보다는 차라리 도둑질하는 신하가 있는 것이 낫다.

畜馬乘, 不察於雞豚。伐冰之家, 不畜牛羊。
百乘之家, 不畜聚斂之臣。

여 기 유 취 렴 지 신   영 유 도 신
與其有聚斂之臣, 寧有盜臣。《대학》 16.

그런 게 사대부가 차려야 할 예였다. 지켜야 할 법도였다. 사대
부라면 백성을 치부의 수단으로 삼거나 백성들이 생업으로 하는
축재 수단을 탐하면 안 되는 것이었다.

공자가 평소 존경의 염을 갖고 있던 당대 사대부 가운데 자산子
産이 있었다. 천하 주유 때 정鄭나라에 가서 그를 찾았으나 이미
세상을 떠난 뒤였다. 그를 추념하여 공자는 이렇게 말했다.

(자산은) 군자의 도 네 가지를 갖추고 있었다. 그는 행동할 때
공손하였고, 윗사람을 섬길 때는 공경하였으며, 백성을 봉양할
때는 은혜로웠고, 백성을 부릴 때는 의로웠다.

유 군 자 지 도 사 언   기 행 기 야 공   기 사 상 야 경
有君子之道四焉。其行己也恭, 其事上也敬,
기 양 민 야 혜   기 사 민 야 의
其養民也惠, 其使民也義。《논어》, 〈공야장〉 16.

예를 아는 유자라면 집안에서 일하는 하인을 사람으로서 애지愛
之, 사랑하여 은혜롭게 대하여야 하는 것이었다. 그러나 이황은
사람들에게 부귀를 경계하였으되 시쳇말로 '내로남불', 자신은 축
재에 힘을 쏟았다. 비록 씀씀이가 검소했다고는 하나 그는 부유한
사대부 가문 사람이었으며, 이에 만족하지 않고 재산을 더 많이
불려서 자손들에게 물려주었다. 덕을 갖춘 사대부라면 하인을 자
신이 챙겨야 할 백성으로서 은혜롭게 대하고 또한 의롭게 부려야
하는 것이었지만, 이황은 집안에서 일하는 하인을 단지 재물로서

중지重之, 소중하게 다루었을 뿐이었다.

그렇듯 조선이 자랑하는 유림의 거두 이황은 공자가 당대에 보았고 후세에도 보기를 염원했던 군자와는 달라도 너무나 달랐다. 이황을 두둔해 변명을 하자면, 그의 치부致富가 매우 유별난 것이긴 했으나 당대에 유독 그만 축재에 힘쓴 것은 아니었다는 점이다. 정도 차이가 있었을 뿐 조선 사대부들 대개가 그와 같이 예에 어긋나는 수단으로 치부를 했음에도 거리낌이 없었다. 부끄러운 줄 몰랐으니 극기복례는 공염불이라 할 것이었다. 가히 조정 안팎에 공자가 말하는 향원, 맹자가 해설한 사이비 군자들이 득실했던 조선 사대부 사회였다.

그렇다고 조선에 군자가 아주 없지 않았다. 물론 유림에도 없지 않았겠으나 시정市井에도 있었다. 제주에 사는 김만덕이라는 여인이 있었다. 사농공상의 신분 위계에서 가장 밑단에 속하는 백성이었다. 1739년에 태어나 1812년에 세상을 떠났다. 나이 스물 안팎까지 제주 관아의 기녀妓女였고 후에는 객주客主였다. 육지에서 온 상인들과 물품을 교역하여 큰돈을 벌어 제주 최고의 부자가 된 사람이다.

제주도 말에 '개비년 숭년에도 살앙 남아신디'란 속담이 있다. '갑인년 흉년에도 살아남았는데'라는 뜻이다. 정조 18년 1794년 갑인년 때였다. 그 2년 전부터 제주에 흉년이 들기 시작해 4년간 지속되었다. 해마다 수천 명이 아사할 지경이었다. 갑인년 9월, 전前 제주 목사 심낙수는 한양 조정에 긴급 구조를 촉구하는 장계를 올렸다.

지금 백성들의 식량은 여름철에 보리가 조금 풍년이 들어 우선 굶주림은 면할 수 있으나 10월 이후에는 형세가 장차 조정에 먹을 것을 바라는 수밖에 없습니다. 만약 쌀로 쳐서 2만여 섬을 배로 실어 보내지 않는다면 백성들이 장차 다 죽을 것입니다. 곧바로 묘당에 명하여 제때에 조처하게 하여 10월 안으로 6, 7천 섬을 먼저 들여보내고 그 나머지 1만여 섬은 정월부터 계속 도착하게 한 연후에야 죽는 것을 서서 바라보는 데 이르지 않을 수 있을 것입니다.[21]

한양 조정은 이듬해 2월 구휼미 1만여 섬을 배 12척에 나누어 실어 보냈다. 그 가운데 5척이 침몰하였다. 조정에서는 더 이상 여력이 없었다. 이때 김만덕이 전 재산을 털어 전라와 경상에서 곡식을 실어와 관아로 보냈다. 정조실록은 1796년 11월 25일 자에 이렇게 기록하였다.

제주의 기생 만덕萬德이 재물을 풀어서 굶주리는 백성들의 목숨을 구하였다고 목사가 보고하였다.[22]

그때 그의 나이 예순을 바라볼 무렵이었다. 지난 30여 년간 입을 옷도 줄이고 먹을 것도 줄여 살면서, 여성에게 온갖 차별의 족쇄를 채운 유교 사회에서 여인 혼자 살면서, 생업 중에서도 가장 쳐주지 않는 상업에 종사하면서 심지어는 돈독이 올랐다는 이런저런 차마 듣지 못할 악평까지 들어가면서 악착같이 번 돈이었다. 그러나 조선의 사이비 군자들과는 달리 공자는 의롭지 못한 수단만 아니라면 어떤 일에 종사하여 벌었든 직종이 문제될 것이 전혀 없었다. 마부 일을 해서 돈을 벌 수 있다면 자기도 하겠다는 게 공자였다.

> 부를 구할 수 있다면, 채찍을 들고 수레를 모는 마부 일이어도 나 또한 하겠다.
>
> _{부 이 가 구 야} _{수 집 편 지 사} _{오 역 위 지}
> 富而可求也, 雖執鞭之士, 吾亦爲之。《논어》,〈술이〉 12.

그런 공자의 눈에 만덕의 부는 기녀 생활로 벌었든 교역으로 벌었든 전혀 부끄러울 게 없는 부였다. 부끄럽다면 어미가 천민이면 자식도 태어나면서부터 천민이고 그 소유권은 어미 종의 주인에게 귀속되는 천자수모법賤者隨母法을 적극 활용하여 노비 수를 늘려 재산을 증식해 갔던 조선 사대부가 천 번, 만 번 부끄러워해야 할 일이었다.

재물은 어떻게 얻느냐 하는 것도 중요하지만 어디에 쓰느냐 하는 것도 공자의 주요 관심사였다. 아껴 쓰고 남는 여분의 재물이 있다면 그것은 나누어야 하는 것이었다. 백성들에게 나누어 주는 것이 군자 선비가 사는 삶의 예법이었다.

> 원사(자사)가 (공자의) 가신이 되자 (공자가) 그에게 녹봉으로 식량 구백을 주었으나, 그는 사양했다. 공자가 말했다. "사양하지 말거라. 그것으로 네 이웃과 고향 일가친척들에게 나누어 주어라."

<ruby>原<rt>원</rt></ruby><ruby>思<rt>사</rt></ruby><ruby>爲<rt>위</rt></ruby><ruby>之<rt>지</rt></ruby><ruby>宰<rt>재</rt></ruby>, <ruby>與<rt>여</rt></ruby><ruby>之<rt>지</rt></ruby><ruby>粟<rt>속</rt></ruby><ruby>九<rt>구</rt></ruby><ruby>百<rt>백</rt></ruby>, <ruby>辭<rt>사</rt></ruby>。
<ruby>子<rt>자</rt></ruby><ruby>曰<rt>왈</rt></ruby>。<ruby>毋<rt>무</rt></ruby>。<ruby>以<rt>이</rt></ruby><ruby>與<rt>여</rt></ruby><ruby>爾<rt>이</rt></ruby><ruby>鄰<rt>린</rt></ruby><ruby>里<rt>리</rt></ruby><ruby>鄕<rt>향</rt></ruby><ruby>黨<rt>당</rt></ruby><ruby>乎<rt>호</rt></ruby>。《논어》, 〈옹야〉 5.

비록 양반 신분 사회에서 선비가 아니라 기녀였고 상인으로 살았지만, 또 남존여비 사회에서 남자도 아니고 여인으로 태어나 살았지만 만덕은 재산을 털어 굶주림으로 죽어 가는 백성들에게 나누어 주었다. 세상을 떠날 때는 양아들에게 기본 생활에 필요한 약간의 재산을 떼어 주고 나머지는 이웃들에게 모두 주고 갔다. 공자의 후예임을 자처하는 조선 유림의 그 어떤 선비보다 크게 인을 실천했으니 그야말로 조선 최고의 군자라 하지 않겠는가.

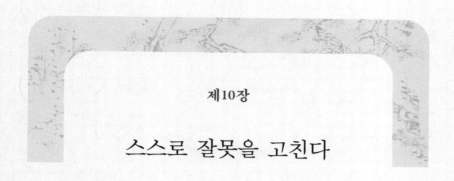

제10장

스스로 잘못을 고친다

칠 십 이 종 심 소 욕　　불 유 구
七十而從心所欲, 不踰矩

(나이) 일흔에는 욕심대로 해도 법도를 넘지 않았다

인의 길은 자칫 잘못하면 일탈하기 십상이다.
부끄러워할 줄 알면 잘못을 미연에 줄일 수 있으나
아무리 삼가도 완전히 피할 수는 없기 때문이다.
군자는 잘못을 저지르지 않는 자, 일탈하지 않는 자가 아니다.
잘못해 일탈해도 다시 제자리로 돌아오는 회복력이 큰 자이다.
그 방법은 하나뿐이다.
저지른 잘못을 진심으로 반성하고 그때그때 고치는 것이다.
나이 일흔에 공자는 욕심대로 해도 법도를 넘지 않았다고 했다.
하고 싶은 대로 해도 천명에서 벗어나지 않았다는 말이다.
어떻게 그럴 수 있었을까. 어디 다른 뾰족한 수가 있었겠는가.
잘못은 덮는다고 없어지지 않는다.
고쳐서 바로잡을 수 있을 뿐이다. 그래야 비로소 없앨 수 있다.
공자는 그런 회개를 거듭함으로써 '몹쓸 욕심'을 모두 지워 갔다.
그래서 마침내 순명順命할 수 있었던 것 아니겠는가.

50대 중반에 떠나 중원을 정처 없이 떠돌았다. 일흔 가까운 나이에 겨우 돌아왔다. 다 같은 삭풍인 줄 알았는데 고향에서 맞는 삭풍은 달랐다. 차갑되 사납지 않았다. 서산에 걸린 석양은 등 위에 제법 따사로운 햇볕을 쬐어 주었다. 공자는 발 밑동에서 길게 난 그림자를 밟으며 지난날을 뒤돌아보았다.

그랬다. 이른 봄, 저 해가 아침 햇살을 비출 때 학문에 뜻을 두었다. 그때부터 평생 공부하고 또 공부했다. 깨달은 길을 세상 사람들에게 전하고자 했고 출사하여 직접 그 길을 실천하기도 했다. 나랏일을 내려놓고 재야에 돌아와서는 천하를 떠돌며 사람 키우기에 힘썼다. '군자의 길'이었다. 공자는 자신이 걸어온 그 길을 '십오지우학十五志于學'으로 시작되는 일곱 구절로 요약해 말했다. 그것을 통틀어 한마디로 표현할 수는 없을까. 제자들끼리 모여 토론하던 중에 증자가 말했다. 과연 증자였다. 늘 핵심을 꿰뚫어 이해하고 있었다.

군자는 글을 통해 벗을 만나고 벗을 통해 인仁을 돕는다.
군 자 이 문 회 우   이 우 보 인
君子以文會友, 以友輔仁。《논어》, 〈안연〉 24.

공자가 밝혀내고 걸었던 길은 바로 그런 길이었다. 글과 벗과 어짊이 한줄기 물이 되어 흐르는, 문文 - 우友 - 인仁의 길이었다. 그가 학문에 뜻을 두었던 것은 글을 터득하고자 했던 것이고, 글을 터득하고자 했던 것은 벗을 얻고자 하였던 것이었으며, 벗을 얻고자 했던 것은 벗과 함께, 나아가 벗을 통해 세상에 인을 널리, 크게 구현해 가고자 했기 때문이었다.

요컨대 군자의 길, 인을 실천하는 길은 혼자서 걸을 수 있는 길이 아니었다. 벗들과 함께하지 않으면 안 되는 길이었다. 그가 수신-제가-치국-평천하를 이야기하면서 말했던 '군군 신신, 부부 자자'도 좋은 벗들과 함께할 때 비로소 그 됨됨이에 근접할 수 있는 것이었다. 어쩌면 임금다운 임금, 신하다운 신하, 아비다운 아비, 자식다운 자식이 되고 못 되고 하는 것은, 한마디로 말해서 사람다운 사람이 되고 못 되고 하는 것은 교우하는 좋은 친구가 있는지 없는지에 달려 있다고 해도 과언이 아니다. 그러니 친구 사귀는 일은 어떤 일보다 중요한 일로서 절대 허투루 해서는 안 되는 것이었다.

그런데 대체 어떤 사람을 벗으로 사귀고 어떤 사람을 피해야 하는 것인가. 잘 알다시피 공자는 이를 익자삼우益者三友, 손자삼우損者三友로 말했다.

이로운 벗이 셋, 손해인 벗이 셋 있다. 곧고 바른 벗, 미더운 벗, 들은 것이 많은 벗은 이롭다. 편벽한 벗, 사람 좋으나 우유부단 한 벗, 아첨하는 벗은 손해다.

益者三友, 損者三友。友直, 友諒, 友多聞, 益矣。
友便辟, 友善柔, 友便佞, 損矣。《논어》, 〈계씨〉 4.

편벽한 사람은 피하는 것이 좋다. 생각이 한쪽으로 치우쳐 있으니 사무사를 기대하기 어렵다. 또한 역지사지가 되지 않으니 서를 기대하기 어렵다. 사람 좋으나 우유부단한 사람 또한 피하는 것이 좋다. 줏대가 없으니 좌고우면하기 쉽다. 이 소리 저 소리에 흔들려 인을 결행하는 데 지장을 받기 쉽다. 아첨을 잘하는 사람 또한 피해야 마땅하다. 듣기 좋은 단소리로 친구 비위를 맞추는 데 급급하니 동이불화할 뿐이다. 그런 사람들을 사귀면 손해다. 하나같이 인을 돕기는커녕 정면으로 거스르는 자들이기 때문이다.

반면 곧고 바른 사람은 사귀는 게 좋다. 충한 습성을 갖추어 생각이 곧고 행동이 바른 것이니 그에게 절문근사와 사무사를 기대할 수 있다. 미더운 사람 또한 사귀는 게 좋다. 서로 진실한 유대감integrity 속에 안심하면서 같이 일할 수 있고, 그런 만큼 하는 일에서 시너지 효과를 기대할 수 있다. 들은 것이 많은 사람 또한 마땅히 사귀는 게 좋다. 들은 것이 많아 앎이 클 것이니 인을 지혜롭게 실천하는 데 도움을 기대할 수 있다. 두루 그런 사람들을 사귀면 이롭다. 하나같이 인의 실천을 보다 용이하게 해 줄 친구들이다. 문-우-인으로 이어지는 군자의 길 가운데에서 문과 인을 연결해 주는 가교이다.

그 가운데서도 미더운 친구는 특히 없으면 안 될 존재이다. 사람은 누구나 잘못을 저지른다. 아무리 곧고 바른 사람일지라도 삐뚤고 바르지 못한 길로 들어설 수 있다. 제아무리 아는 것이 많다고 하더라도 잘못 아는 경우가 있을 수 있다. 이때 진실한 친구는 친구의 잘못을 모른 척하고 넘어가지 않는다. 반드시 충고로써 문제를 드러낸다. 드러낼 뿐 아니라 문제의 해법을 함께 고민하고 모색한다. 일탈을 멈추고 함께 본래의 인의 궤도로 복귀할 방법을 찾는다. 공자는 이렇게 말한다.

(좋은 친구는 벗에게) 충심으로 일러서 (그를) 바른길로 이끈다. 그것이 불가하다면 바로 그만둠으로써, 스스로 욕됨이 없게 한다.

충 고 이 선 도 지　불 가 즉 지　무 자 욕 언
忠告而善道之。不可則止, 無自辱焉。《논어》, 〈안연〉 23.

그런 친구가 미더운 친구이다. 그는 소금과도 같은 존재이다. 친구 동아리가 썩지 않게 해 준다. 사리私利로 똘똘 뭉쳐 서로를 감싸 주는 부패 덩어리로 전락하지 않게 사이렌을 울려 준다. 그래도 일탈을 멈추지 않는다면 달리 방도는 없다. 암을 도려내야 생명을 구할 수 있듯이 참된 충고에도 일탈 행위를 멈추지 않는다면 잘라 내는 수밖에 달리 방법이 없다. 자잘한 일탈에도 칼같이 교우관계를 끊으라는 이야기가 아니다. 제자 자하가 공자의 말을 대신 전한다.

큰 덕에서 법도를 넘지 않는다면, 작은 덕에서는 넘나들어도 좋다.

대 덕 불 유 한　소 덕 출 입 가 야
大德不踰閑, 小德出入可也。《논어》, 〈자장〉 11.

공자에게 용납되지 않는 일탈은 큰 덕을 배덕하는 행위를 말한다. 큰 덕이란 다른 것이 아니다. 인이다. 인, 즉 사람 사랑 그리고 백성 사랑에 반하는 행위는 공자에게 용납될 수 없는 일탈이다. 그런 경우 그 행위자를 쳐내야 동아리가 욕됨으로부터 벗어나 가치 행위자로서 존속해 갈 수 있고, 동아리로 모인 친구들이 인의 길을 함께 가는 길동무로서 교우를 계속할 수 있는 것이었다.

공자 문하의 제자들은 그런 길동무 풀pool이었다. 그들은 글을 함께 배우고 읽혀서 동문同門이 되고 익자삼우로 만나 서로 생각과 신뢰와 지혜를 나누며 함께 인의 길을 가는, 문-우-인의 길동무들이었다. 《사기》는 이들의 숫자가 대략 3천 명에 이르렀던 것으로 전하고 있다.[1] 《논어》는 그 가운데 열 사람을 특별히 헤아렸다.

> 덕행으로는 안연, 민자건, 염백우, 중궁이고 언어로는 재아, 자공이다. 정사로는 염유와 계로(자로)이고, 문학으로는 자유와 자하였다.
>
> _{덕 행} _{안 연} _{민 자 건} _{염 백 우} _{중 궁} _{언 어} _{재 아} _{자 공}
> 德行, 顔淵, 閔子騫, 冉伯牛, 仲弓。言語, 宰我, 子貢。
> _{정 사} _{염 유} _{계 로} _{문 학} _{자 유} _{자 하}
> 政事, 冉有, 季路。文學, 子游, 子夏。《논어》, 〈선진〉 3.

후세에 사과십철四科十哲로 일컬어지는 인물들이다. 뛰어난 제자들 열 사람을 꼽고 다시 각기 지닌 재능별로 추린 것이다. 염유는 그 가운데 하나였다. 천하 주유 시기 벗들과 스승을 모시며 어려운 고난을 함께했던 의리 있는 제자였고 계강자에 의해 발탁되어 나라에 무공을 세웠을 뿐 아니라 뛰어난 정치적 역량을 발휘했던 인물이다. 조정에 자리를 잡게 되자 계강자에게 진언하여 떠돌이 생활하는 스승 공자를 노나라에 모셔 온 것도 그였다. 그러나 공자는 대의멸친大義滅親, 그런 그를 문하에서 내쳤다. 인의 길에서 벗어나 일탈했기 때문이었다. 백성으로부터 세금을 더 뜯어내서 권력자의 축재를 도왔기에 그만 멈출 것을 말했으나 듣지 않았기 때문이었다.

이미 나이 일흔 줄에 들어선 공자는 커다란 낭패감을 맛보아야 했다. 그게 끝이 아니었다. 화불단행禍不單行이라고 슬픈 일이 연이어 일어났다. 세상에서 가장 사랑하는 두 사람을 앞장 세워야 했다. 아들 리鯉를 여의었다. 그의 나이 쉰이었다. 그 뒤를 이어 제자 안회가 세상을 떠났다. 그의 나이 서른둘이었다. 그가 죽자 공자는 비통해 마지않았다. 일흔 평생 한 번도 한 적 없는 하늘 원망까지 했다.

아, 하늘이 나를 버리는구나. 하늘이 나를 버리는구나.

噫, 天喪予, 天喪予。《논어》,〈선진〉 9.

갈 때가 된 것이었다. 그러나 아직은 아니었다. 하늘이 데려갈 때까지 꼭 하고 싶은 일이 있었다. 죽고 나면 더 이상 문-우-인의 길을 함께 걸을 수는 없겠으나 그래도 후생들에게 참고가 될 만한 글을 남기고 싶었다. 곧 황혼 노을이 깃들기 시작할 것이었다. 서둘러야 했다. 《서경》의 초를 잡고 《춘추》를 구상하였다. 후세에 전하는 선물이었다. 그들이 함께 읽고 함께 뜻을 다져 함께 인의 길로 나아가는 길동무가 되어 달라는 바람이 담겼다. 그러던 즈음, 위나라에서 손님이 왔다.

요임금과 순임금은 공자에게 추존하는 고인古人이었다. 거백옥은 살아 있는 사표師表였다. 직접 배운 바는 없으나 사람들의 입을 통해 전해 듣는 그의 삶 자체가 생생한 가르침이었다. 그렇게 그들은 앞서고 뒤서며 시간을 넘어 문-우-인의 길을 함께 가는 동문이고 길동무였다. 그런 길동무가 자기 집에서 기숙하다가 노나라로 돌아간 길동무에게 잘 지내는지 안부를 묻기 위해 사람을 보내온 것이었다. 공자도 이미 나이 아흔을 훌쩍 넘긴 선생의 근황이 몹시 궁금했다.

선생께서는 무엇을 하며 지내시는지요.

부 자 하 위
夫子何爲。《논어》. 〈헌문〉 25.

사자使者가 답했다.

자신의 잘못을 줄이고자 하시나 아직 그러지 못하십니다.

부 자 욕 과 기 과 이 미 능 야
夫子欲寡其過而未能也。《논어》. 〈헌문〉 25.

과연 그 선생에 그 사자였다. 거백옥이 그에게 안부를 물으면 그리 답하라고 일러 보내지는 않았을 것이다. 오래 모셔 오면서 선생의 일거수일투족을 직접 보며 배웠던 것이리라. 《주역周易》에 군자표변君子豹變[2]이라는 말이 나온다. 표범은 가을철에 털갈이를 하면서 매우 아름다운 털을 갖는다. 그처럼 군자는 자신의 과오를 스스로 고쳐 기어이 인의 길을 간다는 뜻을 담은 사자성어이다. 훗날 장주莊周(莊子)는 군자표변의 표상으로 거백옥을 들며 이렇게 전했다.

백옥은 50년을 살면서 49년을 잘못 살았음을 알았다. 또한 백옥은 60년 살면서 60번 변화했다.

伯玉_{백옥}行_행年_년五_오十_십而_이知_지四_사十_십九_구年_년之_지非_비。

又_우曰_왈, 伯_백玉_옥行_행年_년六_육十_십而_이六_육十_십化_화。《논어집주》,〈헌문제십사憲問第十四〉 26.

사람들은 대개 거백옥과 같지 않다. 잘못하고서도 여간해서는 자기 잘못을 인정하지 않는다. 내 탓이 아니라 남 탓을 한다. 혹은 내 잘못을 인정하고서도 변명부터 한다. 그러니 사람이 좀처럼 변하지 않는다. 보통 그렇다. 그러나 공자 문하에서는 이를 소인 소행이라고 한다.

소인은 잘못을 저지르면 반드시 꾸며 댄다.

小_소人_인之_지過_과也_야必_필文_문。《논어》,〈자장〉 8.

손자삼우, 편벽한 사람은 당연히 자기 잘못인 줄 모른다. 누군가 주위에서 일러 주어도 편향된 사고가 그를 일깨우지 못한다. 남 탓은 그의 운명이다. 착하기만 한 사람은 자신의 잘못에 마주설 마음의 준비가 되어 있지 않다. 혹 자기가 잘못했을까 봐 전전긍긍, 근심하고 두려워할 뿐이다. 아첨을 잘하는 사람은 친구의 잘못에 대해 일깨워 주지 않는다. 편벽하거나 그저 착하기만 한 사람이 이런저런 이유로 자기 잘못을 남 탓으로 돌리면 그에 조력할 뿐이다. 그러나 자기 잘못을 남에게 돌린다고 자기 잘못이 아닌 게 되지 않는다. 그저 잘못이 고쳐지지 않고 따라서 영원히 잘못으로 남아 있게 될 뿐이다. 그러니 한 번 인의 길에서 일탈하면 영원히 벗어날 수밖에 없다. 공자는 그런 무리 속에서 길동무를 찾지 않는다. 그저 안타까워할 뿐이다.

끝장이로구나. 자신의 잘못을 보고 마음속에서 스스로 꾸짖는 사람을 보지 못하는구나.

이 의 호   오 미 견 능 견 기 과 이 내 자 송 자 야
已矣乎。吾未見能見其過而內自訟者也。《논어》, 〈공야장〉 27.

공자는 대신 익자삼우에게서 길동무를 찾는다. 그들은 다르다. 곧고 바르기에 내 잘못을 남에게 전가하지 않는다. 그들은 남이 아니라 자기 자신을 꾸짖는다.

군자는 (저지른 잘못의 원인을) 자기에게서 찾고, 소인은 남에게서 찾는다.

군 자 구 저 기   소 인 구 저 인
君子求諸己, 小人求諸人。《논어》, 〈위영공〉 21.

군자는 잘못의 원인 이전에 잘못에 대한 인식부터 다르다. 군자는 들은 것이 많기에 사리분별이 분명하다. 공자나 장자가 거백옥을 칭송한 것은 그가 잘못이 없는 사람이었기 때문이 아니다. 잘못은 인간에게 삶의 일부이다. 밥을 먹고살듯 인간은 잘못을 저지르며 산다. 잘못이 일상이고 피할 수 없는 운명인 셈이다. 그러니 군자는 혹 잘못하지나 않을까 근심하고 두려워하지 않는다.

사마우가 군자에 대해 물었다. 공자가 답했다. "군자는 (잘못에

대해) 근심하지도 않고, 두려워하지도 않는다."

사 마 우 문 군 자　　자 왈　　군 자 불 요 불 구
司馬牛問君子。子曰。君子不憂不懼。《논어》,〈안연〉 4.

실천에 옮기지 못할까 미리 부끄러워하며 말을 삼가고 또 삼가지만 사람이 되어 잘못을 피할 방도는 없다. 이순耳順함으로써 미리미리 잘못을 줄여 가지만 그래도 인으로 가는 길에 잘못이 없을 순 없다. 어떤 누구도 그 길을 한 치의 오차 없이, 조금도 벗어남 없이 곧장 바르게 갈 수는 없다. 누구든 우리는 크고 작은 잘못을 저지르며 따라서 인의 길에서 일탈할 때가 있다. 문제는 그다음이다. 잘못을 저질렀을 때, 일탈했을 때 어떻게 하느냐가 관건이다. 어떻게 제자리로 돌아와 다시 인의 길을 계속할 수 있느냐 하는 것이 문제이다.

잘못은 피한다고 피해지는 것이 아니다. 남에게 돌린다고 돌려지는 것이 아니다. 덮는다고 없어지는 것이 아니다. 그렇다면 자명하다. 내 잘못을 있는 그대로 받아들이는 것이다. 그리고 고치는 것이다.

잘못하고서도 고치지 않는 것, 이것을 (바로) 잘못이라고 한다.

과 이 불 개　　시 위 과 의
過而不改, 是謂過矣。《논어》,〈위영공〉 30.

군자의 문제는 바로 거기에 있다. 잘못하지 않는 데에 있는 것이 아니라 '잘못을 하고서 고치지 않는 잘못을 하는 데'에 있다. 거백옥이 보낸 사자로부터 선생이 나이 아흔을 넘어서도 계속 지난날의 잘못을 외면하지 아니하고 잘못을 줄이고자 하고 있다는 이야기를 듣고 공자가 경탄해 마지않았던 이유가 바로 거기에 있었다. 나이 일흔 줄에 들어선 공자 자신이 제자들에게 유독 강조해 이야기하고 있던 말이기도 했다. 문제가 간명했던 만큼 해법 또한 간명했다. 잘못한 게 있으면 고쳐야 하는 것이다. 하도 반복해 들었던 때문인지 제자들은 《논어》 두 곳에서 똑같은 구절을 반복해 올렸다.

(군자는) 잘못이 있으면 고치는 것을 꺼리지 않는다.

過則勿憚改。《논어》, 〈학이〉 8 / 〈자한〉 25.

하지만 마음을 다져 먹기만 하면 실제 잘못을 고칠 수 있는 것이 아니다. 남의 눈의 티끌은 보아도 내 눈의 들보는 잘 보이지 않는 법이다. 이때 익자삼우가 있으면 참으로 이롭다. 곧고 바르며 들은 것이 많을 뿐 아니라 미덥기까지 한 벗들을 길동무로 하고 있으면 내 눈의 들보를 보기는 전혀 어렵지 않다. 그러나 요행히 익자삼우 덕분에 내 눈의 들보를 볼 수 있게 되었다고 해서 유세를 떨 일은 아니다. 실제 고쳐 가지 않으면 아무것도 아니다. 바로 그런 상황을 염두에 둔 듯, 공자는 말했다.

법도에 맞는 엄정한 말을 따르지 않을 수 있겠는가. 그에 따라 고치는 것이 중요하다. 공손하고 칭찬하는 말에 기뻐하지 않을 수 있겠는가. 그에 따라 실마리를 찾아내는 것이 중요하다.(칭찬하는 말에) 기뻐하기만 하고 실마리를 찾지 못하면, (엄정한 말에) 따르기만 하고 고치지 않는다면, 나는 어쩔 도리가 없구나.

<ruby>法<rt>법</rt></ruby><ruby>語<rt>어</rt></ruby><ruby>之<rt>지</rt></ruby><ruby>言<rt>언</rt></ruby>, <ruby>能<rt>능</rt></ruby><ruby>無<rt>무</rt></ruby><ruby>從<rt>종</rt></ruby><ruby>乎<rt>호</rt></ruby>。<ruby>改<rt>개</rt></ruby><ruby>之<rt>지</rt></ruby><ruby>爲<rt>위</rt></ruby><ruby>貴<rt>귀</rt></ruby>。
<ruby>巽<rt>손</rt></ruby><ruby>與<rt>여</rt></ruby><ruby>之<rt>지</rt></ruby><ruby>言<rt>언</rt></ruby>, <ruby>能<rt>능</rt></ruby><ruby>無<rt>무</rt></ruby><ruby>說<rt>열</rt></ruby><ruby>乎<rt>호</rt></ruby>。<ruby>繹<rt>역</rt></ruby><ruby>之<rt>지</rt></ruby><ruby>爲<rt>위</rt></ruby><ruby>貴<rt>귀</rt></ruby>。
<ruby>說<rt>열</rt></ruby><ruby>而<rt>이</rt></ruby><ruby>不<rt>불</rt></ruby><ruby>繹<rt>역</rt></ruby>, <ruby>從<rt>종</rt></ruby><ruby>而<rt>이</rt></ruby><ruby>不<rt>불</rt></ruby><ruby>改<rt>개</rt></ruby>, <ruby>吾<rt>오</rt></ruby><ruby>末<rt>말</rt></ruby><ruby>如<rt>여</rt></ruby><ruby>之<rt>지</rt></ruby><ruby>何<rt>하</rt></ruby><ruby>也<rt>야</rt></ruby><ruby>已<rt>이</rt></ruby><ruby>矣<rt>의</rt></ruby>。《논어》, 〈자한〉 24.

무엇보다 중요한 것은 고치는 것이다. 고쳐서 잘못을 저지르기 전, 일탈하기 전의 제자리로 돌아가 다시 인의 길을 밟아 나아가는 것이 중요한 일이다. 소인과 달리 군자에게는 그런 회복력回復力이 있다. 군자가 그런 회복을 해내는 데에는 익자삼우의 길동무가 큰 도움이 된다. 그러나 친구들 도움만으로는 충분치 않다. 기본적으로 나 스스로 내 눈의 들보를 진정 부끄러워하고 반성하며 엄정하게 꾸짖을 수 있는 내성력內省力이 있지 않으면 안 된다.

(사마우가) 물었다. "근심하지 않고 두려워하지 않으면, 이 사람을 군자라고 할 수 있습니까." 공자가 답했다. "안으로 반성하여 부끄러운 바가 없다면 무엇을 근심하고 두려워하겠는가."

<ruby>曰<rt>왈</rt></ruby>。<ruby>不<rt>불</rt></ruby><ruby>憂<rt>요</rt></ruby><ruby>不<rt>불</rt></ruby><ruby>懼<rt>구</rt></ruby>, <ruby>斯<rt>사</rt></ruby><ruby>謂<rt>위</rt></ruby><ruby>之<rt>지</rt></ruby><ruby>君<rt>군</rt></ruby><ruby>子<rt>자</rt></ruby><ruby>已<rt>이</rt></ruby><ruby>乎<rt>호</rt></ruby>。
<ruby>子<rt>자</rt></ruby><ruby>曰<rt>왈</rt></ruby>。<ruby>內<rt>내</rt></ruby><ruby>省<rt>성</rt></ruby><ruby>不<rt>불</rt></ruby><ruby>疚<rt>구</rt></ruby>, <ruby>夫<rt>부</rt></ruby><ruby>何<rt>하</rt></ruby><ruby>憂<rt>우</rt></ruby><ruby>何<rt>하</rt></ruby><ruby>懼<rt>구</rt></ruby>。《논어》, 〈안연〉 4.

군자는 자기 잘못을 안으로 반성한다. 반성함으로써 잘못을 고친다. 제자 증자는 '오일삼성오신吾日三省吾身', 날마다 세 번 스스로를 살폈다. 스승 공자는 그런 날들을 나이 일흔이 넘도록 하루도

빠짐없이 계속했다. 그리고 그래서 말할 수 있었다.

(나이) 일흔에는 욕심대로 해도 법도를 넘지 않았다.
칠 십 이 종 심 소 욕　　불 유 구
七十而從心所欲, 不踰矩。《논어》, 〈위정〉 4.

그랬다. 그로써 공자는 '십오지우학'으로 시작된 그의 생애를
마쳤다. 이후 그를 배우고 따르는 사람들이 중원 산하를 뒤덮고
그가 낸 학문이 유학으로 일컬어지며 오랫동안 국학/국교의 지위
를 누리기도 했다. 유학은 중국의 강성強盛과 함께 주변 이웃 지역
까지도 퍼져 나갔고 사회의 중심 세력을 이루어 동아시아 사회를
이끌어 갔다. 지난날은 물론 오늘날에도 그 영향력이 참으로 크다.
그를 본받고 따르고자 하는 사람들이 많다.

그러나 군자의 길은 참으로 어려운 길이다. 충의 습성이나 서의
습성, 절문근사, 사무사, 역지사지, 화이부동 등등 무엇 하나 갖추
고 실행하기 어렵지 않은 것이 없다. 가까이에서 충심으로 일러
주는 미더운 친구가 있으면 무척 다행으로 자기 착각에 빠져 스스
로 욕되게 하는 일만큼은 면하겠으되, 그렇지 않으면 자칫 자기는
군자처럼 그러저러하다고 착각에 빠지기 쉽다. 군자연君子然하기
쉽고 실제 군자와는 거리가 먼 사이비가 되기 딱 좋다.

잘못을 알고 고치는 일만 해도 그렇다. 잘못을 스스로 털어놓는
다고 다가 아니다. 자기 성찰이 없는 자백은 입바른 소리일 뿐 잘
못은 고쳐지지 않는다. 고쳐지지 않을 잘못을 고백했다고 해서 군
자 아닌 자가 군자가 되지는 않는다.

생전에 묘비명을 미리 남기고 떠난 명사가 있다. 사람들은 그의

묘비명에서 공자와 맹자에 장자까지 읽게 된다. 동양 고전을 두루 섭렵한 고인의 풍모를 엿볼 수 있다. 글이 이렇다.[3]

'사무사思無邪'를 인생의 도리로 삼고 한평생 어기지 않았으며 '무항산이무항심無恒産而無恒心'[4]을 치국의 근본으로 삼아, 국리 민복과 국태민안을 구현하기 위하여 헌신 진력하였거늘, 만년 에 이르러 '연구십이지 팔십구비年九十而知 八十九非'라고 탄탄嘆하 며 수다數多한 물음에는 '소이부답笑而不答'하던 자.

묘비의 주인공은 다름 아닌 대한민국 국무총리를 두 차례나 지 낸 김종필이다. 어느 구절 하나 귀하지 않은 것이 없다. 그런데 대통령 박정희 아래 만인지상萬人之上을 지내면서 사무사, 또한 대 통령 김대중 아래 만인지상을 지내면서도 사무사하였다니 사람이 표변하였는지, 글자가 표변하였는지 알쏭달쏭한 일이다. '연구십 이지 팔십구비'는 나이 아흔에 이르러 여든아홉 해를 잘못 살았다 는 것이다. 자못 겸허한 표현이나 속뜻은 자신을 군자의 표상 거백 옥에 비유한 것 아닌가. 글쎄, 얼마나 많은 사람들이 그의 삶에서 군자를 떠올릴까. 그보다는 조선조 풍류의 최고봉, 대군 양녕을 떠올린다면 대군에게 너무 무례한 일일까.

그처럼 일인지하 만인지상에 있었으되 그와는 매우 대조적인 삶을 살고 간 이가 있다. 그는 자화자찬이 아니라 징비懲毖의 글을 남기고 떠났다. 서애 류성룡이다.

따져 보자고 하면 왜 그에게 공이 없었겠는가. 임진왜란이 일어 나기 전 이순신은 변방을 전전하며 정읍 현감에 머물고 있었다.

나이도 40대 중반의 육군 무장이었다. 그러던 그를 류성룡은 임금에게 천거해서 정3품 당상관 전라좌수사로 7단계나 수직 승진시키고 조선의 바다 절반을 맡겼다. 왜적의 빠른 진격에 혼비백산, 어전 회의에서 의주 국경을 넘어 망명하는 일까지 거론되고 있을 때 "안 됩니다. 어가가 우리 국토 밖으로 한 걸음만 떠나면 조선은 우리 땅이 되지 않습니다."라고 간한 사람이었다. 훗날 대동법 시행의 기초가 되는 대동수미법大同收米法을 시행하고, 전쟁 중에 공 있는 자를 천민에서 벗게 해 주는 면천법免賤法을 시행하여 민심을 수습했다. 그 세 가지만으로도 감히 나라를 구하는 데 진력했고 나름 공을 앞세울 수도 있는 사람이었다.

그러나 그는 자신의 잘못을 덮지 않았다. 임진왜란이 발발하기 2년 전 조선통신사로 일본에 다녀온 정사 황윤길과 부사 김성일의 의견이 엇갈렸다. 황윤길은 '반드시 왜군의 침입이 있을 것'이라는 상소를 올렸고 김성일은 '그러한 정상을 발견하지 못하였다'고 하였다. 이때 류성룡은 김성일의 주장을 편들었고 결국 정국을 안이하게 판단하고 왜란에 효과적으로 대비하지 못하는 과오를 저지르게 된 것이었다. 이 점 류성룡은 잊지 않았다. 천신만고 끝에 나라를 지켜 내는 데 성공하였으나 그는 전후 고향 안동에 은거하며 자신과 조정의 잘못을 빼곡히 글로 남겼다. 그 글은 이렇게 시작한다.

《시경》에 '내 지난 잘못을 징계懲하여 뒷근심이 없도록 삼가毖 노라'고 했으니, 이것이 바로 《징비록》을 지은 까닭이다. 나 같이 못난 사람이 난리가 나고 국정의 질서가 무너져 어지러운 때에 국가의 중한 책임을 맡아서 판국을 바로잡지도 못하고, 넘어지는 형세를 붙들지도 못했으니 그 죄는 죽어도 용서 받을 수 없을 것이다. 그런데도 아직 살아남아서 구차하게 생명을 연장하고 있으니, (…) 그때 내가 보고 들은 일들을 대략 기술하니, 1592년에서 1598년 사이의 일들이다. 또 장狀, 계啓, 소疏, 차자箚子, 문文, 이移, 잡록雜錄을 그 뒤에 붙였는데, 비록 보잘것없지만 모두 그 당시의 일과 관련된 사적들이라 버릴 수가 없었다. 이것으로 (…) 정성을 다해 나라에 충성하고자 하는 뜻을 나타내고, 또한 어리석은 신하로서 나라를 위해 아무 공도 세우지 못한 나의 죄를 드러내고자 한다.[5]

그가 드러내고자 했던 것은 자신의 공이 아니라 자신의 잘못이었다. 저지른 잘못이 비록 죽어서도 용서 받지 못할 만큼 막대하나 후손이 다시 그 같은 환란을 겪지 않도록 하려면 자신과 조정이 범했던 잘못을 아는 것이 중요하다고 보았기 때문이었다. 그의 고백이 백 퍼센트 팩트가 아니고 다소 그 자신을 두둔하는 내용이 일부 담겼다는 비판이 있다. 그러나 그렇다 할지라도 '징비'의 대의가 훼절되지 않는다. 자기는 인의 실천에 실패하였으나 후손들은 부디 인의 길을 빈틈없이 걸어갈 것을 소원하고 있는 그의 충심은 결코 의심받지 않는다. 살아생전 그는 자신이 백성에게 행한 인이 볼품없다고 여겼으나, 그가 죽자 숭례문 상인들은 자진 철시하며 그의 죽음을 애도하였다. 그의 집에 장례에 쓸 제기 용품이 없는 것을 보고 백성들이 모아 왔다고 전해진다. 조선 사대부 집안이 치른 장례로선 전무후무한 일이 아니었을까 싶다.

애석한 일이다. 오늘날 우리 정치에서 더 이상 그러한 군자의 품격을 찾아볼 수가 없다. 김종필을 비록 군자의 반면교사로 들긴 했으나 그래도 그는 군자가 어떤 존재인지 알고 흠모하였으며 스스로 그런 존재이기를 갈망하기도 했다. 그러나 작금의 정치인들은 그런 것마저 없다. 그저 공자의 눈에 소인 소행인 짓을 경쟁적으로 해대면서도 아무런 부끄러움이 없다.

잘못된 일을 보면 반성은커녕 남 탓부터 하는 세상이 되었다. 공직자도 자책은커녕 책임 전가가 기본인 세상이 되었다. 높은 자리에 있을수록 그러하다. 여와 야가 따로 없다. 돌아가면서 남 탓이다. 더불어민주당 문재인 정권은 무능했다. 3년여 동안 스물세 차례 부동산 정책을 강구했으나 아파트값을 폭등시키고 말았다. 그럼에도 천연덕스럽게 그 책임을 이전 정권에 돌렸다.[6] 국민의 힘 윤석열 정권이라고 크게 달라 보이지 않는다. 북한 무인기가 침투해 대통령실이 있는 용산 비행금지구역까지 휘젓고 다녔다는 의혹이 불거졌다. 그런데도 눈 하나 꿈쩍하지 않고 전 정권 타령을 했다.[7] 전직 대통령 문재인은 한술 더 떴다. 다큐 〈문재인입니다〉를 영화제에 올리기 얼마 전, 그는 "5년간 이룬 성취가 순식간에 무너지고 과거로 되돌아갔다."며 현 정권을 비방하는 말을 쏟아 냈다.[8]

그렇게 소인배가 행세하는 사회가 되었다. '사람 사는 세상'에 대한, 공정에 대한, 남북 관계에 대한 서로의 생각이 다른 것이 문제가 아니다. 좌와 우의 이념적 대립이 문제가 아니다. 사사건건 남 탓하는 좌左 소인배와 똑같이 사사건건 남 탓하는 우右 소인배가 거대한 남 탓 카르텔을 형성하고 강고한 소인배 사회를 구조화하고 있는 것이 문제이다. 부끄럽고 참담하다. 미래 세대에게 얼굴을 들 낯이 없다. 경제에 이어 K-컬처가 또한 날아오르고 있는 지금, 정치가 이렇게 막장만 아니어도 사람 사는 세상이 꿈만은 아닐 터인데. 안타깝고 아쉽다.

그런데 사실은 그런 넋두리를 늘어놓을 자격이 우리에겐, 적어도 내겐 없다. 어디 그런 소인배 정치가 그들만의 책임인가. 정치 밖에 있는 우리는, 나는 책임이 없는가. 소인배 정치에 때로는 여기, 때로는 저기에 표를 던지고 있는 우리 혹은 나 또한 적어도 던진 한 표만큼의 책임이 있는 것 아닌가. 그뿐이 아니다. 정치 외 우리, 나의 일상은 안녕한가. 우리, 나는 남 탓하지 않고 우리, 내 잘못에 제대로 우리 탓, 내 탓 제대로 하며 살고 있는가. 작게나마 이웃과 친구들을 사랑하며 그들과 사랑을 나누며 살아가고 있는가. 그것이 인의 길일진대, 그 길이 군자의 길인진대, 그렇게 우리 모두 머리로는 잘 알지만 실천은 멀고도 드물지 아니한가.

그런데 그 길을 묵묵히 걸어온 사람이 있다. 지난 50년을 한결같이 이웃을 사랑하며 그들과 사랑을 나누며 살아온 이가 있다. 한약사 김장하, 생존 인물이다.

그는 한약방에서 머슴살이로 시작했다. 나이 열여덟에 한약사 자격시험에 합격해 이듬해인 1963년부터 지난해까지 경남 사천과 진주에서 60년간 한약방을 운영해 왔다. 좋은 약재를 썼기에 효험이 좋았다. 그러면서도 약값이 저렴했다. 전국에서 환자들이 찾아왔다. 한때는 직원 스무 명과 매일 새벽까지 약을 지어야 할 정도였다. 큰돈을 벌었다. 그는 그 돈을 자기를 위해서는 아꼈다. 자동차도 사지 않았다. 웬만해서는 걷고, 먼 곳은 자전거를 타고 다녔다. 대신 이웃에게는 크게 썼다. 1983년 진주에 명신고등학교를 세워 운영했고 1991년 국가에 헌납했다. 당시 가치로 100억 원이 넘는 기부였기에 여러 언론에 미담 기사로 보도되었다.

그러나 이후 올해 초 MBC 문화방송에서 다큐 〈어른 김장하〉를 만들어 방영할 때까지 세간의 관심은 잠잠했다. 그의 이웃 사랑이 사라졌기 때문이 아니라 그가 인터뷰를 한사코 거절해 왔기 때문이었다. 그동안 그는 형편이 어려운 1천여 명 학생에게 대학을 졸업할 때까지 장학금을 지원했다. 백정의 신분 해방 운동인 '형평운동'을 후원하고 가정 폭력에 시달리는 여성과 아이들을 위한 쉼터를 세웠다. 길거리에 나앉아야 할 처지에 몰린 극단에 공연장도 마련해 주었다. 누군가 그 많은 돈을 기부해 온 데 대해 이유를 물으니 '아프고 괴로운 사람들을 상대로 해서 번' 돈이니 그렇게 써야 했고 결국 그렇게 썼을 뿐이라는 이야기였다.

이제는 문을 닫은 그의 남성당한약방에는 글귀가 둘 걸려 있었다. 그가 매일 눈에 담고 평생을 함께해 온 글이었으리라. 하나는 '明德新民명덕신민'[9]이었다. 《대학》 첫 장에 나오는 구절로 '덕을 밝혀서 백성을 새롭게 한다'는 뜻이다. 그래서 그는 고등학교를 세우면서 학교 이름을 명신으로 한 것이겠다. 다른 하나는 '思無邪사무사'였다. 요즘도 '사부작사부작 꼼지락꼼지락' 산을 오른다는 그는 악다구니하며 사는 우리네 소인배 사회에 '사무사'하여 조심스럽게 한마디 건넨다.

돈이란 게 똥하고 같다. 모아 놓으면 악취가 진동하는데, 밭에 골고루 뿌려 놓으면 좋은 거름이 된다.[10]

제11장

완벽은 아직 멀고 멀다

후 생 가 외
後生可畏

후에 태어난 사람이 가히 두렵다

공자는 '군자의 길'을 내며 살았다. '군자학'이 곧 그의 삶이었다.

그는 '칠십이종심소욕 불유구'까지 이정표를 찍어 놓고 갔다.

가는 날까지 자기 잘못을 보면 바로 고치고 또 고쳤다.

그러나 미처 보지 못하여, 미처 고치지 못한 것이 적지 않다.

후생가외, 그는 후에 태어난 사람이 가히 두렵다고 했다

미처 못 고친 잘못을 후생들이 고쳐 갈 것을 기대한 것이리라.

그의 삶이 그랬듯 그의 군자학 또한 '완벽'이 아니었다.

격물치지를 말했으나 실상 그의 격물치지는 치밀하지 못했다.

인의 실천을 말했으나 그의 방법론은 이념에 치우쳤다.

그의 도덕주의는 사람이 사는 현실과 많이 괴리되어 있었다.

그의 차별주의는 인에 역행하는 모순까지 드러냈다.

오랑캐를, 여성을, 백성을 차별하고 군자에서 배제했다.

이런 하자를 안고 21세기에 사람 사는 세상을 말할 수는 없다.

확 변해야 산다. 그래야 공자와 유학의 오늘과 내일이 있다.

멀어져 간 완벽

'화씨지벽和氏之璧'이라는 옥벽이 있었다. 천하의 보배로 알려진 보석이었다. 기원전 290년경, 조나라 혜문왕惠文王이 소유하고 있었는데 진나라 소양왕이 사신을 보내 자기네 열다섯 개 성城과 맞바꾸자면서 먼저 보석을 보내라고 요청해 왔다. 뻔한 심산이었다. 옥벽을 보내면 좋고, 안 보내면 언젠가는 이를 빌미로 쳐들어오려는 수작이었다. 혜문왕은 중원의 제일 강국 진나라와 전쟁을 벌일 순 없었다. 어떻게든 피해야 했다. 그렇다고 천하의 보배를 거저 넘겨줄 순 없었다. 조정 대신들에게 두루 의견을 구했으나 뾰족한 수가 나오지 않았다. 애태우고 있는데 측근 내시가 사람을 천거했다. 인상여藺相如라고 하는데 비범한 인물이라는 것이었다. 왕은 지푸라기라도 잡는 심정으로 그를 불러 대책을 물었다. 후에 조나라의 명재상이 되는 그는 다른 사람이 없다면 자신을 진나라에 사신으로 보내 줄 것을 청했다.

> 성이 조나라에 들어오면 옥벽을 진나라에 두고 오겠지만, 성이 들어오지 않으면 온전하게 보전해 (완벽으로) 조나라에 돌아오게 하겠습니다.
>
> 성 입 조 이 벽 유 진   성 불 입   신 청 완 벽 귀 조
> **城入趙而璧留秦, 城不入, 臣請完璧歸趙。**
>
> 《사기열전》, 〈염파인상여열전廉頗藺相如列傳〉 1.

거기에서 '완벽'이 나왔다. '흠이 없는 완전한 옥벽'이라는 뜻이다. 그렇게 인상여로 인해 '완벽'으로 불리게 되었으나 그 구슬이

처음부터 '완벽'이었던 것은 아니다. 이야기는 그로부터 450여 년 전인 초나라 여왕厲王 때로 거슬러 올라간다. 《한비자》가 전한다.

초나라 사람 화씨가 초산에서 옥 덩어리를 발견하여 군주 여왕厲王에게 바쳤다. 왕은 옥 장인에게 감정하게 했다. 장인이 말했다. "돌입니다." 왕은 화씨가 자기를 속였다고 그의 왼발을 자르게 했다. 여왕이 죽고 무왕이 즉위하자 화씨는 그 옥 덩어리를 다시 왕에게 바쳤다. 무왕은 또한 옥 장인에게 감정하게 했다. 장인이 또 말했다. "돌입니다." 왕은 화씨가 자기를 속였다고 그의 오른발을 자르게 했다.[1]

초 인 화 씨 득 옥 박 초 산 중　봉 이 헌 지 여 왕
楚人和氏得玉璞楚山中, 奉而獻之厲王。

여 왕 사 옥 인 상 지　옥 인 왈　석 야
厲王使玉人相之。玉人曰。石也。

왕 이 화 위 광　이 월 기 좌 족　급 려 왕 훙　무 왕 즉 위
王以和爲誑, 而刖其左足。及厲王薨, 武王卽位。

화 우 봉 기 박 이 헌 지 무 왕　무 왕 사 옥 인 상 지
和又奉其璞而獻之武王, 武王使玉人相之。

우 왈　석 야　왕 우 이 화 위 광　이 월 기 우 족
又曰。石也。王又以和爲誑, 而刖其右足。

《한비자》, 〈화씨和氏〉 1.

화씨가 양 발목을 다 잘린 지 50년의 세월이 흘렀다. 무왕이 죽고 문왕이 즉위했다. 화씨는 마지막 기회를 놓치지 않았다. 초산 아래에 가, 옥 덩어리를 끌어안고 사흘 밤낮을 울었다. 나중에는 피눈물까지 흘렸다. 왕이 그 소식을 듣고 불러서 직접 까닭을 물었다. 화씨가 답했다.

발목이 잘리는 형벌을 받은 것이 슬퍼서가 아닙니다. 보배로운 옥을 돌이라 하고, 정직한 사람을 거짓말쟁이로 모는 것이 슬픕니다.[2]

<ruby>吾<rt>오</rt></ruby><ruby>非<rt>비</rt></ruby><ruby>悲<rt>비</rt></ruby><ruby>刖<rt>월</rt></ruby><ruby>也<rt>야</rt></ruby>。<ruby>悲<rt>비</rt></ruby><ruby>夫<rt>부</rt></ruby><ruby>寶<rt>보</rt></ruby><ruby>玉<rt>옥</rt></ruby><ruby>而<rt>이</rt></ruby><ruby>題<rt>제</rt></ruby><ruby>之<rt>지</rt></ruby><ruby>以<rt>이</rt></ruby><ruby>石<rt>석</rt></ruby>,

<ruby>貞<rt>정</rt></ruby><ruby>士<rt>사</rt></ruby><ruby>而<rt>이</rt></ruby><ruby>名<rt>명</rt></ruby><ruby>之<rt>지</rt></ruby><ruby>以<rt>이</rt></ruby><ruby>誑<rt>광</rt></ruby>, <ruby>此<rt>차</rt></ruby><ruby>吾<rt>오</rt></ruby><ruby>所<rt>소</rt></ruby><ruby>以<rt>이</rt></ruby><ruby>悲<rt>비</rt></ruby><ruby>也<rt>야</rt></ruby>。《한비자》,〈화씨〉 1.

왕은 잠시 생각에 잠겼다. 이윽고 선왕들처럼 옥 장인을 불렀다. 그러나 그들과 달리 장인에게 옥인지 아닌지를 감정하게 하지 않았다. 대신 화씨가 바친 옥 덩어리를 다듬게 했다. 다듬고 나니 돌이 아닌 옥이었다. 그것도 천하에 다시없이 크고 아름다운 옥벽이 나왔다. 왕은 크게 기뻐하며 이를 '화씨지벽'이라고 이름 붙였다. 화씨에게는 대부에 상당하는 벼슬도 주었다. 옥 덩어리에서 천하의 보배를 알아본 그의 안목을 기리고 자신의 안목에 목숨을 걸고 일생을 바친 그의 삶을 위로했다.

공자 '군자학'은 그런 '화씨지벽'과 자못 닮았다. '화씨지벽'이 화씨의 삶 그 자체였듯이 '군자학' 또한 공자의 삶 그 자체였다.

공자는 군자의 길을 밝혔을 뿐 아니라 그 길을 몸소 가며 제자들에게 가르쳤던 사람이다. 그런 그가 군자될 재목으로 눈여겨본 제자에게서 듣고 가장 기뻐했던 말 가운데 하나가 '절차탁마切磋琢磨'였다. 어느 날 자공이 사람 됨됨이에 대해 물었다.

"가난하나 아첨하지 않고, 부유하나 교만하지 않으면 (사람이) 어떻습니까." 공자가 답했다. "(그만하면) 괜찮다. 하지만 가난

하나 즐거워하고, 부유하나 예를 좋아하는 자만 못하다." 자공
이 물었다. "《시경》에서 말하기를 '(칼로) 끊듯이, (줄로) 갈듯
이, (정으로) 쪼듯이 (숫돌로) 윤을 내듯이'라 하였는데 그것이
이런 것을 말하는 것인지요." 공자가 말했다. "사야, 비로소 너
와 더불어 《시경》을 이야기할 수 있구나. 지난 것을 알려 주었
더니 앞에 올 것을 아는구나."

빈 이 무 첨　부 이 무 교　　하 여
貧而無諂, 富而無驕, 何如。

자 왈　　가 야　미 약 빈 이 락　부 이 호 례 자 야
子曰。可也。未若貧而樂, 富而好禮者也。

자 공 왈　　시 운　여 절 여 차　여 탁 여 마　기 사 지 위 여
子貢曰。《詩》云, 如切如磋, 如琢如磨。其斯之謂與。

자 왈　　사 야　시 가 여 언 시 이 의　고 저 왕 이 지 래 자
子曰。賜也, 始可與言詩已矣。告諸往而知來者。

《논어》, 〈학이〉 15.

가난하면서 비굴하게 아첨하지 않는 것만 해도 수신하여 사람
이 웬만큼 '된 사람'이다. 부유하면서 거들먹거리며 갑질하지 않
는 것만 해도 그 또한 사람이 웬만큼 '된 사람'이다. 그러나 군자의
수신은 거기에 그치지 않는다. 더욱 '절차탁마'한다. 그리하여 가
난이 힘든 것이지만 가난의 즐거움도 느낄 줄 알게 된다. 부유해도
부끄러움을 알고 예의를 차릴 줄 알게 된다. 그렇게 사람 됨됨이를
고양시켜 갈 수 있는 유효한 수단이기에 '절차탁마'는 군자라면
의당 갖춰야 할 기본자세라 할 것이었다. 그러한 공자의 군자관은
그의 학문관에도 그대로 이어진다. 군자가 본디 완성된 자로서 하
늘에서 뚝 떨어지는 것이 아니라 '절차탁마'를 통해 점차 완성되어
가듯이, 군자학 또한 하늘이 완벽하게 가다듬어 내려보낸 것이 아

니라 '절차탁마'를 통해 점차 완벽을 기해 가는 것이었다.

모든 보석은 원석原石에서 나온다. 감정한다고 원석에서 보석이 나오지는 않는다. 제아무리 눈이 좋은 장인이라도 보석이 나올 원석인지 아닌지를 눈으로 감정해서는 잘 모른다. 더욱이 화씨가 가져온 옥 덩어리처럼 왕이 감정을 명한 경우라면 목숨까지 걸린 일이다. 만약 옥이라고 했는데 좋은 보석이 나오지 않으면 목이 달아날 것이었다. 그러니 옥이 아닌 돌이라고 감정하는 게 여러모로 현명한 일이다. 초나라 문왕은 그런 사정을 헤아렸다. 그래서 장인에게 감정하라고 하지 않고 다듬으라고 명한 것이다. 장인으로 하여금 '절차탁마'하게 하니 화씨가 믿었던 것처럼 과연 훌륭한 옥벽이 탄생한 것이었다.

학문도 그와 같다. 학문의 원석은 문제이다. 산에서 원석을 캐야 보석을 꿈꿀 수 있듯이 세상에서 문제를 보고 문제를 캐야 학문을 꿈꿀 수 있다. 캐낸 원석이 좋은 원석인지 아닌지 감정만 해서는 보석을 얻을 수 없듯이, 보고 캐낸 문제가 좋은 문제인지 아닌지 감별만 해서는 학문이 나오지 않는다. 문제를 풀 수 있을지 없을지, 풀어도 얼마나 좋은 해법을 얻을 수 있을지 없을지를 미리 걱정한다고 학문이 나오지 않는다. 문제가 좋으면 좋을수록, 풀었을 때 그만큼 좋은 학문을 얻을 수 있겠으되 현실을 바로 보고 캐낸 문제라면 어떤 것이든 풀어내면 나름 가치가 있는 법이다. 그런 믿음을 갖고 어려운 난관에 닥쳐도 희망을 잃지 않고 천착하는 것이 무릇 학문하는 자의 자세이다. 옥벽을 얻으려면 산에서 옥 덩어리를 캐고 이를 '절차탁마'해야 하듯이, 학문을 얻으려면 세상에서 문제를 캐고 이를 '절차탁마'해야 하는 것이다. 공자가 '십

오지우학'했다는 것은 바로 그런 일에 가치를 두고 공부를 시작했다는 뜻이다.

화씨가 초산에서 옥 원석을 캤듯이 공자는 난세에서 문제를 캤다. 그는 세상을 피하거나 숨지 않았다. 세상과 정면으로 마주섰고 삶의 현장을 직시했다. 나라는 주변 강대국에 흔들렸고 조정은 권신權臣들에게 휘둘렸으며 집안은 빈궁에 찌들어 있었다. 사람 사는 세상이 아니었다. 어떻게 하면 그런 세상에서 벗어날 수 있을까. 어떻게 하면 사람 사는 세상을 만들 수 있을까. 문제였다. 풀 수 있을지 없을지는 걱정하지 않았다. 자기든 누구든 풀어야 할 문제였다. 공자는 공부가 무엇보다 좋았다. 그 누구보다도 공부를 좋아한다고 말할 수 있었다. 그는 그런 자기 자신이 좋았고 그런 자신을 믿었다. 그래서 집안 형편이 지극히 어려움에도 불구하고 일찍이 나이 열다섯에 학문에 뜻을 두었다. 그는 공부하고 또 공부했다. 그리고 15년의 절차탁마 끝에 '군자학'을 냈다.

그러나 그가 '삼십이립', 나이 서른에 세웠다고 한 것은 엄밀히 말해서 아직 '학'이랄 수 없었다. 군자의 조건을 분석하고 군자의 길을 이론적으로 밝힌 정도였다. "세상은 사람이 만드는 것이니 사람 사는 세상을 만들려면 사람이 '된 사람', 즉 군자가 있어야 한다."는 주장을 펴면서 '군자란 이러저러한 존재'라며 군자가 살아가는 법, 군자의 조건을 밝힌 것이었다. 그러니 '군자 가설' 혹은 기껏해야 '군자론'이라고 할 것이었다.

잘 알다시피 이런 가설 혹은 이론이 '학'으로 받아들여지려면 증명이 필요하다. 자연 과학이라면 실험실에서 행한 결과로 입증할 수 있겠으나 사회 과학이거나 인문학, 윤리학이라면 역사 속 사례와 존재로 입증해야 한다. 지난 역사 속에서 공자가 상정하는 군자의 존재나 사람 사는 세상의 사례를 찾기는 어려웠다. 거의 없었고, 있었다 해도 들 수 있는 사례가 몇 되지 않았다. 공자가 살았던 당대 또한 그랬다. 난세였으니 더욱 찾기 어려웠다. 하는 수 없었다. 이전과 현재의 역사 속에서 최대한 찾되 장차 하나둘 사례를 축적해가는 수밖에 없었다.

그 일을 누가 대신 하겠는가. '군자학'이 다른 누구 아닌 공자 자신이 새로 세운 것이니 그 자신이 앞장서 '군자의 길'을 가고 입증해 가야 할 일이었다. 역량 있는 사람들이 뜻을 같이하고 함께 해 주면 좋았다. 그만큼 군자의 존재가 많아지고 지금 당장은 아니더라도 장차 사람 사는 세상의 사례가 늘어날 것이었다. 그래서 문하에 제자들을 받아들이고 가르쳤다. 나이 일흔셋에 세상을 떠날 때까지 공자는 자기가 밝힌 '군자의 길'을 걸으며 군자됨을 체현해 보였다. 나이 마흔에 불혹, 쉰에 지천명, 예순에 이순하면서 군자가 살아가는 법, 군자의 조건을 차례차례 보완해 갔다. 나이 일흔이 되어서는 마침내 욕심대로 해도 법도에 어긋남이 없는 경지에 이르렀다. 그렇게 자신했다.

이는 화씨가 산 삶과도 비슷했다. 화씨가 50년이 넘는 세월이 흐르는 동안 자신의 모두를 걸고 온갖 고초를 이겨 낸 끝에 천하에 다시없는 '화씨지벽'을 얻었듯이, 공자 또한 50년 가까운 세월, 자신을 다 바친 끝에 천하에 없던 새로운 학문을 세우고 완성해 갔다. 그러나 둘은 끝내 다를 수밖에 없었다. 화씨가 얻은 '화씨지벽'은 한 점 하자 없이 완전한 옥벽, '완벽'이었다. 공자가 세운 '군자학'은 그렇지 않았고, 그럴 수밖에 없는 일이었다. 옥벽을 내는 절차탁마와 학문을 내는 절차탁마가 같을 순 없는 일이다. '군자학'은 신생 학문이었다. 무릇 학문이란 오랜 세월을 두고 세대에서 세대로 이어가면서 점차 완성되어 가는 것이다. '군자학' 또한 창시자가 엮은 이론적 얼개를 후학들이 절차탁마해 더욱더 탄탄하게 만들고, 창시자가 찾고 만들어 낸 사례 위에 후생들이 새로운 사례를 축적해 이론을 더욱 확고하게 입증해 가야 할 것이었다.

공자는 많은 훌륭한 가르침을 남겼다. 그중에서도 가장 훌륭한 것 하나를 꼽자면 무엇일까. 물론 사람마다 다르겠다. 그저 '나의 선택'으로 하나를 골라 본다. '과즉물탄개過則勿憚改', 공자는 '잘못이 있으면 고치는 것을 꺼리지 말라'고 했다. 누구보다도 자신이 앞장서 그렇게 했다. 그러면서 '후에 태어난 사람이 가히 두렵다'며 후생가외後生可畏[3]했다. 두려워할 만한 후학들에게 과즉물탄개, 스승인 공자 자신이 행한 잘못까지도 고쳐 갈 것을 당부한 것 아닐까.

공자의 '군자학'은 하자가 없지 않았다. 가장 꺼림직한 것은 아무래도 현실성의 결여 혹은 현실로부터의 괴리가 아닐까 싶다. 이는 스승이 잘 되기를 그 누구보다도 간구했던 제자 자로가 가장 안타까워했던 부분이기도 했다. 앞서 보았듯 그는 스승에게 진언했다. "선생님은 (생각이 현실과) 너무 동떨어져 있습니다." 그러나 이순의 귀에도 바른말은 아팠던 듯했다. 제자의 말에 스승은 발끈하며 노여워했으나 제자가 틀린 말을 한 것이 아니었다. 공자의 생각은 실상 이념에 의해 편향되어 왜곡된 것이 적지 않았다. 후에 맹자와 순자라는 훌륭한 비판적 계승자들이 나왔고 이들에 의해 '군자학' 속 경제관, 인간관이 많이 현실성을 갖게 되었다.

특히 기원전 81년 한나라 소제昭帝 때 소집된 〈염철회의鹽鐵會議〉
에서 유가들이 편 염철론은 놀라웠다. 가히 후생가외였다. 시장
바닥을 꿰뚫는 상인 출신 법가 고위 관리들의 국가 주도 중상주의
重商主義 경제론에 조금도 밀리지 않고 재야 유학자들이 민간 주도
자유주의 경제론을 펴며 팽팽하게 맞선 것이었다. 그들에게서 18
세기 자유주의 경제의 태동을 알린 프랑수아 케네François Quesnay
와 근대 중농학파를 본다고 해도 과언이 아닐 정도였다.

그러나 거기까지였다. 정확히 언제부터인지 특정하기는 어려우
나 유학은 '군자학'에서 점차 멀어져 갔다. 12세기 송대 이후에는
신유학이라고 불리는 성리학이 정통으로 자리 잡았다. 신유학은
우주-자연-인간 세계를 관통하는 하나의 원리를 규명하고자 했
다. 이기 이원론 혹은 이기 일원론이라는 사변 철학이 득세했다.
그로써 사람들과 지지고 볶으면서 소통하고, 소통을 통해 다 함께
'사람 사는 세상'을 꿈꾸고 탐구했던 공자의 실천 윤리학, '군자학'
은 제자리에 멈춰 설 수밖에 없었다. 완벽으로 가는 가교는 끊겼
다. 미처 보정되지 아니한 흠이 2천 5백 년의 세월을 살아남았다.

일찍이 공자보다 인간을 신뢰한 사람은 없었다. 사람 사는 세상
을 꿈꾸었으되 그는 절대자의 힘을 빌리지 않았다. 오직 인간이
가진 힘만으로, 그 힘을 최대한 끌어올려서 낸 출력으로 사람이
사람답게 사는 세상을 꿈꾸고 길을 찾았다. 그런 그에게서 '스승'
아닌 '꼰대'를 본다는 것은 영 내키지 않는 일이다. 그래도 더 이상
외면해서는 길이 없다. 그가 말한 것처럼 '과즉물탄개過則勿憚改',
잘못이 있으면 고치는 것을 꺼리지 말아야 한다. 고치려면 흠결을
드러내야 한다. 그래야 '군자학'에 새로운 미래가 있다. 21세기

오늘을 사는 우리들에게 어필할 수 있는, '새로운' 군자학을 기대할 수 있고, 그가 내는 '새로운' 길로 새롭게 사람 사는 세상을 향해 나아갈 수 있지 않겠는가.

치밀하지 못한 격물치지

책의 첫 장에서 포사의 웃음을 보기 위해 봉화 이벤트를 벌이다가 나라를 거덜 낸 주나라 유왕 이야기를 했다. 기원전 771년 오랑캐 견융이 주나라 수도 호경으로 쳐들어왔고 유왕은 하릴없이 죽임을 당했다. 주 왕실은 낙읍으로 달아나 나라를 이어갔으나 주나라는 더 이상 중원의 평화를 지켜 주던 예전 천자의 나라가 아니었다. 난세가 시작되었다. 자칭 제후라고 칭하는 자의 수가 최소 백삼십을 넘었다. 그들 하나하나가 나라였다. 주 왕실의 혈족이기도 했고 혹은 공신 일족들이기도 했던 그들은 이전까지 서로 살갑게 지냈으나 이제는 제 살길 찾기 바쁜 각자도생의 경쟁, 그리고 힘센 놈이 약한 놈을 먹는 약육강식의 싸움을 벌여야 했다. 전란은 이후 550년간 이어졌다.

사람 사는 세상이 아니었다. 서로 죽이고 죽는 싸움을 그만두고 다시 평화롭게 사는 수는 없을까. 무엇보다 긴요한 문제였다. 이에 해법을 제시하는 학자들이 많이 나왔다. 그들을 제자라 했고 그들이 내놓은 학문을 경세제민의 학이라 했다. 그 수가 백에 이를 만큼 많은 수의 학자 군#이 저마다 경세제민의 방책을 내고 다투었다고 해서 백가쟁명이라고 했다. 그 가운데서 으뜸은 단연 법가였다. 관중에서 상앙, 상앙에서 한비자에 이르기까지 그들은 춘추 전국의 패자覇者들에게 사상적 지주가 되어 주었고, 현실에 바로 적용이 가능할 뿐 아니라 실제 효과가 큰 방책들을 제공해 주었다. 그들은 중국 고대 경세제민 학계의 군계일학이었고, 춘추 전국 내내 시대의 주류 학파였으며 시대 숙제의 해결사였다.

그런 법가의 힘은 탄탄한 학문의 기초에서 나왔다. 그들은 사람 사는 세상을 꿈꾸었으되 이상향에서 출발하지 않았다. 이념에 매이지 않고 무엇보다 먼저, 있는 그대로의 사물을 보고 그 이치를 읽는 데 힘썼다. 그래야 세상을 바꿔도 바꿀 수 있다고 본 것이었다. 그들은 유가와 달리 요순 성덕 같은 이야기를 하지 않는다. 만물의 근원은 자연의 이치에 있는 것이지 요임금·순임금의 높고 성스러운 덕에 있는 것이 아니었다. 한비자는 말한다.

천시를 거스르면 비록 요임금 열이 있다고 해도, 겨울에 벼 이삭 하나 나게 할 수 없다.[4]

非天時雖十堯, 不能冬生一穗。《한비자》, 〈공명功名〉.

자연의 이치 이야기라면 도가가 빠질 수 없다. 일찍이 노자老子는 《도덕경道德經》에서 이렇게 역설했다.

자연의 법도를 모르면 하는 일마다 재앙을 면치 못하고, 자연의 법도를 받아들일 줄 알면 곧 제후의 길로 나아가며, 이어서 임금의 길, 천자의 길에 이르게 된다.[5]

^{부 지 상　망 작 흉　지 상 용　용 내 공　공 내 왕　왕 내 천}
不知常, 妄作凶, 知常容, 容乃公, 公乃王, 王乃天。
《도덕경》, 제16장.

유가의 경우, 이 점에서 일견 다르지 않다. 공자 또한 사물에 대한 이치를 탐구하는 일을 경시하지 않았다. 적어도 천명하기로는 그 반대였다. 사물에 대한 이치를 탐구하는 일은 공자의 어휘로 환치하면 격물이다. '격물치지', 그렇게 그는 말하고 논했다.

치지는 격물에 있다고 하는데 이는 앎에 이르기 위해서는 사물 앞으로 나아가 그 이치를 탐구해야 한다는 뜻이다.[6]

^{소 위 치 지　재 격 물 자　언 욕 치 오 지 지}
所謂致知, 在格物者, 言欲致吾之知,
^{재 즉 물 이　궁 기 리 야}
在卽物而, 窮其理也。《대학장구大學章句》 6.

유학의 모든 사유는 그런 격물 위에 쌓아 올려졌다. '수신 제가 치국 평천하', 유학의 골간에 해당하는 명제이다. 이는 바르게 갖춘 마음에서 비롯된다. 그 위에 참되게 뜻을 세우면 바른 앎에 이르게 된다. 바른 앎이란 요컨대 격물, 즉 사물 앞으로 나아가 이치를 탐구함으로써 얻게 되는 것이었다.

예부터 천하에 덕을 밝게 밝히고자 하는 이는 먼저 나라를 다스렸다. 나라를 다스리고자 하는 이는 먼저 집안을 바르게 했다. 집안을 바르게 하고자 하는 이는 먼저 자신을 반듯하게 닦았다. 자신을 반듯하게 하고자 하는 이는 먼저 마음을 바르게 했고,

마음을 바르게 하고자 한 이는 뜻을 참되게 했다. 뜻을 참되게 하고자 한 이는 먼저 앎에 이르기를 힘썼는데, 앎에 이른다고 함은 곧 사물 앞으로 나아가 이치를 탐구하는 데 있는 것이다.[7]

古之欲明, 明德於天下者, 先治其國。

欲治其國者, 先齊其家。欲齊其家者, 先修其身。

欲修其身者, 先正其心, 欲正其心者, 先誠其意。

欲誠其意者, 先致其知, 致知在格物。《대학장구》1.

그렇듯 격물은 공자 사상의 출발점이자 주춧돌이다. 그런데 그의 격물이 사뭇 의아하다.

경제는 인간사人間事 가운데 가장 사물의 이치에 영향을 받는 영역이다. 제자 증자가 스승 공자의 말씀을 풀어서 전한 책,《대학》은 경제에 관한 공자의 격물을 아래와 같이 전한다.

재물을 낳는 큰 이치가 있다. 물건을 생산하는 자가 많고 물건을 쓰는 자가 적어야 한다. 생산은 빠르게 하고 쓰는 일은 천천히 해야 한다. 그리하면 재물이 항상 풍족하다.[8]

生財有大道。生之者衆, 食之者寡。

爲之者疾, 用之者舒。則財恒足矣。《대학장구》11.

요컨대 생산이 많고 소비가 적으면 재물이 풍족해진다는 이야기다. 과연 그럴까.

경제학 원론에 따르면 생산되는 물건이 많은데 소비가 되지 않으면 재고가 늘어난다. 재고가 쌓이는데 생산을 늘릴 생산자가 있을까. 없다. 그래서 생산이 늘지 않는데 과연 재물이 풍족해질까. 경제가 잘 돌아갈까. 그럴 리 없다.

공자는 옛사람, 중국 고대 춘추 시대 사람이다. 2천 5백여 년 전에 살았다. 그런 그의 주장을 현대 경제학의 잣대로 가늠하는 게 마뜩찮다고 할지 모른다. 그러나 그때나 지금이나 그런 기초적인 경제 현상이 달라진 것은 없다. 탐구 대상의 운동 자체가 달라진 게 없으니 지적 오류라는 지적을 피할 길은 없다.

게다가 옛사람이라고 해서 모두 공자처럼 경제에 대해 무지하지는 않았다. 제자백가 가운데 특히 법가의 경제에 대한 이해는 수준이 매우 높았다. 관중은 법가의 원조로 공자보다 170여 년 앞서 태어나 산, 더 옛사람이다. 그는 이렇게 논했다.

> 부유한 사람들이 호사롭게 생활하면 가난한 사람들이 일거리를 얻게 된다.[9]
>
> 부 자 미 지　　빈 자 위 지
> 富者靡之, 貧者爲之。《관자管子》, 제35편 치미侈靡 7.

관 구덩이를 크게 파는 것은 빈민을 고용하는 방도가 된다. 큰 묘를 아름답게 꾸미는 것은 예술을 드러내는(그럼으로써 장인을 고용하는) 방도가 된다. 관곽棺槨을 크게 하는 것은 목공을 고용하는 방도가 된다. 옷과 이불을 많이 장만하는 것은 여공을 고용하는 방도가 된다.[10]

거예암　소이사빈민야　미롱묘　소이문명야
巨瘞埋, 所以使貧民也。美壟墓, 所以文明也。
거관곽　소이기목공야　다의금　소이기여공야
巨棺槨, 所以起木工也。多衣衾, 所以起女工也。
《관자》, 제35편 치미 13.

그야말로 격물치지, 백번 이치에 합당한 이야기이다. 검약이 능사가 아니다. 소비가 충분히 있어 주어야 고용이 늘고 생산이 증대되어 재물이 풍족해지는 것이다.

반면 공자의 격물은 그런 경제 이치에 어긋난다. 왜 그런 일이 일어났을까. 아마도 공자는 자신의 말, 격물치지와 달리 경제 현상이라는 사물 앞으로 나아가는 데 게을리했던 것이 아닐까. 덕德이라는 가치에 함몰되어 이利의 현상인 경제를 소홀하게 다루었던 것 아닐까. 그러니 어찌할 것인가. 달리 뾰족한 수가 있겠는가, 고치는 수밖에. 바로 공자 자신이 한 말 아닌가.

그로부터 400여 년 후 〈염철회의〉라는 것이 열렸다. 한나라 무제의 뒤를 이은 소제昭帝 때 황제의 이름으로 소집된 국정 대토론 회였다. 정치, 국방, 경제 등 국정 전반에 걸쳐 성역 없이 장장 5개월간 토론이 이루어졌다. 토론은 소금과 철, 술의 국가 전매 및 균수법均輸法 존폐 여부 등 국가 경제의 운영에 초점을 맞추어 짜임새 있게 진행되었고, 주요 회의 내용이 기록되어 후대에 환관桓寬에 의해 《염철론鹽鐵論》[11]으로 편찬되었다. 또한 천하의 여론을 수렴하여 국가 백년대계를 세우고 실행해 가겠다는 취지에 맞게 토론 진용이 공직에 있는 재조 인사들과 지적 역량을 갖춘 재야인사들로 균형 있게 구성되었다. 광범위한 토론 영역, 수준 높은 내용 및 격조 있는 진행 등 어느 것 하나 모자람이 없이 훌륭한, 가히 인류 역사에 길이 남을 만한 범국가 정책 토론회였다.

회의 주재는 승상 전천추田千秋가 맡았고 재조 측 토론자로는 당대에 승상, 태위와 함께 삼공三公의 하나로 꼽히던 어사대부 상홍양桑弘羊이 직접 휘하 어사들을 대동하고 나섰다. 상홍양은 상인 출신으로 무제에 의해 발탁되어 국가 주도의 법가적 나라 경제를 운영해 온 최고위직 경제 관료였다. 재야 쪽에서는 전국의 군국郡國에서 추천받은 현량賢良과 문학文學 등 60여 명이 토론자로 나섰다. 현량은 무제가 설립한 태학에서 유생들을 가르치는 교수진, 오경박사들이었고 문학은 그 졸업생들이었다.

무제에 의해 유교가 국교가 되었으나 이후 중국 및 동아시아 유교 문화권 사회가 명실상부한 유교 사회가 된 것은 결코 아니었다. 그러기 위해서는 유교를 국교로 선포한 황제 자신부터 전향해 유가적 통치를 펼쳐야 했으나 그런 일은 없었다. 무제의 법가적 통치는 그의 재위 기간 내내 그대로 유지되었다. 흉노 정벌 등 국방은 대외 팽창 기조 그대로였고, 염철 국가 전매나 균수법 등 경제 또한 국가 주도 기조에 변함이 없었다. 무제 당대에만 그런 것이 아니었다. 중국을 비롯한 동아시아 전통 유교 문화권은 실상 명분과 실제가 따로 돌아가는 이중 구조를 가진 사회였다. 공자와 맹자가 말한 '왕도 정치'라든가 '인, 백성 사랑의 정치'가 실현된 적은 거의 없었다. 대체로 밖으로는 유가의 덕치가 표방되었으나 실제 통치는 법가 방식에 따랐다. 이른바 '외유내법外儒內法'의 통치였다.

〈염철회의〉는 그 축소판이었다. 덕치를 내세우는 유가가 창이 되고 법치로 무장한 법가가 방패가 되어 서로 한 치의 양보 없이 맞붙는 흐름이었다. 재야인사들은 제나라 관중 이래 이어져 내려온 국가 주도 경제 운영에 대해 유교적 시각에서 신랄한 비판을 가하였고 재조 측에서는 법가의 예의 냉정한 현실론으로 차분히 방어하였다. 토론 결과 창이 방패를 뚫지 못하였으므로 전체적으로 재조 측의 선방으로 끝났다고 할 수 있겠으나 그래도 재야 쪽 유가들의 창이 제법 날카로웠다. 공자의 경제 인식에 비하면 가히 후생가외라 할 만했다.

회의는 황제가 조서를 통해 민간의 고통에 대해 묻는 질문으로 시작되었다. 참석한 문학이 대답했다.

제가 듣건대 백성을 다스리는 방법은 향락의 근원을 방지하고 도덕적인 단서를 넓히며, 상공商工의 이익을 억제하고 인의를 펼치고, 재물의 이익을 추구하지 못하도록 한 뒤에야 비로소 제왕의 교화가 다시 부흥할 수 있으며 풍속이 바뀔 수 있다고 합니다. 지금 전국 각지에서는 소금과 철, 술의 전매, 균수법의 시행으로 백성과 이익을 다투어, 인정 많고 순박한 풍속을 해치고 탐욕스럽고 비열한 기풍이 형성되고 있습니다. 그래서 백성 중에 농업에 힘쓰는 자가 적고, 상공업에 전념하는 자가 많습니다. 겉모양이 지나치게 화려하면 속 내용은 쇠약해지고, 상공업이 흥성하면 농업은 쇠하기 마련입니다. 상공업이 발전하면 백성은 사치스러워지나 농업이 발전하면 백성은 진실하고 소박해집니다. 백성이 진실하고 소박하면 재산이 풍족해지지만, 백성이 사치스러우면 굶주림이 발생합니다. 소금, 철, 술의 전매와 균수법을 폐지하여 농업을 촉진시키고, 상공업을 제한하여

농업 발전이 이롭게 되기를 희망합니다.[12]

그렇게 시작은 여전히 고루했다. 산업을 도덕주의적 이분법 위에서 헤아렸다. 농업은 선이고 상공업은 악이었다. 국가가 소금, 철, 술의 전매와 균수법으로 백성들에게 상공업에 나서도록 부추겨 나라에 덕과 절약의 기풍이 저상되고 이익과 사치의 기풍이 조장되고 있으며 이에 따라 백성이 굶주림의 고통을 겪고 있다는 것이었다. 그러니 전매제와 균수법을 폐지하여 상공업을 억제하고 농업을 진흥시켜야 한다는 것이었다. 이에 대해 재조 측에서는 점잖게 대응했다. 어사대부가 나서 나라가 처해 있는 현실을 일깨워 주었다.

흉노는 등을 돌려 모반하여 신하로서의 소임은 다하지 않고, 여러 차례 변방 지역을 침략하고 있습니다. 그들을 막으려니 우리 병사들이 수고롭고, 방비를 소홀히 하면 그들의 침략이 그치지 않을 것입니다. 선제께서는 변방 백성이 오랫동안 피해를 입고 흉노의 약탈에 시달리는 것을 불쌍히 여기셔서 변방 지역에 성을 쌓고 요새를 만들었으며 봉화대를 두고 둔전제屯田制를 실시하여 군사를 주둔시켜 적군을 막았던 것입니다. 방어 비용이 부족하여 염철의 관영사업을 일으키고, 술 전매 제도를 세우며, 균수법을 시행하고 국가 재정을 증가시킴으로써 변방 경비를 보충하고자 한 것입니다. 지금 여러분이 그것을 폐지하고자 한다면, 안으로는 국고가 텅 비게 될 것이고 밖으로는 변방 방어 비용이 부족하게 되어 변방을 수비하는 병사들이 동상을 입거나 굶주리게 될 텐데, 무슨 비용으로 그들을 돌볼 것입니까. 이 정책을 폐지하는 것은 타당하지 않습니다.[13]

한나라는 진나라를 이어받은 중원의 통일 제국이었다. 진과 달리 표면적으로는 군국제였으나 실질적으로는 군현제 국가였다. 변방의 오랑캐로부터 백성들을 지키는 것이 국가의 첫째 할 일이었고 황제가 전국의 군郡 이하 지역들을 직접 통할해야 하니 전국 규모의 행정 조직을 운영해야 했다. 국방 및 행정에 소용되는 막대한 비용을 조달하기 위해서는 전매제가 불가피하다는 것이었다. 그뿐 아니라 국가 전매제로 상업과 공업을 국가가 관리하면 그만큼 백성들이 농업에 더 전념할 수 있게 되는 것이니 백성들에게 이로우면 이롭지 고통을 주는 일은 없다며 다음과 같이 공박하였다.

농업과 공업, 상업은 서로 길이 다릅니다. 가족 중에도 일하는 사람이 많으면 삶이 풍족해집니다. 지금 조정에서 철제 농기구의 규격을 통일해 제작하여 백성이 농업에 힘쓰도록 하고, 공업과 상업을 경영하지 않도록 하면 굶주리는 재난은 없을 것입니다. 소금과 철의 관영이 어떤 해로움이 있다고 폐지를 주장하는 것입니까.[14]

이에 현량이 문학을 거들고 나섰다. 법가의 국가주의적 경제 운영이 가져오는 폐해를 파고들며 추궁했다.

농업은 천하의 중대한 사업이고, 철기는 백성이 농사지을 때 사용하는 중요한 농기구를 만드는 데 필요한 재료입니다. 도구가 편리하면 작은 노력을 들여도 수확이 많고, 농부도 밭에서 즐겁게 일할 수 있습니다. 도구가 불편하면 농지는 황폐해질 것이고, 곡물의 자람도 좋지 않으며, 힘을 다 쏟아도 수확은 절반밖에 안 될 것입니다. 도구의 편리함과 불편함에 대한 결과는 열 배의 차이로 나타납니다. 조정에서 만든 철기는 대부분 큰 농기구이며 백성의 수요에 부합하지 못하고 있습니다. 농부들은 무디고 부서진 도구로 일을 하므로, 힘든 노동을 하면서도 수확은 매우 적고 고통스럽습니다.[15]

경제 문제와 관련해 일찍이 유가에서 보지 못했던 격물치지였다. 그러자 재조 측에서는 꼽을 수 있는 국가 주도 경제의 이점을 빠짐없이 들어 응수했다. 어사대부가 말했다.

병졸·사형수·장인은 관청의 요구에 따라 관영 일을 하면 자금이 충분하고 설비와 공구가 완비되어 있습니다. 그러나 몇 집이 모여 함께 철을 주조하면 시간도 오래 걸리고 자금이 부족하여 제대로 철을 제련하지 못한 나머지 강함과 부드러움이 조화를 이루지 못합니다. 그래서 관리는 소금·철의 관영업을 요청하여 저울 사용을 통일하고 가격을 공평하게 하여 백성과 공가公家가 편리하도록 했습니다. (…) 담당 관리가 철기 만드는 방법을 가르치고 장인이 그 일을 다하면 철의 강도가 알맞아 철기 사용이 편할 것입니다. 이와 같으면 백성에게 무슨 고통이 있겠습니까.[16]

현량은 조금도 물러서지 않았다. 염철의 관영이 노정하고 있는 현실적 폐단을 낱낱이 지적하면서 백성의 고통을 대변해 말했다.

국가가 소금·철을 관리하고 가격을 통일하였으며, 철기는 대부분 필요 이상으로 견고하여 질의 좋고 나쁨을 선택할 방법이 없습니다. 관리는 자주 자리를 비워 제때에 농기구를 구하기 어렵습니다. 백성은 한창 바쁠 때 먼 곳까지 가서 농기구를 구매하니, 바쁜 농사철에 일을 뒤로 미루게 됩니다. 또 관영하는 소금·철의 가격이 너무 비싸 백성이 구매하기가 쉽지 않습니다. 그리하여 가난한 백성은 간혹 나무로 밭을 갈고 손으로 풀을 뽑는 등 형편없는 농기구로 농사를 짓는데, 이렇게 중노동을 하고도 소금기 없는 식사를 합니다. 국가가 경영하는 제철 공장의 제품이 팔리지 않을 때, 어떤 경우는 불공평하게 백성에게 일률적으로 배당하기도 합니다. 관리와 사형수가 만든 철기가 생산량을 채우지 못하면, 때때로 일반인들에게 돕도록 명령하기도 합니다. 백성을 징발하는 데는 끝이 없으며, 게다가 요역은 가중되어 백성이 고통스러워합니다.[17]

이 또한 일찍이 유가에서 볼 수 없었던 격물치지였다. 법가나 유가나 모두 난세에서 사람 사는 세상을 꿈꾸고 각기 나름의 경세제민 방책을 강구해 온 만큼 경제 문제에 대한 격물은 아무리 강조해도 지나치지 않는 일이었다. 그런데 그동안 두 경세가 그룹이 보여 준 경제에 대한 격물은 관점뿐 아니라 수준 차원에서도 차이가 꽤 컸다. 관중 이래 일찍이 법가는 경제에 대한 이해가 깊었다.

최고 권력자가 법을 제정하고 그 법으로 나라를 다스리자는 것이니 경제를 국가 주도의 시각에서 접근하고 살피는 것은 이념에 걸맞은 일이었다. 소금과 철의 전매제나 균수법 등을 도입하여 경제를 국가가 직접 운영하거나 간섭하는 것이 자연스러운 일이었다. 반면 유가의 경제에 대한 이해는 사물 앞으로 나아가 이치를 탐구한다는 뜻의 격물과 거리가 상당히 멀었다. 공자의 경우, 생산이 많고 소비가 적으면 재물이 풍족해진다고 주장할 정도였다.

그랬는데 〈염철회의〉에서 재야 대표이자 유가 대표로 나온 현량이 자못 놀라운 경제 식견을 펼쳐 보인 것이었다. 농업을 중시하고 상공업을 경시하는 유가에 비해 농업·상업·공업 모두가 중요한 산업이라고 보는 점에서는 여전히 법가의 식견이 돋보였으나 그 밖의 사안에 대해서는 수준 차이보다는 관점 차이가 둘을 갈라놓았다. 전제 국가에서 군주가 경제력이 없으면 민란이나 외침으로부터 국가를 보전해 갈 수 없다. 한나라 경우 특히 흉노 등의 침략에 대비해 재정을 밑받침해 줄 염철 전매제와 관영은 필요 불가결한 방책이었다. 하지만 염철 전매제가 백성의 이익을 국가가 가로채는 행위라는 점, 가로챈 이익을 전쟁과 토목 공사 등 민생과 무관한 사업에 쓴다는 점, 관영으로 생산 과정이 수량 중심이 되고 생산되는 품종이 단조로워 소비자의 수요를 제대로 충족시키지 못한다는 점 등을 지적한 현량의 식견은 매우 뛰어난 격물이 아닐 수 없었다.

그러나 거기까지였다. 〈염철회의〉는 거창했으나 그 결과물은 왜소했다. 소금과 철, 술의 국가 전매 및 균수법의 존폐 여부가 개혁의 도마 위에 올랐으나 관철된 것은 술의 전매 폐지뿐이었다.

어사대부 상홍양은 국가 재정을 지켜 냈으나 나이 어린 소제를 등에 업고 〈염철회의〉를 실제 기획했던 반대파에 의해 이듬해 죽임을 당하였다. 후대에 황제에 의해 소집된 또 다른 국가 정책 토론회는 없었다. 유가의 경제 격물치지도 그 수준 이상의 식견을 보여 준 것은 없었다.

외곬 도덕주의

공자는 괴이한 일, (물리적) 힘으로 하는 일, 난잡한 일 그리고
귀신에 관한 일은 입에 올리지 않았다.
子不語: 怪, 力, 亂, 神。《논어》, 〈술이〉 21.

그랬다. 공자는 괴이한 일에 대해 별 관심을 두지도, 이야기하지도 않았다. 이성적으로 이해할 수 있는 일이 아니기 때문이었다. 난잡한 일에 대해서도 마찬가지였다. 몸과 마음을 닦는 데 해로우면 해로웠지 도움이 될 일이 아니기 때문이었다. 귀신에 관해서도 그랬다. 그는 괴력을 행하는 귀신의 존재를 믿지 않았다. 있다고 해도 귀신의 괴력을 빌리고자 하지 않았다. 그는 그저 사람을 믿었다. 사람이 지닌 힘을 믿었다. 사람이 지닌 힘 가운데서 그가 관심을 가진 것은 물리적인 힘이 아니었다. 그는 사람이 가진 도덕적인 힘, 덕에 관심이 있었고 덕의 힘을 신뢰했다. 그는 말했다.

큰 수사슴은 지닌 (육체적) 힘으로 칭송 받는 것이 아니라 지닌

덕으로 칭송 받는 것이다.

<ruby>驥<rt>기</rt></ruby><ruby>不<rt>불</rt></ruby><ruby>稱<rt>칭</rt></ruby><ruby>其<rt>기</rt></ruby><ruby>力<rt>력</rt></ruby>, <ruby>稱<rt>칭</rt></ruby><ruby>其<rt>기</rt></ruby><ruby>德<rt>덕</rt></ruby><ruby>也<rt>야</rt></ruby>. 《논어》, 〈헌문〉 33.

제아무리 멋진 뿔을 가진 수사슴이라고 한들 실제 무슨 덕을 가졌겠는가. 공자가 그 말로 하고자 한 이야기는 무엇일까. 하물며 수사슴 같은 동물에게서도 덕을 찾아볼 수 있을진대 사람이야 두 말할 필요가 없다는 이야기 아닐까. 수사슴은 무기로 쓰는 뿔이 다른 수사슴보다 뛰어나면 무리의 리더로 추앙 받을 수 있는 것이지만 사람은 육체적, 물리적 힘이 아니라 행하는 덕행에서 다른 사람보다 뛰어날 때 비로소 사회적 존경을 받을 수 있다는 이야기가 아니겠는가.

우리가 사는 세상의 여러 분야 각계에 내로라하는 수사슴들이 많이 있다. 하지만 잘난 수사슴이라고 모두가 환영받는 것은 아니다. 어떤 수사슴은 머리에 제대로 멋진 뿔을 가졌다. 그런 사슴은 사람 사는 세상의 희망을 보여 주며 사람들로부터 존경을 받는다. 반면 어떤 수사슴은 엉덩이에도 뿔이 났다. 그런 사슴은 지탄을 받고 심한 경우엔 사회적으로 매장당한다.

메이저 리그는 매해 아메리칸 리그와 내셔널 리그 각 한 명씩 가장 뛰어난 활약을 펼친 투수에게 사이영상을 시상한다. 트레버 바우어Trevor Bauer는 2020년 아메리칸 리그 사이영상 수상자이다. 자유 계약 선수가 된 그는 이듬해 LA다저스와 3년간 총액 1억 2천만 달러(약 1천 344억 원)에 달하는 초고액 연봉 계약을 체결하고 메이저 리그에서도 가장 연봉을 많이 받는 선수가 되었다. 그런데 그는 열일곱 경기 만에 더 이상 출장하지 못하게 됐다. 2021년

6월 자신과 성관계를 맺은 여성을 폭행했다는 혐의로 조사를 받게 된 것이다. LA 지역 검찰은 2022년 2월, 증거 불충분으로 바우어를 불기소 처분했다. 하지만 메이저 리그 사무국은 자체 조사 끝에 324경기 출장 정지 처분을 내렸다. 바우어는 즉각 항소했고, 사무국과 선수 노조가 인정한 법적 중재를 통해 징계를 194경기로 줄였다. 이에 따라 바우어는 2023년 시즌 51번째 경기부터 출전할 수 있게 됐다. 그러나 LA다저스는 바우어와 함께하지 않기로 했다. 2023년 1월 초, 그를 방출했다. 그로써 그는 적籍이 없는 선수가 되었다. 그래도 LA다저스는 한 경기도 뛰지 않을 그에게 올해 남은 연봉 2천 250만 달러(약 283억 5천만 원)를 지급해야 한다. 물론 바우어는 다른 팀과 자유롭게 계약할 수 있었다. 더욱이 그를 데려가는 팀은 연봉 72만 달러(약 9억 원)라는 헐값에 그와 계약할 수 있었다. 그러나 메이저 리그 어느 팀도 그를 영입하지 않았다. 리그에서 최고로 잘난 수사슴이고 게다가 헐값에 쓸 수 있는 상황이었지만 여성을 폭행한 그에게 자리를 내주지 않았다. 그렇게 그는 미국 야구계에서 퇴출되었다.[18]

젊고 잘생겼으며 연기력도 훌륭한 배우가 있다. 2021년에는 청룡영화상 남우 주연상, 백상예술대상 최우수 연기상, 부일영화상 남우 주연상, 아시아 아티스트 어워즈 대상 등을 휩쓸었다. 지금까지보다 장래가 더 촉망되는 그가 안타깝게도 2023년 5월 현재 경찰의 조사를 받고 있다. 경찰은 그가 대마·프로포폴·코카인·케타민 등 4종의 마약류와 향정신성 의약품인 졸피뎀을 의료 이외 목적으로 처방 받아 투약한 것으로 보고 있다.[19] 그런 그와 아무 일 없었다는 듯이 함께할 수는 없는 일이다. 이미 촬영을 마친 영화만 해도 세 편이나 되지만 모두 개봉이 보류되었다. 방송계에서는 한국방송 KBS가 그에게 한시적 출연 제한 조치를 내렸다. 광고계에서도 패션, 식품, 아웃 도어 등 그를 모델로 썼던 10여 개 브랜드가 손절에 나섰다.[20] 그동안 영화는 물론 방송, 광고 분야에서 캐스팅 1순위로 꼽힐 만큼 잘나가던 수사슴이었지만 이제 그는 그만 반면교사로 추락하고 말았다.

잘났으되 엉덩이에 뿔난 사슴이라면 대한민국 정치인들이 빠질 수는 없다. 특히 국회 의원들 가운데는 여·야를 막론하고 머리에 난 뿔보다 엉덩이에 난 뿔이 더 큰 수사슴들이 수두룩하다. 미국 메이저 리그나 우리나라 영화계, 방송계, 광고계라면 곧바로 이름 석 자가 지워질 것이지만 우리나라 정치계는 격이 달라도 한참 다른 동네인 듯하다. 심각한 범죄 혐의로 수사 받고 기소되어도 그곳엔 자정自淨 기능이 작동하지 않는다. 감옥에 갈 때까지 끄떡 없다. 안됐다. 참 안됐다. 그런 그들에게 우리들 민생을 잘 챙겨 주십사 기대하고 있는 우리가 참 안됐다. 너무도 당연한 일이 연목구어緣木求魚가 되어 버린 현실에 많은 사람들이 좌절하고 있다.

그래도 세상은 살 만하다. 잘난 사슴이라고 모두 엉덩이에 뿔이 돋은 것은 아니다. 악행을 저지르며 우리 사는 세상에 나쁜 영향력만 끼치는 것은 아니다. 잘난 사슴 중에는 돋을 곳에만 뿔이 돋은 사슴도 꽤 있다. 덕행으로 우리에게 선한 영향력을 선사하는 이들도 적지 않다.

미국 야구 선수 클레이튼 커쇼Claton Kershaw는 바우어보다 잘난 수사슴이다. 바우어가 오기 전부터 LA다저스팀에 있었고 이미 사이영상을 세 차례나 수상한 투수이다. 2014년에는 사이영상과 함

께 내셔널 리그 최우수 선수상까지 거머쥐었다. 그가 수상한 상에
는 그런 '잘난' 상만 있는 것이 아니다. 그는 2013년 브랜치 리키
Branch Rickey상도 수상했다. 이 상은 선행을 베푼 메이저 리그 선수
에게 주는 상이다. 고등학교 동창인 엘렌과 결혼한 커쇼는 아내와
함께 재단을 설립해 불우한 아이들에게 꾸준히 도움을 주고 있다.
아프리카 잠비아에 있는 고아원과 학교 등을 후원하고 있으며 삼
진을 잡을 때마다 불우 청소년을 돕는 단체에 500달러씩 기부하고
있다.[21]

방탄소년단BTS은 세계적으로 이름을 떨치고 있는 잘난 수사슴
들이다. 그러나 그들은 마약류 복용으로 수사 받고 있는 배우와
사뭇 다르다. 골종양이라는 질환으로 군 면제를 받은 그와 달리,
방탄소년단 멤버들은 나이가 되자 하나둘씩 군에 입대하고 있다.
먼저 입대한 진, 제이홉에 이어 그룹 리더인 RM도 입대를 눈앞에
두고 있다. 당연한 일을 당연하게 하고 있으나 연예계, 스포츠계에
기상천외한 방법으로 병역을 면탈 받는 비리가 적지 않은지라 사
람들 눈에 꽤 신선해 보인다. 게다가 RM은 남다른 미술 애호가로
우리 사회에 선한 영향력을 끼치고 있다.

그는 국내에서는 물론 해외 공연 중에도 없는 시간을 짜내 틈틈
이 박물관, 미술관을 방문해 전시를 관람한다. 2022년 우리나라
국립현대미술관은 미국 로스앤젤레스 카운티 뮤지엄LACMA과 〈사
이의 공간: 한국근대미술〉 특별전을 열었다. 이쾌대, 변원룡, 이중
섭, 박수근, 김환기, 유영국, 장욱진, 권진규 등 기라성 같은 작가
88명의 130여 점의 작품이 전시되었다. 이때 RM은 재능 기부로
오디오 해설을 맡아 주었다. 개막 후에는 전시를 관람해서 홍보도

해 주었다.[22] 미술관 전시를 관람하면 틈틈이 인증 샷을 자신의 SNS 계정에 올린다. 그런 장소들은 'RM 투어'가 되어 방탄소년단의 팬클럽 아미Army들뿐 아니라 일반인들도 찾는 명소가 된다. 그렇게 그는 자신의 셀리브리티를 많은 사람들과 함께 예술을 나누는 데 적극 활용하고 있다.

우리나라 국회에는 잘난 수사슴들이 많다. 그런데 대부분 엉덩이에 뿔이 돋아 있는 사슴들이다. 그들은 '내로남불'의 달인들이다. 내가 하면 로맨스고 남이 하면 불륜이다. 임기 내내 그들은 내로남불을 외치며 교도소 담장 위를 걷는다. 걷다가 교도소 안쪽으로 떨어지면 무조건 정치 탄압, 야당 탄압이다. 부정한 돈을 받은 것이 들켜도 그저 민주 탄압이다. 그러면서도 도무지 부끄러운 줄을 모른다. 범죄의 의혹을 받으면 입에서 윤동주의 〈서시序詩〉 시구까지 천연덕스럽게 읊는다. 시인은 썼다. "죽는 날까지 하늘을 우러러 한 점 부끄럼이 없기를, 잎새에 이는 바람에도 나는 괴로워했다." 최측근이 뇌물 수뢰 등의 혐의로 구속 기소되는 순간, 제1 야당 대표는 "하늘을 우러러 한 점 부끄러움이 없다."며 "검찰 독재정권의 탄압을 뚫고 민생과 민주주의를 위해 거침없이 나아가겠다."고 다짐했다.[23]

새삼 블라디미르 레닌Vladimir Lenin의 명구가 떠오른다. "거짓을 충분히 말하면 진실이 된다. A lie told often enough becomes the truth." 대한민국 검찰과 대한민국 제1 야당 대표, 둘 중 하나는 그런 레닌의 말을 주문처럼 외우고 있음이 틀림없다. '하늘을 우러러 한 점 부끄러움이 없다'는 거물 정객의 말이 진실인지 거짓인지를 판별하는 진실의 순간이 가능한 빨리 오게 되기를 바랄 뿐이다.

레닌의 말을 공자 말씀의 형식에 맞추어 환언해 보면, 사불고 필유린詐不孤 必有鄰, '거짓은 외롭지 않고 반드시 이웃이 있다' 쯤 되겠다. 그러나 공자는 어떤 경우에도 거짓을 용납하지 않았다. 그저 충할 뿐이고 사무사, 생각에 간특함이 없게 진력할 것을 우리 후생들에게 강조했다. 그 '사무사'는 바로 앞 장에서 소개했던 인물, 김장하가 지난 60년간 운영해 온 남성당한약방에 액자로 걸려 있었다. 그는 그 글과 함께, 그 뜻에 그야말로 조금도 어긋남이 없이, 여러 많은 덕행을 오랫동안 그리고 말없이 해 왔다. 그는 어떤 경우에도 욕설은커녕 언성을 높이는 법이 없었다. 느닷없이 휴대폰으로 전화를 해 온 청년이 "왜 (진보단체에) 지원을 했냐며 빨갱이 짓 하지 마라, 반성문을 써서 제출하라."고 고래고래 소리 치는데도 기껏 대꾸하는 말이 예사로운 어조로 "쓸데없는 소리 말아요.", "전화 끊어요."였다.[24] 그러면서 그는 그야말로 '죽는 날까지 하늘을 우러러 한 점 부끄럼이 없기를' 소원하며 오늘도 '사부작사부작', '꼼지락꼼지락' 그의 길을 걷고 있다.

일찍이 공자는 멋진 수사슴에게서 강자의 힘이 아니라 그 같은 군자의 덕을 보았다. 그가 밝히고 걸었던 '군자의 길'은 고단한 길이었다. 힘들었지만 그는 옛사람들에게서, 동시대 현자들에게서 또한 두려운 후생들에게서 길동무를 찾고 또 보았다. 그는 믿었다.

덕은 외롭지 않고 반드시 이웃이 있다.

덕 불 고　필 유 린
德不孤, 必有鄰。《논어》,〈이인〉 25.

틀리지 않았다. 그가 보았고 닦았던 덕이 2천 5백 년이 지난 오늘에도 마르지 않고 클레이튼 커쇼, 방탄소년단 RM, 김장하 같은 이들 속에서 힘차게 샘솟고 있다. 덕분에 우리는 살맛을 느끼며 그들과 함께 사람 사는 세상의 꿈을 이어간다.

'군자의 길'은 힘들고 어려운 길이다. 못난 자, 어리석은 자에게 어려운 것은 당연하겠으나 잘난 자, 지혜로운 자에게도 어려운 길이다. 자사는 《중용》에서 공자의 말을 이렇게 전한다.

> 도가 행해지지 않는 그 이유를 알겠다. 지혜로운 자는 지나치고, 어리석은 자는 미치지 못하기 때문이다. 도가 밝혀지지 않는 그 이유를 알겠다. 현명한 자는 지나치고, 못난 자는 미치지 못하기 때문이다.[25]
>
> 도 지 불 행 야　　아 지 지 의　　지 자 과 지　　우 자 불 급 야
> 道之不行也, 我知之矣。知者過之, 愚者不及也。
> 도 지 불 명 야　　아 지 지 의　　현 자 과 지　　불 초 자 불 급 야
> 道之不明也, 我知之矣。賢者過之, 不肖者不及也。
> 《중용》 4.

《논어》도 같은 내용의 메시지를 담아 전하고 있다. 자공이 공자에게 물었다.

> "사(자장)와 상(자하) 가운데 누가 더 현명한지요." 공자가 답했다. "사는 지나치고 상은 미치지 못한다." 자공이 말했다. "그런즉 사가 더 낫겠습니다." 공자가 말했다. "지나침은 미치지 못하는 것과 같다."

師與商也孰賢。子曰。師也過, 商也不及。
曰。然則師愈與。子曰。過猶不及。《논어》.〈선진〉 16.

훌륭한 지혜의 말이 아닐 수 없다. 아니, 지혜로움을 넘어 한 점 하자 없는 진리의 말씀이겠다. 그런데 진리를 펼쳐 보이는 선생에게서 '지나침'을 보아야 한다면, 그것은 매우 곤혹스럽고 고통스러운 일이 아닐 수 없다. 그래도 어쩌랴. 감히 드러내 보여야 한다. 그것이 공자가 모든 것의 출발로 삼았던 격물치지 아닌가. 또한 그가 강조해 마지않았고 스스로도 힘써 행했던 '과즉물탄개過則勿憚改'의 정신 아닌가.

공자에 따르면 세상에 사람이 하는 일에는 두 가지가 있다. 하나는 덕업이고 다른 하나는 생업이다. 생업은 인간이 살아가는 데 필요한 물자를 만들고 교환하는 일이다. 농업·상업·공업 등이 그것이다. 그런 생업은 소인, 백성이 하는 일이다. 군자, 사족 이상의 사대부는 생업에 종사하지 않는다. 생업의 일은 그들에게 몰라도 되는 일, 아니 모르는 게 당연한 일이었다. 공자 문하라면 그 정도 대강은 미리 파악하고 있어야 할 것인데 번지는 꽤 눈치가 없었던 듯하다. 그는 농사짓는 법을 물었다가 군자의 일이 아닌 것을 왜 묻느냐며 공자한테 여지없이 면박을 당했다.[26] 증자는 그러한 스승 공자의 군자와 소인 간 분업론을 《대학》에서 재확인한다.

나라의 우두머리가 재무에 능하다면 이는 반드시 소인에게서 비롯된다. 그가 선한 자라 하더라도 소인이 나라를 다스리게 하면 재앙과 해악이 함께 따르게 된다. (이는) 비록 선한 자가 있을지라도 어찌해 볼 방도가 없는 일이다. 그래서 나라(를 다스릴 때)는 이익으로 이익을 창출하지 말고 의로움으로써 이익을 창출해야 하는 것이다.[27]

長國家而務財用者, 必自小人矣。

彼爲善之, 小人之使爲國家, 菑害並至。

雖有善者, 亦無如之何矣。

此謂國不以利爲利, 以義爲利也。《대학장구》 11.

잘 알려진 너무도 유명한 정치 슬로건이 있다. "바보야, 문제는 경제야. It's the economy, stupid." 1992년 미국 대통령 선거에서 빌 클린턴이 한 말이다. 겨우 아칸소주 지사 경력이 전부일 만큼 중앙 정치 무대에서는 신출내기였던 그가 현직 대통령 조지 부시를 꺾고 대통령에 당선되는 데는 이 슬로건이 크게 주효했다. 부시 행정부의 경제 정책 실패를 부각시켜 국민들의 마음을 얻은 것이었다. 2천 5백 년 전 공자의 생각은 판이하게 달랐다. 클린턴의 표현을 차용해 쓰자면, "바보야, 문제는 덕이야. It's the virtue, stupid."라고 한 것이었다. 소인과 달리 군자는 나라를 다스릴 때 '이익'이 아니라 '의로움'을 추구함으로써 이익을 창출한다는 것이다. 참으로 기상천외하고 신묘한 방법이 아닐 수 없다. 그런데 과연 그게 가능한 일인가. 이론상 국가가 계획하고 통제하는 공산 경제 체제라면 혹 가능할지 모르겠다. 그러나 그런 경제는 20세기에 시도되었다가 돌이킬 수 없는 실패로 끝났다. 말로는 '의로움'을 추구한다고 했으나 실제로는 독재와 부패를 추구했고 이익 창출은커녕 인민들에게 극심한 생활 고통을 안겨다 주며 파탄으로 끝났지 않았던가.

사람이 살아가는 삶의 현장은 간단하지 않다. 사람살이에 꼭 필요한 가치들이 서로 마찰 없이 조화로우면 좋으련만 그런 일은 좀처럼 없다. 꼭 필요하고 유용한 가치들은 서로 상충하는 것들이 많다. '의로움'과 '이익'도 그러한 가치들이다. 이런 관계를 간과하면 아무리 좋은 말씀이라도 공담空談이 되고 만다. 공자 이야기 중엔 그런 이야기가 없지 않다. 그래서 좋은 말이긴 하나 실행이 불가능한 헛된 이야기를 사람들이 '공자 말씀'이라고 하지 않는가.

정치란 무엇인가. 삼십 대 중반부터 나이 칠십에 이르기까지 공자가 가는 곳마다 듣고 답했던 단골 문답이었다. 천하 주유 중에 공자가 채蔡나라를 거쳐 섭 지방으로 갔을 때였다. 공자 나이 예순 둘 때였다. 그곳의 대부 섭공葉公을 만났다. 그도 공자를 만나자 '정치란 무엇인지요'라고 물었다. 공자가 덤덤하게 답했다.

가까이에 있는 사람들을 기쁘게 해 주면, 먼 곳에 있는 사람들이 찾아옵니다.

근 자 열   원 자 래
近者說, 遠者來。《논어》, 〈자로〉 16.

지당한 말이 아닐 수 없다. 그런데 어떻게 해야 가까운 사람들을 기쁘게 할 수 있는 것일까. 다른 것이 있을 수 없었다. 공자에 따르면 남에게, 백성들에게 덕을 베풀어야 하는 것이었다. 덕이 있는 사람은 남에게 일을 먼저 시키지 않는다. 제자 자로가 정치에 대해 묻자 공자는 궂은일에 대해 솔선수범할 것을 말한다.

> 그들(백성)보다 먼저 앞장서 그것을 하고, 그런 다음에 그들이
> 그 일에 힘쓰도록 해야 한다.[28]
> _{선 지}　_{노 지}
> 先之, 勞之。《논어》,〈자로〉 1.

그렇지 않으면 말이 먹히지 않기 때문이었다.

> 내 자신의 몸가짐이 바르면 명령하지 않아도 행해지나, 내 자신
> 의 몸가짐이 바르지 아니하면 명령해도 따르지 않는다.
> _{기 신 정}　_{불 령 이 행}　_{기 신 부 정}　_{수 령 부 종}
> 其身正, 不令而行, 其身不正, 雖令不從。《논어》,〈자로〉 6.

그렇기에 나라는 법가가 주장하는 것처럼 법치로 다스려서는
안 되고 덕치와 예치로 하여야 한다는 것이었다.

> 법령으로 이끌고 형벌로 다스리면 백성은 용서를 받아도 부끄
> 러운 줄 모른다. 덕으로 이끌고 예로써 다스리면 부끄러움을 알
> 고 또한 스스로 (잘못을) 고쳐 간다.[29]
> _{도 지 이 정}　_{제 지 이 형}　_{민 면 이 무 치}
> 道之以政, 齊之以刑, 民免而無恥。
> _{도 지 이 덕}　_{제 지 이 례}　_{유 치 차 격}
> 道之以德, 齊之以禮, 有恥且格。《논어》,〈위정〉 3.

공자 일생을 두고 흔들리지 않은 신념이었다. 14년이나 천하
주유하면서 세상의 온갖 풍파를 다 겪고도 그는 일관되게 오로지

덕치를 말했다. 떠나기 전이나 후나 노나라 정세는 변한 것이 없었다. 여전히 삼환 천하, 계씨 천하였다. 계강자는 나이 일흔을 목전에 둔 공자를 예를 갖추어 돌아오게 했다. 그로부터도 공자는 '정치란 무엇인지요'라는 매양 똑같은 질문을 받았는데 그때 비유로 한 답이 이랬다.

군자의 덕은 바람과 같고, 소인의 덕은 풀과 같습니다. 풀 위로 바람이 불면 풀은 반드시 눕습니다.

_{군 자 지 덕 풍}　_{소 인 지 덕 초}　_{초 상 지 풍}　_{필 언}
君子之德風, 小人之德草。草上之風, 必偃。
《논어》, 〈안연〉 19.

바람이 불면 풀이 눕는 것은 자연의 이치이다. 바람이 강하게 불면 많이, 약하게 불면 살짝 바람 부는 대로 눕는다. 그러나 그런 바람의 힘에 덕이 딱 맞게 비유될 수 있는 것일까. 사람 사는 곳의 이치는 꼭 그렇지 않다. 군자, 윗사람이 덕을 베풀 때 많은 경우 아랫사람이 감사하며 따른다고 볼 것이나, 모두가 그런 것은 아니다. 더러는 그의 어짊을 이용해 자기의 잇속을 채우려 하고 심한 경우는 그를 해치려 들기도 한다. 그게 인간 사회의 현실이다. 풀은 위로 바람이 불어오면 '반드시' 눕지만 인간 사회의 아랫사람은 윗사람이 덕을 베풀어도 그 덕에 '반드시' 따르지는 않는다.

공자는 그런 일반화에 그치지 않았다. 덕과 덕치에 대한 그의 믿음은 극단으로 치달았다.

자공이 정치에 대해 물었다. 공자가 답했다. "식량과 군비를 충분히 갖춰야 하며 백성의 믿음을 얻어야 한다." 자공이 물었다. "부득이 하나를 버려야 한다면 이 세 가지 가운데 무엇을 먼저 버려야 하는지요." 공자가 답했다. "군비를 버려야 한다." 자공이 물었다. "부득이 하나를 버려야 한다면 (남은) 두 가지 가운데 무엇을 먼저 버려야 하는지요." 공자가 답했다. "식량을 버려야 한다. 자고로 사람은 모두 죽기 마련이나 백성의 믿음 없이 나라가 존립할 수는 없다."

子貢問政。子曰。足食, 足兵, 民信之矣。

子貢曰。必不得已而去, 於斯三者何先。

曰。去兵。子貢曰。必不得已而去, 於斯二者何先。

曰。去食。自古皆有死, 民無信不立。《논어》, 〈안연〉 7.

예나 지금이나 다르지 않다. 구성원 간 신뢰가 없는 곳이 사람 사는 세상일 수 없다. 국가 권력에 대한 신뢰가 없는 나라가 나라다운 나라일 수 없다. 그러니 군주에게, 권력층에 백성이 믿고 따를 만한 모범을 보일 것이 요구된다. 그만한 도덕성을 갖추어야 하는 것이다. 실제 지도층이 그런다면 지극히 바람직한 일이 아닐 수 없다. 그보다 더 좋을 수 없다. 그러나 덕이면 다 된다는 이야기는 지나쳤다. 지나쳐도 많이 지나쳤다. 덕만 있으면 세상에 못할 게 없다는 것인데 과연 그럴까. 덕이 경제를 대체할 수 있을까. 덕으로 먹고살 것을 만들어내기라도 한단 말인가. 덕이 국방을 대체할 수 있을까. 덕으로 나라를 지킬 수 있다는 말인가. 오늘날은 물론이거니와 옛날, 공자 때도 그 이전에도 그런 일은 없었다. 과

문한 탓인지 모르나 덕에서 먹고살 쌀이 나오고, 나라를 지켜 줄 방패가 나오는 일은 인간 역사에 일찍이 없었다.

'송양지인宋襄之仁'이라는 고사성어가 있다. 공자가 태어나기 전 일이었다. 송나라 환공桓公의 뒤를 이어 작은아들 자부玆父가 위에 올랐다. 양공襄公이었다. 그는 이복형 목이目夷를 재상에 임명했다. 목이는 신중했고 세상 돌아가는 일을 알았다. 반면 양공은 헛바람이 크게 든 인물이었다. 춘추 오패의 첫 패자인 제나라 환공이 죽자 언감생심 중원의 패자 자리를 노렸다. 그 야심이 화를 불러 초나라가 쳐들어오게 되었다.

기원전 638년 겨울이었다. 초나라 성왕成王이 쳐들어오자 양공은 그를 홍수泓水에서 맞아 싸웠다. 초나라의 군대가 강을 다 건너지 않았을 때 목이가 진언했다. "저들은 군대가 많고 우리는 적으니 강을 건너기 전에 공격하십시오." 양공은 듣지 않았다. 초나라 군대가 강을 건넜으나 전열을 미처 갖추지 못하고 있자, 목이가 재촉했다. "지금이라도 공격할 수 있습니다." 양공이 말했다. "저들이 전열을 갖추기를 기다려라." 초나라 군대가 전열을 다 갖추자 비로소 양공은 공격을 개시했다. 송나라 군대는 크게 패하고 양공은 허벅지에 부상을 입었다. 송나라 사람들이 모두 양공을 원망했으나 그는 태연히 말했다. "군자는 남이 곤경에 처했을 때 공격하지 않는다. 전열을 갖추지 못한 적에게 진격의 북을 울리지 않는다." 그리고 결국 그때 당한 부상으로 이듬해 죽었다.[30]

그렇듯 덕은 전시에 우리를 적으로부터 안전하게 보호해 주지는 않는다. 그러나 그런 양공도 공자에 비하면 덕에 대한 신앙이 그리 깊지 못하다 하겠다. 양공은 어쨌든 나라를 지킨다고 군사를 움직여 싸우러 나갔고, 전투에 이겨 보겠다며 비록 세상에 처음 보는 병법이긴 하나 가히 '덕진법德陣法'이라고 칭할 진법을 펼쳤다. 하지만 공자는 병사를 움직이는 것 자체에 관심이 없는 인물이었다. 천하 주유 때 위나라에 가서 공직 자리를 알아볼 때였다. 위영공이 혹 써 볼까 하여 공자에게 진법에 대해 물었다. 이에 예순을 눈앞에 둔 공자가 이렇게 답했다.

(제사상에) 제기를 놓는 법에 관해서는 일찍이 들었습니다만, 군 병력 운용에 관한 일은 미처 배우지 못했습니다.

조 두 지 사 즉 상 문 지 의 군 려 지 사 미 지 학 야
俎豆之事, 則嘗聞之矣, 軍旅之事, 未之學也。
《논어》, 〈위영공〉 1.

도덕주의도 외곬, 순수 그 자체였다. 춘추 전국의 피바람 이는 전란 속에서 어떻게든 살아남는 것이 최고 덕인 시대 아니었는가. 그런 때에 어떤 군주가 그런 책상물림 도덕군자를 높은 자리에 두어 어떻게 나라의 안녕과 번영을 기대할 수 있겠는가. 그러나 공자는 그런 시대 상황에 아랑곳하지 않고 태평성대를 이루었던 요순의 숭고, 전능한 덕을 본보기로 들고 또 들었다. 《논어》〈옹야〉 편[31]에 이어서 〈태백〉과 〈위영공〉 편에서도 요순 성덕을 거듭 찬송하였다.

크도다. 요임금의 임금됨이여. 높고 또 크도다! 오직 하늘만이 큰데, 오직 요임금만이 하늘을 본받았도다. 넓고 또 넓도다. 백성들이 도저히 이름 붙일 수가 없었다. 높고 또 크도다, 그가

이룬 공적이. 빛나도다, 그가 남긴 예악과 법도가.

大哉。堯之爲君也, 巍巍乎。唯天爲大, 唯堯則之。

蕩蕩乎, 民無能名焉。巍巍乎, 其有成功也。

煥乎, 其有文章。《논어》, 〈태백〉 19.

아무것도 하지 않아도 (나라를 잘) 다스린 이, 그는 순임금이었
다. 그가 무엇을 하였던가. 몸을 공손히 하고 남면하고 있었을
뿐이다.

無爲而治者, 其舜也與。

夫何爲哉, 恭己正南面而已矣。《논어》, 〈위영공〉 5.

높고 또 크도다. 순임금과 우임금은 천하를 가지시고도 (아랫
사람 하는 일에) 간여하지 않으셨다네.

巍巍乎。舜禹之有天下也, 而不與焉。《논어》, 〈태백〉 18.

잘 알다시피 요·순은 중국 설화 시대 삼황오제의 끝자락에 위
치한 막내 레전드들이다. 실존 인물이라고 한다면 기원전 2400년
경, 황허 유역에서 연맹체를 이루고 모여 살고 있던 중화 촌락의
족장들이다. 당시는 씨족 중심의 작은 촌락들이 모여 부족 커뮤니
티를 이루고, 작은 부족 커뮤니티들이 모여 큰 부족 공동체를 이루
어 가던 시기였다. 커다란 부족 공동체 안에서 작은 부족 부락,
그 안에서 다시 씨족 촌락을 이루며 모두가 '함께' 살고 있었다.

생산도 소비도 함께했다. 씨족이 하나가 되어 먹을 것, 입을 것, 잘 곳을 같이 생산하고 함께 소비했다. 네 것 내 것을 나누지 않았으니 개개인에게 분배할 것이 별로 없었다. 모두가 모두의 것이었다. 재산을 두고 서로 다툴 일이 별반 없었다. 요임금, 순임금이라고 하나 붙여진 '임금'은 후대의 군주 같은 사회적 신분이 아니었다. 그저 황하 유역에 모여 사는 중화 부족을 대표하는 어른이었다.

'정치'가 무엇인가. 고등학생을 위한 정치 경제 용어 사전을 보자. 정치란 '누가 무엇을 얻는가 하는 배분 문제를 둘러싸고 다양한 참여자 간에 발생하는 갈등을 의견 조정을 통해 해결해 가는 과정'이다. 요임금, 순임금이 다스렸던 사회는 재산이 공동 소유였다. 재산을 둘러싼 갈등이 거의 없었다. 게다가 '임금' 자리도 신분 혹은 계급이 아니었다. 그저 부족에서 공경 받는 어른이었다. 그러니 신분을 둘러싼 갈등도 없었다. 그렇게 부귀를 둘러싼 갈등이 없는 곳에 과연 '정치'가 있었을까. 있었어도 공자 시대와 같은, 그리고 오늘날과 같은 시대의 소요所要에 비해서는 매우 보잘것없는 정도 아니었을까.

그때 황하 유역에 자리하고 있던 중화 부족체가 눈앞에 두고 있던 가장 큰 위협은 대외적 침탈 같은 것도 아니었다. 인구는 적었고 황하 유역에 농사짓고 살 땅은 넓었다. 특별히 비옥하고 비옥하지 않은 땅이 따로 없었다. 황하가 넘치면 어느 곳은 봐주고 어느 곳은 안 봐주고 하는 것이 있을 수 없었다. 범람하면 모두가 다 홍수의 피해를 보는 것이었다. 그러니 부족의 주된 위협은 사회적인 것도 대외적인 것도 아닌 자연적인 것이었다. 치수하여 부족을 황하의 범람으로부터 보호하는 것, 그것이 부족 공동체의 수장에게 맡겨진 일이었다. 후대 군주들처럼 사회적 갈등 해소나 대외 관계 등 여기저기 살펴보고 결정해야 할 것이 많은 것이 아니었다. 그저 유능한 사람을 찾아 황하의 치수를 맡기면 따로 할 일이 별로 없었다. 그래서 순임금이 치수에 능한 우禹를 발탁해 일을 맡기고 일절 간여하지 않을 수 있었던 것이었다. 더욱이 재산 사유제도 아니고 신분제도 아니었던 만큼 맡겨진 일을 잘 해낸다고 해서 수장에게 돌아갈 것은 다른 것이 없었다. 말이 '임금'이지 그야말로 공동체를 위해 헌신하는 일꾼일 뿐이고 그로써 구성원들이 기꺼이 바치는 공경 같은 명예가 유일한 대가였다. 그러니 요도 순도 자식에게 자리를 물려주기보다는 덕망 있고 유능한 사람을 찾아 선양을 했던 것 아니겠는가.

이후 시대가 달라졌다. 사회가 그야말로 상전벽해, 몰라보게 달라졌다. 예전엔 모두가 '우리 것'이었는데 '네 것', '내 것'이 생겼다. 누구는 부유해지고 누구는 가난해졌다. 예전엔 다 같은 가족이고 일가친척이었는데 신분이 생기고 계급이 생겼다. 누구는 귀한 사람이 되었고 누구는 평민이 되었다. 그에 따라 사람들도 엄청나게 달라졌다. 부귀를 두고 서로 갈등하고 다투었다. 남의 나라를 침략하고 빼앗았다. 사람들 사이의 가치 배분 문제가 복잡다단해졌다. 예전과 같은 요순 성덕으로 해결될 일이 아니었다. 이미 부유하고 이미 지체가 높은 사람이 더 이상 욕심을 부리지 않고 궂은 일에 앞장선다고 가진 게 없는 사람이, 지체가 낮은 사람이 감지덕지하며 윗사람에 순종할까. 세상엔 그렇듯 순진한 윗사람과 순진한 아랫사람들만 살지 않는다. 순진한 덕과 덕치로는 면종복배面從腹背를 증폭시키고 갈등을 더 고약하게 키워 갈 수도 있다. 진짜

'정치'가 긴요해졌다.

사람살이에 덕이 다가 아니다. 덕과 함께 힘이 뒷받침되어 주어야 한다. 먹고살 것이 있어야, 경제력이 있어야 덕을 실천할 수 있다. 경제력은 덕행의 수단이다. 수단 없이 덕을 실천할 수는 없는 일이다. 클레이튼 커쇼가, RM이, 김장하가 세상에 선한 영향력을 선사하고 있는 것도 그들이 그럴 수 있는 경제력을 갖고 있기 때문 아닌가. 또한 나라가 있어야 사람 사는 세상이 있는 것 아닌가. 남의 나라를 무도하게 침략하고 자의적으로 지배하려는 자들로부터 삶터를 지켜내지 못하는 판에 무슨 사람 사는 세상이 있겠는가. 우크라이나가 공자의 덕치로 무장되어 있었다 해서 블라디미르 푸틴Vladimir Putin의 침략을 막을 수 있었겠는가. 그로써 러시아의 침공을 격퇴시킬 수 있었겠는가. 우리가 공자의 덕치로 무장되어 있다고 해서 북한 김정은의 핵 위협으로부터 안전할 수 있겠는가.

덕을 갖춘 사람은 참으로 소중한 사람들이다. 그들이 있어서 사람 사는 세상을 꿈꿀 수 있다. 그러나 공자 말대로 과유불급, 지나침은 모자람만 못하다. 덕에 대한 전적인 믿음은 위험하다. 덕은 사람이 살아가야 할 방향을 가리킬 뿐, 사람 사는 세상으로 갈 수 있는 수단을 제공하지는 않는다.

역주행 차별주의

공자의 도덕주의는 사람 사는 세상에 오로지 덕만을 유일한 가치로 둘만큼 완고했다. 또한 국방이나 경제에 앞서 백성의 신뢰를 최고의 가치로 둘 만큼 순진했다. 그런 도덕 도그마에 빠질 때 '정치'는 바로 위험에 빠진다. 부富와 귀貴라는 가치를 둘러싼 갈등과 다툼을 완화하거나 해소해야 하는 본연의 기능을 다하기 어렵기 때문이다. 공자의 '군자학'은 또 다른 독소를 안고 있다. 사람을 여러 차원에서 차별한다. 이는 도덕주의 못지않게 치명적인 도그마이다. 도덕주의는 덕만을 유일한 가치로 고집함으로써 정치가 본연의 기능을 다하지 못하게 한다는 비판을 받는 것이지만 차별주의는 '군자학'이 낸 '군자의 길'을 역주행하게 만드는 모순적 도그마라는 데 문제의 심각성이 매우 크다고 하겠다.

공자의 '군자의 길'은 인, 사람 사랑과 백성 사랑을 실천하는 길이다. 그런데 '군자학'은 사람을 차별하고 백성을 무시한다. 차별하고 무시하는 것이 어짊일 수는 없다. 너무도 뼈아픈 모순이다. 그것도 세 가지나 된다. 이로써 '군자학'은 내세운 최고의 가치를 스스로 훼절하고 '군자의 길'을 위태롭게 만들고 있다. 매우 안타깝고 또 애석한 일이다.

그 첫째로, 편협한 중화주의가 안타깝고 애석하다. 군자는 사람 사랑, 인을 베푼다 하였는데 그 사람에 '오랑캐'가 포함되지 않는 것이다. 공자는 '중화'와 '오랑캐'를 가르고 차별한다. 그 둘 사이에 다름이 아니라 차등을 둔다. '중화'는 우월하고 '오랑캐'는 열등하다. 그는 말한다.

오랑캐들에게 임금이 있어도, 이는 중원에 군주가 없는 것만 못하다.

이 적 지 유 군　　불 여 제 하 지 무 야
夷狄之有君, 不如諸夏之亡也。《논어》, 〈팔일〉 5.

앞 5장에서 살펴본 바 있거니와, 김원중은 이 말에 대한 해석이 분분하다며 주를 달아 소개하고 있다.[32] 어떤 이는 중원이 오랑캐보다 못하다고 한다지만 이는 오독이라고 본다. 반대로 오랑캐가 중원보다 못하다고 해석함이 바른 읽기라 하겠는데 이에도 여러 버전이 있다. 다산 정약용의 경우, "군주가 있어 그가 오랑캐의 도를 따르는 것보다는 군주가 없어도 제하諸夏(중원)의 도를 지키는 것이 낫다."라고 읽었다. 자칫 잘못 읽을세라 조심스러워함이 느껴진다. 그러나 굳이 그렇게 복잡하게 헤아려 읽어야 할까. 다산도 당연히 참고했을 해석이 이미 존재한다. 6세기경 중국 남북조시대 때 양나라 국자감의 교수를 지냈던 황간이라는 학자가 낸 것이다. 그는 《논어의소》에서 이 문장에 대해 이렇게 해설했다. "이 장은 중국(중원)을 중시하고 만이蠻夷를 천시한 것이다. 제하諸夏는 중국이다. 무亡는 없다는 것이다. 즉 오랑캐에게 비록 군주가 있어도 중원에 군주가 없는 것에 미치지 못하는 것을 말한다."

군더더기 없는 간단명료한 해석 아닌가. 공자의 그 문장을 달리 부드럽게 포장할 여지는 별반 없다. 다른 곳에서도 공자는 오랑캐에 대해 같은 맥락으로 논하고 있지 않은가. 중화는 문명이고 오랑캐는 야만이다. 군자는 중화를 거칠고 못된 사람들로부터 보전해야 한다. 사방 오랑캐들은 어느 누구 하나 함께 어울려 살 만한 사람들이 못 된다.

오직 어진 사람만이 그들을 흩어놓을 수 있다. 사방 오랑캐 땅으로 내쫓아 (문명 세계인) 중원 지역 나라와 함께하지 못하게 한다.[33]

唯仁人放流之, 迸諸四夷, 不與同中國。《대학장구》11.
<small>유 인 인 방 류 지　병 저 사 이　부 여 동 중 국</small>

어느 날 제자 자로가 강함에 대해 물었다. 자로는 중화와 오랑캐 간 차이를 말해 달라고 한 것이 아니라 그저 '강함이란 무엇인지 요'라고 물었을 따름이었다. 그런데 공자는 애써 중화와 오랑캐를 비교해 둘이 지닌 강함이 각기 어떻게 다른지를 설명하면서 오랑캐를 비하한다.

너그러움과 부드러움으로 가르치고 무도함에 보복하지 않는다. (그것이) 남방의 강함이며 군자는 그곳에 거처를 둔다.[34]

寬柔以敎, 不報無道, 南方之强也, 君子居之。《중용》10.
<small>관 유 이 교　불 보 무 도　남 방 지 강 야　군 자 거 지</small>

남방 사람, 즉 중화 사람들이 그렇게 덕이 있고 덕 속에 강함이 있다는 이야기다. 반면 북방 사람, 즉 오랑캐들은 관용 같은 덕을 모를 뿐 아니라 그저 싸움터에 나가 죽음도 불사하는 야만족들이다.

(전쟁에 나가) 갑옷을 깔고 죽어도 싫어하지 않는다. (그것이) 북방의 강함이며 그저 강하기만 한 자가 그곳에 거처한다.[35]

衽金革, 死而不厭, 北方之强也, 而强者居之。《중용》10.
<small>임 금 혁　사 이 불 염　북 방 지 강 야　이 강 자 거 지</small>

이렇듯 중화를 높이고 오랑캐를 비하하는 관은 안타깝게도 시간이 흐름에 따라 중원의 전통으로 굳어진다. 급기야는 오랑캐를

인면수심人面獸心, '사람 얼굴을 지녔으나 짐승 같은 심성'을 가진 존재로까지 비하해 말하게 되었다.

> 이러한 까닭에 (공자는)《춘추》에서 '여러 중국 민족을 안으로 들이고 오랑캐는 밖으로 보낸다'고 했다. 오랑캐의 사람들은 탐욕스러워 이익을 밝히고 머리를 풀어 헤친 채 옷섶을 왼쪽으로 여며서 입으며 얼굴은 사람이면서도 짐승의 심성을 가졌다.
>
> 시 이 춘 추　내 제 하 이 외 이 적　이 적 지 인 탐 이 호 리
> 是以春秋, 內諸夏而外夷狄。夷狄之人貪而好利,
> 피 발 좌 임　인 면 수 심
> 被髮左衽, 人面獸心。《한서》,〈흉노전하匈奴傳下〉 57.

이 글은 사마천에 비견되는 중국의 정사 역사가 반고班固가 쓴 《한서》에 수록되어 있는 글이다. 공자가 말년에 집필한 노나라 역사서 《춘추》에 기댐으로써 자신의 오랑캐 비하관이 비단 자기 개인의 견해에 지나지 않는 것이 아닌, 중원의 오랜 역사적 공감대를 가진 것임을 말하고 있다. 그러한 오랑캐 비하관이 중화 사람들의 자존감을 높여 주는 데 얼마나 큰 기여를 했는지는 잘 모르겠다. 진지하게 관심을 가져 볼 사안도 아니고 따져 볼 만한 가치가 있는 주제도 아니다. 그러나 못내 안타까운 일이 아닐 수 없다.

공자의 인은 서에서 나온다. 서의 시선은 충의 시선과 달리 너그럽고 따뜻하다. 역지사지, 다른 사람의 입장이 되어 남의 처지를 헤아리니 다른 사람에게 모질게 하지 않는다. 모자란 사람이라고 멸시하지 않는다. 기소불욕己所不欲 물시어인勿施於人, 자기가 바라지 않는 것을 남에게 하지 않는다. 그런 어짊을 실천하는 사람이

군자이다. 그런 사람이 오랑캐 지역에 사는 사람들이 옷섶을 오른쪽으로 하는 자기들과 달리 옷섶을 왼쪽으로 한다고 하여 깔보고, 어떤 기준에서 말하는 것인지는 모르지만 자기들보다 탐욕스럽다고 하고, 인면수심을 가졌다고 능멸해도 되는 것인가. 어떤 경우에도 멸시와 능멸은 인이 아니지 않은가. 어짊을 배반하는 행위 아닌가. 그런 반인反仁 행위자가 군자다?

오랑캐 비하관과 '군자의 길'은 어울리지 않는 조합이다. 그 둘 사이에 있는 모순을 제거하자면 공자가 말하는 인의 실천을 '사람 사랑'에서 '중화인 사랑'으로 좁혀 놓아야 한다. 그리되면 '군자학'이 밝혀낸 위대한 소통의 원리, 서와 역지사지, 화이부동 등을 모든 사람들에게 통하는 보편 원리가 아닌 중화 사람들끼리만 통하는 특수 원리로 격하되고 만다. '군자학'에서 사람 사는 세상으로 가는 보편적 종합 윤리학의 가능성을 보고 그 발전을 기대하는 이들에게는 여간 애석한 일이 아닐 수 없다.

두 번째로, 공자의 성차별이 안타깝고 애석하다. 혹자는 군자는 사람 사랑, 인을 베푼다고 하였는데 그 인을 행하는 주체나 객체 모두에서 '여성'이 배제되어 있다. 《논어》에서 여성에 관한 언급이 있는 곳은 숫자상으로 딱 세 곳이다. 두 곳은 같은 내용이 반복되어 있으니 내용상으로는 두 곳이다. 먼저, 두 곳 〈자한〉과 〈위영공〉 편에서 거듭하고 있는 말은 이렇다.

나는 덕을 좋아하는 것을 마치 여색을 좋아하는 것처럼 하는 사람을 보지 못했다.

오 미 견 호 덕 여 호 색 자 야
吾未見好德如好色者也。《논어》, 〈자한〉 18 / 〈위영공〉 13.

딱 꼬집어 무엇을 말하고자 했는지 단정하기는 쉽지 않아 보인다. 다만 여색을 좋아하는 것은 쉽고 덕을 좋아하는 것은 어렵다. 덕을 좋아하기를 마치 여색을 좋아하는 것처럼 해야 군자이다 등등으로 해석하면 공자의 뜻에서 그리 많이 벗어난 해석은 아니겠다. 그런데 이 글을 읽기가 못내 불편하다. 여색을 좋아하는 주체는 일반적으로 남성이다. 레즈비언일 경우 그 주체가 여성일 수도 있으나 공자가 동성애자까지 염두에 두지는 않았을 거라는 전제가 틀리지 않다면 호덕好德과 호색好色의 주체는 남성이다. 문자의 내용으로 보아 군자의 덕을 논하는 맥락에서 한 말로 보인다. 그렇게 볼 때, 공자가 군자라고 할 때 그는 여성 군자를 상정하지 않고 있다는 것을 짐작할 수 있다. 그의 의식 세계 속 호덕자, 덕을 좋아하는 자, 즉 군자는 모두 남성이지 여성은 아닌 것이다.

꼭 차별을 명시적으로 해야 차별하는 것이 아니다. 행간에서 암묵적으로 차별을 말할 수 있는 것이며 또한 아예 언급을 하지 않음으로써 자연스럽게 차별을 설정할 수도 있는 것이다. 공자는 '군자의 길'을 이야기하면서 '군군 신신, 부부 자자'라 했다. '부'는 남성이다. '자'도 주로 아들을 말하는 것이니 남성이다. 그는 여성과 딸을 뜻하는 모녀를 '군자의 길'에서 드러낸 적이 없다. 그는 아비다운 아비, 자식(아들)다운 자식(아들)은 군자로 보았으나 그가 어미다운 어미 혹은 딸다운 딸을 군자로 말한 적은 없다. 이런 소극적 무시로 부족했는지 그는 여성에 대해 언급한 다른 한 곳에서 적극적 무시로 여성을 군자에서 배제했다. 그는 이렇게 말했다.

오직 여자와 소인은 가르쳐 키우기 어렵다. 그들은 가까이하면 불손해지고 멀리하면 원망한다.

_{유 여 자 여 소 인 위 난 양 야　근 지 즉 불 손　원 지 즉 원}

唯女子與小人爲難養也, 近之則不孫, 遠之則怨。

《논어》, 〈양화〉 25.

여자와 소인은 인을 베푸는 주체, 군자가 될 수 없을 뿐 아니라 군자가 베푸는 인의 객체로서도 요주의 인물이라는 것이다. 너무 잘해 주면 불손해지고 그렇다고 소홀히 대하면 원망이 있으니 잘 헤아려 인을 절제해 베풀어야 한다고 권고하고 있다.

어떤 여성이 그러한 무시와 배제를 내심, 기꺼이 용인하겠는가. 애당초 덕행의 주체로 인식될 수 없으니 공자가 말하는 사람 사는 세상 혹은 유교적 세계가 여성에게 '인, 사람 사랑의 세계'가 아닌 실상은 어떻게 해 볼 도리가 없는 '배제와 질곡의 세계'인 것 아닌가.

가을날 맑고 너른 호숫물이 푸른 옥이 되어 흐르네
꽃이 무성하고 깊은 곳에 난꽃 배를 묶었다네
임을 만나 볼까 물 건너에 연꽃 다발 던졌는데
곧 누군가 알아챘을까 반나절이 부끄러웠다네.[36]

_{추 정 장 호 벽 옥 류　　하 화 심 처 계 란 주}

秋淨長湖碧玉流　荷花深處係蘭舟

_{봉 랑 격 수 투 련 자　　강 피 인 지 반 일 수}

逢郎隔水投蓮子　剛被人知半日羞　허초희, 〈채련곡采蓮曲〉.

〈채련곡采蓮曲〉이라는 시다. 맑은 가을날 연꽃 핀 푸른 호숫가에서 연인을 그리는 마음을 담아내고 있다. 시를 쓴 이는 유교 근본주의 소중화小中華의 나라, 조선에서 여성으로 스물여섯 해를 살다 간 허난설헌, 허초희이다. 누나의 뛰어난 재능을 누구보다 잘 알았고 사랑했던 동생 허균까지도 시 내용이 다소 음탕하다는 세평에 눌려 차마 《난설헌시집》에 올리지 못한 시다. 살아서 또한 죽어서 그가 얼마나 한이 많았겠는가. 명문가의 딸이자 누구보다도 뛰어난 시재詩才를 가진 여성도 사랑은커녕 차별과 배제에 울다가 가야 하는 세상이었으니 일반 여성들은 오죽했을까. 그런 곳에서 인, 어짊의 실천을 말하는 것보다 더 지독한 위선이 있을까. 역지사지를 말하면서 여성과 입장을 바꿔 생각해 본 군자가 얼마나 있었을까. 화이부동을 말하면서 여성과 조화롭게 어울렸던 군자가 얼마나 있었던가. 오랑캐 비하관에 이어 여성 비하관 또한 그렇게 공자를 자기모순에서 놓아주지 않는다.

마지막 세 번째로 공자의 신분 차별이 매우 안타깝고 애석하다. 공자는 인의 실천을 말하고 실제로 행한 군자이다. 그의 인은 사람 사랑이다. 실제 그는 사람 사랑을 말하고 나름 행했다. 그러나 그의 사람에서 오랑캐가 배제되고 여성이 배제되었다. 그의 인은 또한 백성 사랑이다. 실제 그는 백성 사랑을 말하고 나름 행했다. 그러나 그는 백성 또한 차별하고 배제했다.

공자는 정치를 할 수 있는 자, 즉 정사政事를 논할 수 있는 자와 그렇지 못한 자를 구분한다. 공자가 이를 말하고 제자가 보충하여 설명한다.

공자가 말했다. "그 지위에 있지 않으면 그 정사를 논하지 않는다." 증자가 말했다. "군자는 그 지위, 그 위치를 벗어나서 생각하지 않는다."

자 왈　부 재 기 위　불 모 기 정　증 자 왈　군 자 사 불 출 기 위
子曰。不在其位, 不謀其政。曾子曰。君子思不出其位。
《논어》,〈헌문〉 26.

그들이 던지는 메시지 내용은 명확하다. 정치 혹은 정사는 출사해 벼슬자리에 있는 자가 할 일이고 그의 몫이니 출사하지 못한 자, 재야 선비는 물론 일반 백성은 정치나 정사에 일절 간여하지 말아야 한다는 것이다. 정치는 치자治者의 고유 영역으로서 치자에 의해 독점되는 것이 당연했고 그곳에 피치자가 참여할 여지는 없는 것이었다. 백성이 정치에 참여하지 않아야 함은 물론 정사에 대해 일절 논의조차 하지 않는 곳, 그런 곳이어야 바로 제대로 된 세상이었다. 그는 이렇게 말한다.

천하에 도가 있으면 일반 백성들이 (정치 문제를) 논의하지 않는다.

천 하 유 도　즉 서 인 불 의
天下有道, 則庶人不議。《논어》,〈계씨〉 2.

반면, 가르치고 배우는 일, 교육에 있어서는 정치에서처럼 엄격하지는 않았다. 공자는 호기롭게 '(부류를) 나누지 않는 교육'을 말하기도 했다. 짧고 단호한 표현이었다.

(사람을) 가르치되 (부류로) 나누지 말아야 한다.

유 교 무 류
有敎無類。《논어》, 〈위영공〉 39.

얼핏 들으면 오늘날의 보편적 국민 개교육皆敎育을 연상시키는 교육관이랄 수 있는 것이었다. 그러나 아니었다. 총론과 각론이 꽤 달랐다. 선부후교先富後敎, 공자가 백성을 잘 먹고 살게 해 준 후에 백성 교육을 천명한 것은 맞다.

공자가 위나라에 갈 때 염유가 수레를 몰았다. 공자가 말했다. "(백성이) 참 많구나." 염유가 물었다. "(백성이) 이미 많은데 또 무엇을 더해야 할지요." 공자가 답했다. "잘살게 해 주어야 한다." 염유가 물었다. "이미 잘살고 있다면 또 무엇을 더해야 하는지요." 공자가 답했다. "가르쳐야 한다."

자 적 위 염 유 복 자 왈 서 의 재
子適衛, 冉有僕。子曰。庶矣哉。
염 유 왈 기 서 의 우 하 가 언 왈 부 지
冉有曰。旣庶矣, 又何加焉。曰。富之。
왈 기 부 의 우 하 가 언 왈 교 지
曰。旣富矣, 又何加焉。曰。敎之。《논어》, 〈자로〉 9.

염유는 그 이상 묻지 않았다. 그를 대신해 묻기로 하자. "무엇을 가르쳐야 할지요. '군자의 길'을 가르쳐야 하나요." 이에 대해 공자는 〈계씨〉 편에서 이미 답했다. 그의 답은 "아니다."였다. 그는 사람을 배우는 능력과 자세를 기준으로 상급, 차상급, 중급, 하급 의 네 부류로 나누었다.

태어나면서부터 아는 사람은 상급이고, 배워서 아는 사람은 그

다음 등급이며, 곤란을 겪고 나서 배우는 사람은 또 그 다음이며, 곤란을 겪고 나서도 배우지 않는 사람이 있으니 백성들이 (바로) 그들로 이들은 하급이다.

生而知之者, 上也, 學而知之者, 次也,
困而學之, 又其次也。困而不學, 民斯爲下矣。
《논어》, 〈계씨〉 9.

공자에 따르면 그렇듯 백성은 배우는 능력이나 배우려는 자세가 영 갖춰지지 않은 사람들로서 이들에게 '군자의 길'을 가르칠 일은 아니었다. 사람다운 사람의 도리를 가르쳐도 그들은 이해하지 못하는 부류들이다. 그러니 교육의 기대 효과는 매우 제한적이다. 공자는 말한다.

백성이 그것(도리)을 따르게 할 수는 있으나, 그것을 알게 할 수는 없다.

民可使由之, 不可使知之。《논어》, 〈태백〉 9.

그랬다. 그의 백성 교육은 백성이 비록 사람 된 도리를 알지는 못해도 따라오게만 가르치면 그것으로 족한 것이었다. 그런데 공자는 백성이 사람 된 도리의 어디까지 따라올 수 있다고 생각했던 것일까. 혹 군자 선비처럼 인의 실천까지도 이를 수 있다고 보았을까. 애석하지만 아니었다. 공자는 신분에 따라 사람을 차별하는 것에 대해 그리 개의치 않았다. 그는 백성들에게서 그저 소인을 볼 뿐이었다. 그들이 인을 실천한다는 것은 보지도 듣지도 못한 일이었다.

> 백성들이 인에 대해서 (피하려고 하는 것이) 물이나 불에 대해서보다 더 심하다. 나는 일찍이 물이나 불에 뛰어들어 죽은 자는 보았으나, 인에 뛰어들어 죽은 자는 보지 못했다.
>
> _{민 지 어 인 야　　심 어 수 화　　수 화　　오 견 도 이 사 자 의}
> 民之於仁也, 甚於水火。水火, 吾見蹈而死者矣,
> _{미 견 도 인 이 사 자 야}
> 未見蹈仁而死者也。《논어》,〈위영공〉 35.

오랑캐를 중화 사람들로부터 차별하여 비하하고, 여성을 남성으로부터 차별하여 비하한데 이어서 공자는 그렇게 백성을 사족 이상의 사람들, 사대부와 왕족으로부터 차별하여 비하하고 있다. 그가 백성들에 대한 교육을 말한 것은 그들에게 '군자학'이나 '군자의 길'을 가르쳐 그들 또한 사람다운 사람이 '된 사람'의 존재를 깨달아 스스로 인간 존재의 고양에 나서게 하고자 함이 아니었다. 덕을 쌓고 인을 실천함으로써 그들 또한 '군자'가 되어갈 것을 기대하고 믿은 것이 아니었다. 공자는 말했다.

> 착한 사람이 백성을 7년 동안 가르치면 또한 전쟁에 나아가게 할 수 있을 것이다.
>
> _{선 인 교 민 칠 년　　역 가 이 즉 융 의}
> 善人教民七年, 亦可以卽戎矣。《논어》,〈자로〉 29.

요컨대 교육을 통해 백성을 전장에 나아가 물불을 가리지 않고

용맹스럽게 싸우는 전사로 키울 수 있다는 것이었다. '연저지인'
의 고사를 앞 7장에서 보았다. 전국 시대의 이름난 덕장 오기가
병사의 등에 난 고름을 입으로 빨아 준 이야기다. 병사는 오기가
베풀어 연저지인에 감읍하여 전장에서 자기 몸을 돌보지 않고 물
불을 가리지 않고 적진 깊숙이 뛰어들어 싸우다 죽었다. 공자가
교육을 통해 백성에게 기대한 것은 그 정도가 최상이었다. 그 이상
백성 군자는 공자가 그린 '군자의 길'에는 없는 존재였다.

그러나 오기의 부하 병사가 그저 장군이 베푼 연저지인에 감읍
해 그리 맹렬히 싸우다 갔을까. 이순신 휘하의 이름 없는 병사들이
다만 장군의 살인성인에 감읍하여 물속으로, 불속으로 뛰어들며
싸우다 갔을까. 꼭 나라를 구하고 국민을 구하는 큰 인을 베풀어야
인인가. 전장에 나가 내 한 몸을 다 바쳐서 사랑하는 아내와 자식
의 삶을 보전해 주는 것 또한 인, 고귀한 살신성인이 아닌가. 인에
등급을 둔다면 슬픈 일이다. 크든 작든 인은 고귀한 것이다. 백성
이 행한 것이어서 폄하되고 심지어 배제된다면 크게 슬픈 일이다.
사람을 사랑하지 않고 백성을 사랑하지 않는 것이기 때문이다. '군
자학'이 밝힌 인에 반하는, 반인反仁의 모순이기 때문이다.

1950년대, 60년대는 우리에게 참으로 힘든 시절이었다. 그 시
대를 짊어진 세대가 물려받은 유산은 전쟁의 폐허였다. 경제 발전
이 지상의 과제였다. 산업을 일으키자면 자본이란 게 있어야 했다.
그러나 국가나 개인이나 돈이 없었다. 빌려야 했다. 1961년 5월,
군사 쿠데타를 일으켜 권력을 잡은 박정희는 그해 11월 국가재건
최고회의 의장 자격으로 미국을 방문했다. 박정희는 미국 대통령
존 에프 케네디J. F. Kennedy에게 경제 개발 계획을 설명하고 이를

추진하기 위해 자금이 필요하다며 차관을 요청했다. 그러나 케네디는 원조를 받는 나라에 차관을 줄 수 없다며 거절했다.

지금이야 대한민국 대통령은 세계 어디를 가나 나라마다 극진한 환대로 맞는다. 그러나 그때는 전혀 아니었다. 대한민국은 세계 최빈국의 하나였고 박정희는 후진국에서 군사 쿠데타를 일으켜 정권을 잡은 자였다. 그런 나라, 그런 자에게 돈을 빌려주겠다는 나라는 없었다. 그러나 그는 포기하지 않았다. 그는 대한민국의 대표 가장이었다. 그때 그의 나이 40대 중반이었다. 그에게 딸린 식구는 2천 5백만이었다. 어떻게든 먹여 살려야 했다. 먹여 살리려면 일자리를 만들어 내야 했다. 일자리를 만들려면 산업을 일으켜야 했다. 산업을 일으키려면 돈이 있어야 했다. 말이 수출 입국, 과학 입국이었지 돈이 없으면 모두가 말짱 꽝이었다. 가진 돈이 없으니 꾸어야 했다. 요즘이야 대통령이 스스로를 비즈니스맨이다 뭐다 하며 세계 여러 나라를 기세 좋게 순방하지만 그때 대한민국 대통령 박정희는 그저 돈을 만들러, 돈을 꾸러 다니는 국제 사회의 초라한 천덕꾸러기였다.

천신만고 끝에 돈이 만들어지기 시작했다. 박정희 정부는 1962년부터 한일 국교 정상화를 위한 막후 협상을 시작했고 대일 청구권 자금을 받는 데 성공했다. 총 6억 달러에 달했다. 첫 외자 유치였다. 1964년 12월, 서독에도 돈을 꾸러 갔다. 당시 돈으로 약 4천만 달러에 달하는 차관을 지원받았다. 당시 외자 유치에 얽힌 웃픈 에피소드도 있다. 미국에 있던 신동식이라는 젊은 엔지니어를 귀국길 비행기에 태워 데려와서 곧바로 청와대 비서관, 나중에 경제 2 수석으로 삼게 되는데. 그가 자기 같은 조선造船 엔지니어가 무슨 대통령 비서관이냐고 했더니 당시 비서실장이 "외자를 유치해야 하는데 영어가 되는 사람이 없으니 외국 사람과 만나 대통령 뜻을 잘 소통해 주면 된다."고 했다는 것이다.

그만큼 박정희는 경제 발전에 진심이었고 돈 마련에 진심이었다. 북으로부터의 전쟁 위협을 제어하고 경제적 번영을 이루는 것이 지상 과제였고 그 과제를 수행해 가는 데 자신의 모든 힘을 바쳤다. 어찌 보면 옛 제나라 재상 관중의 현신現身이라 할 만했다. 제환공이 위에 오르기 전 공자 규를 모시며 적대하였던 전력前歷 등 몇몇 간과할 수 없는 도덕적 하자를 지녔음에도[37] 환공에 의해 등용된 후 제나라를 강성하게 하고 제나라 백성의 삶을 풍요롭게 한 공으로 공자로부터 '군자 선비'로 평가 받았던 관중처럼 박정희 또한 같은 까닭으로 그에 버금가는 '군자 선비'로 평가 받을 자격이 있지 않을까.

공자에게야 '군자 선비', '군자 사대부'처럼 군자가 지배 계층에서만 찾아볼 수 있는 존재이겠으나 군자가 어디 사회 지도층에만 있으란 법이 있겠는가. 세계뿐 아니라 우리 사회에서도 곳곳, 각계각층에서 여럿 만날 수 있지 않을까. 앞 10장에서 살펴본 한약사 김장하 같은 인물이 이미 여럿 있었고 또 있지 않을까. 그 가운데서도 한 사람, 1960년대 세계 최빈국 대한민국이 기억에서 빠트릴 수 없는 인물이 있다. 전태일이다.

그는 1948년에 태어나 1970년에 떠났다. 대구의 한 빈한한 가정에서 태어나 자랐고 가족이 일자리를 찾아 서울로 올라왔다. 그는 초등학교 4학년까지 다녔다. 가방끈이 짧았으니 선비라고 할 수는 없었다. 공직자 집안이 아니었으니 보통 시민이었고, 부유하지 않았으니 서민이었으며, 재봉 기술을 가진 재단사였으니 노동자였다. 옛말로 하면 일반 백성이었고 보통 장인이었다. 사정이 두루 그러하니 그 어떤 면에서도 차별주의자 공자가 그에게서 '군자'와 '인'을 기대할 수는 없는 것이었다. 그러나 다행스럽게도 그가, 공자가 틀렸다.

1966년 전태일은 평화시장 뒷골목에 있는 〈한미사〉라는 잠바집에서 재단 보조공으로 일했다. 아침 8시 출근하고 보통 밤 10시에 퇴근했다. 재단사, 재단 보조, 그리고 시다들이 한 팀이 되어 일했다. 시다들은 주로 15살 안팎의 어린 소녀들이었다. 당시만 해도 재단사나 재단 보조공은 무서운 상전上典이었다. 시다 여공들에게 여러 가지 잔심부름을 시키고 귀찮은 일은 죄다 미루어버리는 게 보통이었다. 욕설과 손찌검은 다반사였다. 그런데 전태일은 달랐다. 배를 주리고 인정에도 주려 있는 그들을 친동생처럼 대했다. 친해지면서 그들이 털어놓는 안타까운 사정 이야기도 들어주고, 제 딴에 들어줄 수 있는 부탁도 애써 들어주었다. 때로는 배도 채워 주었다. 그가 무슨 여윳돈이 있었겠는가. 속사정은 이랬다.

때때로 그는 점심을 굶고 있는 시다들에게 버스값을 털어서 1원짜리 풀빵을 사 주고 청계천6가부터 도봉산(밑에 있는 집)까지 두세 시간을 걸어가기도 했다.[38]

그는 어렵고 힘들게 살아왔지만 세상에 대한 적개심 같은 것은 없었다. 어떻게든 평화로운 해법을 찾아 노동자의 인권을 개선해 가고자 했다. 그는 1969년 11월 '대통령 각하 …'로 시작되는 편지를 썼다. 내용이 이랬다.

> (…) 시다공들은 평균 연령 15세의 어린이들로서 육체적으로
> 정신적으로 성장기에 있는 이들은 회복할 수 없는 결정적이고
> 치명적인 타격을 입고 있습니다. 전부가 다 영세민의 자녀들로
> 서 굶주림과 어려운 현실을 이기려고 하루에 70원 내지 160원
> 의 급료를 받으며 1일 15시간의 작업을 합니다.
> 사회는 이 착하고 깨끗한 동심에 너무나 모질고 메마른 면만을
> 보입니다. 저는 여기에서 각하께 간구하지 않을 수 없습니다.
> 저 착하디착하고 깨끗한 동심을 좀 더 상하기 전에 보호하십시
> 오. 근로기준법에서는 동심들의 보호를 성문화하였지만 왜 지
> 키지 못합니까.[39]

그렇게 그가 호소한 것은 단 하나, '근로기준법의 준수'였다.
아니 근로기준법에 정한 것보다 열악한 조건을 받아들이며 열심히
일하겠으니 제발 인간으로 살 최소한의 조건을 정부가 보장해 달
라는 것이었다. 대통령 3선 개헌을 두고 여야가 죽기 살기로 싸움
박질을 벌이며 아무도 밑바닥 민초들의 고통은 아랑곳하지 않던
때, 그는 골방에서 대통령에게 쓴 편지를 이렇게 끝맺었다.

> 저희들의 요구는 1일 15시간의 작업 시간을 1일 10~12시간으
> 로 단축해 주십시오. 1개월 휴일 2일을 늘려서 일요일마다 휴일
> 로 쉬기를 원합니다. 건강 진단을 정확하게 하여 주십시오. 시다
> 공의 수당(현재 70원 내지 100원)을 50% 이상 인상하십시오.

절대로 무리한 요구가 아님을 맹세합니다. 인간으로서의 최소한의 요구입니다.[40]

마치 어린 여공들의 친오빠인 듯 절절한 마음으로 또한 있는 용기, 없는 용기를 다 끌어다 쓴 편지였다. 이 편지는 발송되지 않았던 것으로 보인다. 발송되었다 하더라도 당시 정치 상황으로 보아 대통령에게 당도하지 않았을 공산이 크다. 이후에도 그는 노동청과 서울시청 근로 감독관실 등을 찾아다니며 근로기준법 준수를 호소하였다. 그는 소통을 원했다. 소통하기 위해 신발이 닳도록 발품을 팔았다. 허사였다. 그래도 포기할 수 없었다. 그는 근로기준법을 준수하는 가운데 종업원들에게 인간다운 대우를 해 주는 모범적인 피복업체를 만들 생각을 했다. 1970년 3월 그의 일기장에 적힌 사업 계획서는 이렇게 시작하고 있다.

진심으로 하고 싶은 일
무엇을: 제품 계통에서 근로자를 위해서 근로기준법을
       준수하는 일
누구와: 제품 계통에 종사하는 어린 기능공들과
언제: 1970년 음력 6월 달 이전에
어디서: 서울 평화시장에서[41]

그러나 참으로 애석한 일이다. '종업원들에게 인간다운 대우를 해주는 모범적인 피복업체' 설립 계획은 못다 한 그의 버킷 리스트로 남고 말았다. 1970년 11월 13일 오후였다. 전태일은 삼동회

회원들과 '근로기준법 화형식'을 갖기로 되어 있었다. 그런데 그만 '근로기준법'을 품에 안고 그는 자기 몸에 불을 붙였다. 불은 여지없이 그의 목숨을 앗아갔다. 그러나 그의 죽음을 헛되게 하지 않았다. 횃불이 되어 평화시장 안 어두운 뒷골목 골방에서 고통스럽게 착취당하고 있던 어린 여공들의 참혹한 삶을 세상에 밝혔다. 죽음으로써 사람이 사람답게 사는 세상으로 가는 멀고도 먼 여정의 첫발을 내딛게 한 것이었다.

　군자는 공자의 이상형이었다. 군자는 강하고 굳센 자였다. 세태에 휩쓸리지 않기에, 어느 한쪽에 치우치지 않기에, 사람답게 사는 길이라면 옹색한 것도 마다하지 않기에 그리고 사람답게 사는 길이 아니라면 죽음도 마다하지 않기에 강하고 굳센 자였다.[42] 노동자 전태일이 살고 간 삶이 바로 그랬다. 굳이 신분을 갈라 이야기하자면 그는 공자가 상상하지 못했던 '군자 백성'이었다.

공자를 대신해 꿈꾼다

주 충 신 무 우 불 여 기 자
主忠信, 無友不如己者

충심과 신의에 머무르면 나보다 못한 친구는 없다

그렇게 공자가 낸 인의 길은 완벽하지 못했다. 반쪽짜리였다.

사방四方 오랑캐와 여성과 백성은 길 밖에 있었다.

오랑캐는 중화가 더불어 살 만한 종족이 아니었다.

여성과 백성은 더불어 살아도 군자를 기대할 부류가 아니었다.

특히 백성은 사대부의 덕업을 위해 생업에 전념해 주어야 했다.

그런 그들이 공자는 고마우면서도 적잖이 민망한 마음이었다.

그런데 이제 인공 지능 AI가 왔다. 놀랍다.

어떻게 아는 것이 그리 많은지. 어떻게 그리 빠를 수 있는지.

그런 슈퍼 일꾼의 출현이 공자는 반갑다. 너무도 반갑다.

덕분에 사람들이 먹고사는 데 드는 품을 덜 수 있게 되었다.

바야흐로 저마다 덕업의 기회를 누릴 수 있게 되었다.

공자는 미래 세대에게 축원을 보낸다.

인공 지능과 함께 부디 사람다운 사람, 군자로 사시라. 친구와 더불어.

한마디 팁을 더한다.

'충심과 신의에 머무르면 나보다 못한 친구는 없다'.

문득 궁금해졌다. 《논어》는 우리에게 어떤 책일까. 얼마나 영향력을 갖고 있는 책일까. 챗GPT에게 모바일로 이렇게 물어보았다. "동아시아 지역에서 영향력이 큰 중국 고전서 10은?" 챗GPT는 즉각 답을 냈는데 이랬다. 상위 다섯 개만 올린다.[1]

중국은 오랜 역사 동안 많은 고전서를 남겼습니다. 동아시아 지역 국가에서 중국 고전서에 대한 영향력이 큰 10가지 작품은 다음과 같습니다:

- 《공자》 – 공자의 사상과 윤리적 가르침은 중국뿐만 아니라 동아시아 전반에 큰 영향을 주었습니다.
- 《도경》 – 도가에 대한 철학적인 내용을 담은 도가경은 도교의 경전으로 중요한 역할을 합니다.
- 《삼국지》 – 삼국시대의 역사와 인물들을 다룬 이 작품은 중국 역사에 큰 영향을 미치며, 동아시아의 다른 국가들에서도 많은 관심을 받고 있습니다.
- 《명심보감》 – 이 책은 중국의 명나라 역사를 다루고 있으며, 정치, 경제, 문화 등에 대한 폭넓은 정보를 제공합니다.
- 《서경》 – 서경은 중국의 고대 글씨 체계와 문학을 담은 중요한 글집으로, 동아시아에서의 문화 교류에 영향을 주었습니다.

놀라웠다. 시작부터 끝까지 오류투성이가 아닌가. 잘 알다시피 공자가 지은 《공자》라는 고전은 없다. 아마도 《논어》의 오류이겠다. 《도경》 혹은 《도덕경》이 담은 것은 도가가 아닌 도일 것이고, 《삼국지》가 중국 역사에 큰 영향을 미쳤다는 기술은 초점을 한참 벗어난 것이라 하겠다. 《명심보감》을 명사보감明史寶鑑이라고 쓰면서 명나라 역사책이라고 하고, 《서경》을 서체에 관한 책이라고 하는 기술에 이르러서는 그만 실소를 금치 못한다.

이런 게 세계 여러 나라의 국가 원수들이 연설문 작성을 의뢰하기도 한다는 챗GPT의 답일 수는 없었다. 질문을 바로 영어로 바꾸어 물어보았다. "What are the 10 most influential Chinese classics in East Asian countries?" 이에 챗GPT는 다시 즉각 답했는데 한글 답과 달리 책 설명에 터무니없는 오류가 없었다.[2] 서명書名만 다섯 순서대로 올린다.

- "The Art of War"(孫子兵法, Sūnzǐ Bīngfǎ)
- "The Analects of Confucius"(論語, Lúnyǔ)
- "Tao Te Ching"(道德經, Dàodéjīng)
- "Dream of the Red Chamber"(紅樓夢, Hónglóu Mèng)
- "Journey to the West"(西遊記, Xīyóujì)

하나같이 귀에 익숙한 이름들이다. 이게 전 세계적으로 그 위력을 선보이고 있는 챗GPT의 본실력이지 싶다. 우리가 가지고 있는 감感과도 그리 어긋나지 않는다. 그렇게 《논어》는 동양 고전 가운데는 의당 읽어야 할 책, 첫 두 손가락 안에 꼽힐 저술이겠다. 동아시아에서 우리 사회로 범위를 좁혀서 헤아려 보면 그 위상이 어느 정도일까. 크게 달라 보이지 않는다. 우리나라 유수 대학이 재학생들에게 읽기를 권장하거나 추천하는 도서 목록 100선이라는 게 있다. 살펴보았다. 대부분 대학의 도서 목록에 《논어》가 포함되어 있다.

빠져 있는 대학이 두 곳 눈에 띄었다. 하나는 〈한국과학기술원 KAIST 독서문화위원회 추천 도서 101선〉[3]이고 다른 하나는 〈포스텍POSTECH 권장 도서 100선〉이다. 두 곳 모두 과학 기술 분야뿐 아니라 문학예술 및 인문 사회 분야의 훌륭한 도서들을 두루 망라해 놓았다.[4] 외국 저술뿐 아니라 한국 저술도 구색을 잘 맞추어 놓았다. 그런데 두 곳 모두 대부분 근현대 저작들로 채워져 있다. 두 곳 통틀어 201개 가운데 고대 고전이라고는 한국과학기술원 추천 도서에 있는 아이스킬로스·소포클레스·에우리피데스의 《그리스 비극 걸작선》과 호메로스의 《일리아스》, 2종뿐이다. 플라톤도 아리스토텔레스도 투키디데스도 없고, 위에 챗GPT가 뽑아 놓은 동양 고전 가운데 어느 것도 없다.

공자가 이런 사실을 알면 꽤 슬퍼할 것 같다. 그를 위로하며 그를 대신해 말한다. 다른 것은 다 없어도, 그래도 《논어》는 있어야 하지 않을까. 왜 있어야 하는 걸까. 두 번 묻는 수고를 피하고 싶다. 아예 영어로 물었다. "If Confucius's Analects should be included in the books that Korean college students should read, why should they be included?"(한국 대학생들이 읽어야 할 책에 공자의 《논어》가 있어야 한다면, 왜 있어야 하는 걸까?) 또르륵 또르륵 곧바로 답이 올라왔다.[5]

요약된 내용을 번역해 올린다.

공자의 《논어》는 한국 대학생들이 그들의 문화유산에 대해 더 깊이 이해하고, 자신들의 윤리적 및 도덕적 가치를 함양하는 데 도움을 줄 수 있다. 또한 그들에게 리더십과 국가 통치 시스템에 대한 통찰력을 제공하고, 그들의 비판적 사고 능력을 향상시키며, 나아가 다른 철학 전통 및 저술과 비교해 고찰하는 연구도 권하고 북돋아 준다.

놀랍다. 가히 명불허전이다 싶다. 달리 누가 《논어》가 지닌 가치를 대여섯 줄로, 그것도 이렇듯 다면적으로 요약해 내놓을 수 있을까. 챗GPT의 덕을 보기로 하자. 노동자가 됐든 기업인이 됐든, 정치인 혹은 연구자가 됐든 자신이 학습해서 낸 정보 혹은 앎이 인간에게 유용하게 쓰이게 되는 것, 바로 그것이 챗GPT의 존재 이유가 아닌가. 나중에야 어떤 일이 벌어질지 모르지만 적어도 지금까지는 그렇다. 위에 챗GPT가 낸 답을 원용해 우리의 《논어》 읽기가 무엇을 시도하였는지 간략히 요약해 보기로 한다.

이 책에서 우리는 새로운 《논어》 읽기를 시도했다. 세 가지 점에서 새롭다.

첫째, 《논어》를 그리고 《논어》를 통해 공자를, 그의 '군자학'을 인문학적 관점에 머무르지 않고 인문 사회 과학적 관점에서 읽고자 했다. 공자는 유가의 시조이자 춘추 전국 백가쟁명의 시원始原에 해당하는 인물이다. 그가 낸 '군자학'을 인성 계발 혹은 인간 수양학으로만 읽는 것은 그 가치를 저상하는 일이 아닌가 한다. '군자학'은 본디 경세제민의 학, 요즘 말로는 정치 경제학으로 학계에 데뷔한 학문이다. 거기에는 '사람 사는 세상'이라는 비전이 있고, '충과 서의 변증법을 통한 소통'이라는 방법론이 있으며, '화이부동'과 '부끄러움'이라는 실천적 생활 윤리가 있다. 우리의

《논어》 읽기는 바로 그런 종합 소통 윤리학으로서의 '군자학'을 드러내고자 했다. 이는 챗GPT가 "한국 대학생들이 그들의 문화유산에 대해 더 깊이 이해하고, 자신들의 윤리적 및 도덕적 가치를 함양하는 데 도움을 줄 수 있다."고 평가한 대목과 일맥상통하는 것이라 하겠다.

둘째, 우리는 《논어》를 '우리의 눈'으로 읽고자 했다. '우리'란 고대 중국인들이 말했던 그리고 어쩌면 지금도 속 깊은 곳에서 그리 부르고 있을지 모르는 종족, '오랑캐'를 말한다. 그들의 표현에 따르면 한반도에 살던 혹은 살고 있는 사람들은 동쪽 오랑캐, '동이東夷'이다. 공자 시대, 중화가 사방 오랑캐로 분류했던 오랑캐의 하나이다. 하지만 조선 시대 공자를 스승으로 모시고 유학을 국교로 하면서 동이는 의식적으로 중화에 동화해 갔다. 《논어》도 우리, 동이의 눈이 아니라 '중원 사람'의 눈으로 읽고 공부했다. 그러나 이러한 읽기가 과연 공자의 가르침에 충한 것일까? 공자는 우리에게 '화이부동'하고, '화이불류'할 것을 말했다. 그 이전에 모쪼록 근사할 것을 말했다. 생각을 가까이함으로써 '나'를 잃지 말 것을 당부했다. 우리는 이 가르침을 따랐다. 《논어》를 '중원 사람'의 눈이 아니라 '우리', 동쪽 오랑캐의 눈으로 읽고자 했다. 그래서 예컨대 조선의 '충절지사' 김상헌에게서 우리는 중화에 포획된 '소인 선비'를 읽었다. 챗GPT가 "그들(젊은 한국 대학생들)에게 리더십과 국가 통치 시스템에 대한 통찰력을 제공하고…"라고 한 대목과 상통하는 읽기라 하겠다.

마지막 셋째, 우리는 《논어》를 가급적 명료하게 읽고자 했다. 기존의 《논어》 읽기에 보면 이심전심 속 이해를 전제하는 것이 적지 않게 눈에 뜨인다. 중요한 대목인데도 그저 두루뭉술 뭉개고 넘어간다. 사십불혹이라든가 오십지천명, 육십이순 등 공자가 자신의 생애를 압축해 자술한 대목에서조차도 그러하다. 유혹에 넘어가지 않게 되었다는데 대체 무슨 유혹에 넘어가지 않았다는 것인지, 천명을 알게 되었다는데 알게 된 천명이 대체 무엇인지, 귀가 순해졌다는데 그것이 구체적으로 무엇을 말하는 것인지, 기존의 해설서를 보면 그저 이심전심, 두루뭉술 설법으로 넘어가는 것이 대부분이다.

미안한 이야기이지만 그것은 이해한 것이 아니다. 내포하는 바가 많이 있어 보이는 것일수록 특정해 말할 수 있어야 한다. 구체적 사례를 들어 설명할 수 있어야 한다. 그것이 이해의 기본 행보이다. 그러면 오독의 위험이 커진다. 할 수 없다. 그것을 감수하는 것이 공부하는 자의 기본 태도이다. 무릇 잘못된 읽기는 장차 올바른 읽기의 유용한 향도가 되는 법이다. 그런 생각으로 사십불혹을, 오십지천명을, 육십이순을 여러 역사적 인물들의 구체적 사례를 들면서 읽어 냈다. 이는 챗GPT가 "그들(젊은 한국 대학생들)의 비판적 사고 능력을 향상시키며…"라고 한 대목과 조응되는 부분이라 하겠다. 마지막 11장에서 공자 '군자학'에 대한 비판을 담은 것은 챗GPT가 "나아가 다른 철학 전통 및 저술과 비교해 고찰하는 연구도 권하고 북돋아 준다."고 한 대목의 한 구체적 사례로 삼을 수 있지 않을까 한다.

이 책에서 우리는 그런 의미에서 새로운 《논어》 읽기를 시도했다. 다행히 수미일관했다고 본다. 자평하건대, 챗GPT가 드러낸 《논어》의 가치를 확인할 수 있었다는 점에서도 꽤 의미가 있는 시도였지 싶다. 하지만 우리가 읽은 공자는《논어》의 그런 현재적 효용에만 만족하지 않을 듯하다. 그는 자신의《논어》에서 미래 세대들이 현재적 효용 외에 미래적 효용도 봐 주기를 꿈꿀 듯하다.

인공 지능 AI가 온다. 아니 왔다. 인공 지능과 함께 인류는 어떤 세상을 만들어갈까. 전문가들이 이런저런 귀담아들어야 할 이야기를 해 주고 있다. 유토피아utopia도 있고 디스토피아dystopia도 있다. 그러나 아직 어떤 것도 확실한 것은 없다. 한 가지 확실한 것은 아무도 모른다는 것이다. 어떤 길도 결정되어 있지 않다는 것이다. 그렇게 불확실하지만 확실해 보이는 미래가 하나 더 있다. 인간 노동의 축소이다.

인공 지능은 사람들이 무엇인가 하는 데 드는 품과 시간을 절약하게 해 준다. 아주 사소한 사례이지만 이 맺기 글을 쓰면서도 실감하고 확인한 것이다. 챗GPT는 '동아시아 지역에서 영향력 있는 저술'을 묻고 '미래 세대에게《논어》가 대체 어떤 효용이 있겠는지'에 대해 궁금해 하는 우리에게 거의 즉각적으로 매우 훌륭한 정보를 주었다. 덕분에 맺는 글을 쓰는 데 시간과 품을 많이 절약할 수 있었다.

그렇게 인공 지능은 우리의 일을 줄여 줄 것이다. 우리가 먹고사는 데 들여야 했던 노동의 시간과 양을 획기적으로 줄여 줄 것이다. 어쩌면 고된 노동으로부터 인간을 해방시켜 줄지도 모른다. 그게 맞는다면 이제 우리는 새로운 문제 앞에 서 있는 것이다. 지난날 커다란 문제였던 노동 소외도, 어쩌면 경제도 더 이상 가장 중요한 문제가 아니다. "남는 시간을 어디에 쓴다? 무엇을 하며 살지?" 잉여 시간, 이게 문제일 수 있다. 얼핏 생각하면 배부른 소리이다.

행복한 문제처럼 보인다. 그러나 그럴까.

예전에는 노동이 인간 존재를 소외의 늪에 빠뜨렸지만 노동에서 해방된다고 인간 존재가 마냥 안녕할 것 같지는 않다. 중독은 인간에게서 존재를 앗아 간다. 남아도는 시간을 허구한 날 술 마시고 마약에 취하고 섹스에 빠져 지내면 어찌 될까. 팬덤은 내게서 '나'를 앗아 간다. 별이 밝은 빛을 내는 것은 주위에서 빛을 빨아들이기 때문이다. 남아도는 시간을 아티스트든, 연예인이든, 인플루언서든, 정치인이든, 논객이든, 상담자든, 스타 셀러브리티를 쫓아다니거나 추종하는 데 쓰는 것은 그만큼 스스로 나를 별로 존중하지 않는 일이다. 스스로 나를 사랑하지 않는 일이다.

'나'가 없는 우리는 '우리'가 아니다. 진정 '우리'가 되어 '우리'로서 더불어 함께 살고자 한다면 나를 존중하고 나를 사랑할 줄 알아야 한다. 내 시간을 무엇보다 먼저 나의 존재를 고양하는 데 쓸 줄 알아야 한다. 충하고 서한 습성을 키우는 데, 나의 시간을 쓸 줄 알아야 한다. 그렇게 수신하여 '된 사람'이 되면 화목한 가정을 만들고 벗들과 함께 나라다운 나라, 사람 사는 세상으로 나아갈 수 있게 된다. 그것이 공자가 말한 인의 길이다. 공자가 낸 '군자학'은 바로 그런 인의 길을 밝힌 학문이다.

공자는 누구보다도 인간에 대해 깊은 신뢰를 가진 사람이었다. 그랬기에 그는 사십불혹하여 먼 앞날을 내다보며 재야에서 사람 키우기에 나섰다. 생전에 또한 죽어서도 후생가외할 미래 세대 사람들을 오랫동안 기다렸다. 오늘도 그는 가히 두려워할 만한 후생들을 기다린다. 장차 인공 지능과 함께 살아갈, 중화 사람이든 사방四方 오랑캐든 서방西方 오랑캐든, 지구의 미래 세대 신인류에게

축원을 건넨다. 부디 군자로 사시라. 친구와 함께, 더불어. 그리고
끝으로 한 마디, 좋은 친구를 얻는 팁을 더한다.

충심과 신의에 머무르면 나보다 못한 친구는 없다.

主_주忠_충信_신, 無_무友_우不_불如_여己_기者_자。《논어》, 〈학이〉 8.

참고 문헌

공자 지음, 김원중 옮김, 《논어》, 글항아리, 2014.

기무라 에이이치 지음, 나종석 옮김, 《공자와 논어》, 에코리브르, 2020.

김예호 지음, 《한비자》, 한길사, 2010.

김필수·고대혁·장승구·신창호 옮김, 《관자》, 소나무, 2016.

노자 지음, 장도연 옮김, 《도덕경》, 한솜미디어, 2012.

류성룡 지음, 김문정 옮김, 《초판본 징비록》, 더스토리, 2019.

맹자 지음, 박경환 옮김, 《맹자》, 홍익출판사, 2012.

사마천 지음, 최익순 옮김, 《사기열전》(상/중/하), 백산서당, 2014.

이수건, 〈퇴계 이황 가문의 재산 유래와 그 소유 형태〉, 《역사교육논집》 13, 1990.

이순신 지음, 박종평 옮김, 《난중일기》, 글항아리, 2018.

조영래 지음, 《전태일평전》, 전태일재단, 2023.

주희 엮음, 김미영 옮김, 《대학·중용》, 홍익출판사, 2019.

프랜시스 후쿠야마 지음, 구승회 옮김, 《트러스트》, 한국경제신문사, 2002.

한비자 지음, 김원중 옮김, 《한비자》, 휴머니스트, 2016.

한영우 지음, 《허균평전》, 민속원, 2022.

환관 지음, 김원중 옮김, 《염철론》, 현암사, 2007.

《성서》(가톨릭용), 대한성서공회, 1986.

《논어》, 중국철학전자화계획. https://ctext.org/analects/zh

《논어집주》, 중국철학전자화계획. https://ctext.org/si-shu-zhang-ju-ji-zhu/lun-yu-ji-zhu/zh

《대학》, 중국철학전자화계획. https://ctext.org/liji/da-xue/zh

《대학장구》, 중국철학전자화계획. https://ctext.org/si-shu-zhang-ju-ji-zhu/da-xue-zhang-ju/zh

《맹자》, 중국철학전자화계획. https://ctext.org/mengzi/zh

《사기본기》, 중국철학전자화계획. https://ctext.org/shiji/ben-ji/zh

《사기세가》, 중국철학전자화계획. https://ctext.org/shiji/shi-jia/zh

《사기열전》, 중국철학전자화계획. https://ctext.org/shiji/lie-zhuan/zh

《순자》, 중국철학전자화계획. https://ctext.org/xunzi/zh

《안자춘추》, 중국철학전자화계획. https://ctext.org/yanzi-chun-qiu/zh

《여씨춘추》, 중국철학전자화계획. https://ctext.org/lv-shi-chun-qiu/zh

《주역》, 중국철학전자화계획. https://ctext.org/book-of-changes/zh

《춘추좌전》, 중국철학전자화계획. https://ctext.org/chun-qiu-zuo-zhuan/zh

《한비자》, 중국철학전자화계획. https://ctext.org/hanfeizi/zh

《한서》, 중국철학전자화계획. https://ctext.org/han-shu/zh

《승정원일기》, 〈인조〉, 한국고전종합DB. https://db.itkc.or.kr/dir/item?itemId=
ST#dir/node?grpId=&itemId=ST&gubun=book&depth=1&cate1=&cate2
=&dataGubun=%EC%84%9C%EC%A7%80&dataId=ITKC_ST_P0

《이충무공전서》, 한국고전종합DB. https://db.itkc.or.kr/dir/item?itemId=MO#
dir/node?grpId=&itemId=MO&gubun=book&depth=2&cate1=Z&cate2=
&dataGubun=%EC%84%9C%EC%A7%80&dataId=ITKC_MO_0232A

《조선왕조실록》, 《선조실록》, 국사편찬위원회. https://sillok.history.go.kr/searc
h/inspectionMonthList.do

《조선왕조실록》, 《선조실록》, 한국고전종합DB. https://db.itkc.or.kr/dir/item?it
emId=JT#dir/node?grpId=&itemId=JT&gubun=book&depth=1&cate1=&
cate2=&dataGubun=%EC%84%9C%EC%A7%80&dataId=ITKC_JT_N0

《조선왕조실록》, 《정조실록》, 국사편찬위원회. https://sillok.history.go.kr/searc
h/inspectionMonthList.do

〈해남 명량대첩비〉, 문화재청 국가문화유산포털. https://www.heritage.go.kr/

Brainy Quotes. https://www.brainyquote.com/

주

책머리에

1 박지영, '왕의 DNA' 주장하며 교사 신고 … "아동학대법 개정해야", 헤럴드경제, 2023. 8. 11.

들기 _ 감히 공자를 평한다

1 주희 엮음, 김미영 옮김, 《대학·중용》, 《대학》, 경1장 5, 홍익출판사, 2019, 62~63쪽.

物格而後知至。

물격, 사물을 깊게 탐구함으로써 지지, 앎에 이른다.

제1장 _ 세상은 사람이 만든다

1 《사기본기史記本紀》, 〈은본기殷本紀〉.

以酒爲池, 縣肉爲林, 使男女裸相逐其閒, 爲長夜之飮。

술로 못을 이루고, 고기를 달아 숲을 이루게 하고, 그 안에서 사내와 계집들이 벌거벗은 채 서로 쫓게 하고서, 밤새도록 술을 마시며 즐겼다.

2 이 고사는 《여씨춘추呂氏春秋》, 〈신행론愼行論 의사疑似〉에 수록되어 있다. 여기에서 천금매소千金買笑의 고사성어가 나오게 되었다고 전해진다.

至今, 俗語相傳, 千金買笑, 蓋本於此。

지금 속담으로 전해지는 이야기, 천금매소(천금으로 웃음을 산다)라는 말이 이 일에서 나왔다.

3 기무라 에이이치 지음, 나종석 옮김, 《공자와 논어》, 에코리브르, 2020, 58쪽.

4 이 여섯 과목은 후에 유학의 기초 교양 학문을 구성하게 된다.

5 기무라 에이이치 지음, 나종석 옮김, 《공자와 논어》, 에코리브르, 2020, 62쪽.

6 기무라 에이이치 지음, 나종석 옮김, 《공자와 논어》, 에코리브르, 2020, 89쪽.

7 기무라 에이이치 지음, 나종석 옮김, 《공자와 논어》, 에코리브르, 2020, 64쪽.

제2장 _ 사람은 나지 않고 된다

1 주희 엮음, 김미영 옮김, 《대학·중용》, 《대학》, 경1장 5, 홍익출판사, 2019, 61~62쪽.

古之欲明明德於天下者, (…) 先致其知, 致知在格物。

본디 천하에 밝은 덕을 밝히고자 하는 사람은 (…) 그에 앞서 먼저 자신의 앎을 치밀하게 닦았다. 앎을 치밀하게 닦음은 사물을 탐구하는 데 있다.

제3장 _ 된 사람은 소통에 진심이다

1 프랜시스 후쿠야마 지음, 구승회 옮김, 《트러스트》, 한국경제신문사, 2002.

2 '청담동 술자리 의혹' 제기 … "팩트체크 부실, 기자 출신 맞냐", JTBC 뉴스, 2022. 10. 26.

제4장 _ 절실히 묻는다

1 《논어》, 〈태백〉 5에 인물이 특정되어 있지는 아니하나 많은 연구자가 안회顔回일 것으로 본다. 공자 지음, 김원중 옮김, 《논어》, 글항아리, 2014, 154쪽.

2 소에게 거문고를 들려준다는 말로, 어리석은 사람에게는 참된 도리를 말해 주어도 이해하지 못한다는 뜻.(인터넷 두산백과)

3 김보협, "김대중 4차례 '국민과의 대화'", 한겨레신문, 2017. 8. 20.

4 이주영, "북한 조평통, 문 대통령 8·15 경축사 비난", 경향신문, 2019. 8. 16.

제5장 _ 생각을 가까이, 바르게 한다

1 공자 지음, 김원중 옮김, 《논어》, 글항아리, 2014, 50쪽.

2 《논어》, 〈자한〉 23.

^{후 생 가 외}　^{언 지 래 자 지 불 여 금 야}
後生可畏, 焉知來者之不如今也。

뒤에 태어난 사람이 가히 두렵다 하겠다. 장차 올 사람이 지금의 나만 못하다고
어찌 알겠는가.

3 《순자》, 〈권학勸學〉 1.

^{군 자 왈}　^{학 불 가 이 이}　^청　^{취 지 어 람}　^{이 청 어 람}
君子日, 學不可以已。青, 取之於藍, 而青於藍。

^빙　^{수 위 지}　^{이 한 어 수}
冰, 水爲之, 而寒於水。

군자는 배움을 멈춰서는 안 된다고 말했다. 파란 물은 쪽에서 얻는데 쪽보다
더 파랗다. 얼음은 물로 만드는데 물보다 더 차갑다.

4 공자 지음, 김원중 옮김, 《논어》, 글항아리, 2014, 66쪽.

5 김선미, "'美1위' 수학 천재 소녀의 잘못된 연애 … '40조 사기' 공범된 사연",
중앙일보, 2023. 1. 4.

6 1965년 5월 16~27일 박정희 대통령 미국 방문중 웨스트포인트 방문(대한늬우
스 521호).
-PARK GIVES AMNESTY TO WEST POINTERS, *NYT*, May 22, 1965.

제6장 _ 교감하고 공명한다

1 차완용, "서울 아파트값 '빅3' 지각 변동 … 송파 빠지고 '강남·서초·용산'으
로", 아시아경제, 2023. 2. 5.

2 조지원, "흙수저 사다리는 없었다 … 금수저, 대기업 갈 확률 높아", 서울경제,
2023. 1. 3.

3 김규현, "이슬람사원 공사장 돼지머리 한 달째 방치하는 대구 북구청", 한겨레신
문, 2022. 11. 29.

4 이혜원, "이슬람사원 건립 반대 주민들 … 바비큐 파티 이어 돼지수육 잔치",
동아일보, 2023. 2. 2.

5 《성서》, 〈마태오복음〉 19장 19절. 《성서》(가톨릭용), 대한성서공회, 1986.

6 《성서》, 〈마태오복음〉 5장 43~45절. 《성서》(가톨릭용), 대한성서공회, 1986.

7 《논어》에 공자가 안회를 언급하며 칭찬한 대목들이 많다. 아래에 나온다.
〈위정〉 9. 〈옹야〉 3, 7, 11. 〈술이〉 10. 〈선진〉 4, 7, 9, 10, 19.

8 주희 엮음, 김미영 옮김,《대학·중용》,《중용》제13장 3, 홍익출판사, 2019, 146쪽.

제7장 _ 길이 막히면 만들어서 간다

1 안드레 비에르나스, "코로나19: 백신 접종 2년, 효과와 부작용에 대해 우리가 아는 것은?", BBCNEWS 코리아, 2022. 12. 24.

2 《춘추좌전》,〈소공이십년년昭公二十年〉.

3 진나라는 춘추 시대 오패에 꼽히는 대국이었다. 옆에 우나라가 붙어 있었고 그 너머에 괵나라가 있었다. 진나라 헌공獻公은 두 나라를 쳐서 진에 복속시키고자 했다. 그는 우나라에 사신을 보내 미녀와 뇌물 공세를 퍼부었다. 괵나라를 치고 자 하니 길을 빌려 달라고 요청했다. 가도멸괵假途滅虢의 책략이었다. 그 수를 간파한 우나라 대부 백리해는 대부 굴지기와 함께 제후에게 간했으나 소용없었 다. 우나라는 진나라 군대의 향도 역할까지 하였으나 진나라 헌공은 괵나라를 정벌한 군사로 우나라마저 정복하였다. 진나라 헌공은 이때 포로로 잡힌 백리해 를 공주의 혼인 예물에 노비로 포함시켜 진나라 목공穆公에게 보냈다. 백리해는 가는 도중에 탈출, 초나라로 달아났다. 진나라 목공은 백리해라는 인물에 대해 들어서 알고 있었다. 데려다 쓰고 싶었다. 그는 초나라에 숫양 가죽 다섯 필을 주고 숨어 살던 노비 백리해를 보내 달라고 했다. 비싼 값을 제시할 경우 초나라 에서 백리해의 인물을 알아보고 등용해 쓸 것을 걱정하였다. 진목공은 숫양 가죽 다섯 개를 보내면서 도망친 노비를 보내 달라고 하여 소환한 후 백리해와 이야기 를 나누었다. 그의 인물됨을 직접 확인한 후 그를 대부에 등용하고 정사를 맡겼 다. 그때 백리해의 나이 이미 70이었으나 그는 장차 진나라 목공이 춘추 오패의 자리에 오르는 데 큰 공을 세웠다. 사람들은 그런 인물을 숫양 가죽 다섯 개와 맞바꾸었다 하여 오고대부라 부르며 진나라 목공의 인물 보는 안목을 기렸다.

4 공자 지음, 김원중 옮김,《논어》, 글항아리, 2014, 64쪽.

5 《사기열전》,〈공자세가〉10.

他日又復問政於孔子。孔子曰。政在節財。
타 일 우 부 문 정 어 공 자　공 자 왈　정 재 절 재

景公說, 將欲以尼谿田封孔子。
경 공 열　장 욕 이 이 계 전 봉 공 자

다른 날, (경공이) 다시 공자에게 정치에 대해 물었다. 공자가 답했다. 정치는 재물을 아끼는 데 있습니다. 경공이 기뻐하며 장차 그를 이계의 땅에 봉하고자 했다.

6 《사기열전》,〈태사공자서〉 5, 6, 7, 8, 9, 10.
　사마천 지음, 최익순 옮김, 《사기열전》(하), 백산서당, 2014, 783~790쪽.

7 옛 중국 주나라 때 제후들이 세우던 문. 대문 뒤에 세우는 병장屏帳이나 작은
　문으로 바깥에서 안이 보이지 않게 하는 역할을 했다. '황태현의 고전 속 성어',
　국제신문, 2012. 4. 15.

8 옛 중국 주나라 때 제후들의 회견에서 헌수獻酬한(서로 주고받은) 술잔을 엎어
　놓던 흙으로 만든 대臺.

9 《논어》,〈술이〉 15.

　입　왈　백 이　숙 제 하 인 야　왈　고 지 현 인 야　왈　원 호
　入, 曰：伯夷, 叔齊何人也。曰：古之賢人也。曰：怨乎。

　왈　구 인 이 득 인　우 하 원
　曰：求仁而得仁, 又何怨。

　(자공이) 들어가서 물었다. 백이와 숙제는 어떤 인물인지요. (공자가) 답했다.
　옛 현인이시다. (자공이) 물었다. 원망이 있었을지요. (공자가) 답했다. 인을
　추구하여 인을 얻었는데 또 무엇을 원망했겠는가.

10 다른 곳에서 같은 내용이 반복된다.《논어》〈자한〉 29.

　지 자 불 혹　인 자 불 우　용 자 불 구
　知者不惑, 仁者不憂, 勇者不懼。

11 사마천 지음, 최익순 옮김, 《사기열전》(상), 백산서당, 2014, 418쪽.

12 사마천 지음, 최익순 옮김, 《사기열전》(상), 백산서당, 2014, 904쪽.

13 사마천 지음, 최익순 옮김, 《사기열전》(상), 백산서당, 2014, 84쪽.

14 사마천 지음, 최익순 옮김, 《사기열전》(상), 백산서당, 2014, 84쪽.

15 이순신 지음, 박종평 옮김, 《난중일기》, 글항아리, 2018, 808쪽.〈견내량에서
　왜적을 쳐부순 일을 임금님께 보고하는 장계〉, 1592년 음력 임진년 7월 15일.

16 이순신 지음, 박종평 옮김, 《난중일기》, 글항아리, 2018, 575쪽. 1597년 음력
　정유년 8월 6일.

17 이순신 지음, 박종평 옮김, 《난중일기》, 글항아리, 2018, 1148~1149쪽.《이충
　무공전서李忠武公全書》,〈부록〉 1. 종자정랑분從子正郎芬의〈행록〉, 한국고전종
　합DB. 自壬辰至于五六年間。賊不敢直突於兩湖者。以舟師之扼其路也。今臣
　戰船尙有十二。出死力拒戰。則猶可爲也。今若全廢舟師。則是賊之所以爲幸。
　而由湖右達於漢水。此臣之所恐也。戰船雖寡。微臣不死。則賊不敢侮我矣。

18 〈해남海南 명량대첩비鳴梁大捷碑〉, 문화재청 국가문화유산포털.
　비문에는 선조 30년(1597) 이순신 장군이 진도 벽파정에 진을 설치하고 우수영

과 진도 사이 좁은 바다의 빠른 물살을 이용하여 왜적의 대규모 함대를 무찌른 상황을 자세히 기록하였는데, 칠천량 해전 이후 수습한 10여 척의 배로 왜적 함대 500척을 격파하였다고 기록되어 있으며, 아울러 명량 대첩/해전이 갖는 의미 및 장군의 충의에 대해서도 기록되어 있다. 비문은 1686년에 쓰였으나 비가 세워진 것은 2년 뒤인 1688년으로, 전라우도 수군 절도사 박신주가 건립하였다.

19 《승정원일기》 인조 9년(1631) 4월 5일 자, 한국고전종합DB.

상이 이르기를, "왜란 당시에 이순신 하나밖에는 인물이 없었다." 하니, 이원익이 아뢰기를, "이순신의 아들 이예가 현재 충훈부 도사로 있는데 그도 얻기 어려운 사람입니다. 왜란 때에 이순신이 곧 죽게 되자 이예가 붙들어 안고서 흐느꼈는데, 이순신이 '적과 대적하고 있으니 삼가 발상發喪하지 말라.'고 하였습니다. 이에 이예는 일부러 발상하지 않고 아무 일도 없었던 듯이 전투를 독려하였습니다."

20 《조선왕조실록》,《선조실록》, 선조 31년(1598) 11월 27일 자, 한국고전종합DB.

제8장 ＿ 더불어 조화롭되 같지 않다

1 "[박종인의 땅의 역사] 결사 항전을 주장하던 그는 항복 후 집으로 돌아갔다", 조선일보, 2020. 7. 15.

2 사마천의 《사기세가》, 〈공자세가〉에는 양호陽虎로 기록되어 있다.

3 사마천의 《사기세가》, 〈공자세가〉에는 공산불뉴公山不狃로 기록되어 있다.

4 《사기세가》, 〈공자세가〉 16.

최익순에 따르면, 사공司空은 주나라 및 그 제후국의 관직으로 수리 시설 등을 포함한 건설 공사를 담당한 직이었고 대사구大司寇는 사법을 관장하는 최고 책임자였다.

기무라 에이이치는 "노나라 왕의 사유지에 속하는 중도라는 한 도읍을 맡았을 터다. 그리고 여기서 치적을 인정받아 사공으로 영전했다. (…) 사공은 노나라 왕 직할지의 치수를 담당하는 토목과장쯤 될 것이다. 그 후 대사구로 영진했는데 이것은 국도國都 및 직할지의 경찰과 송사를 담당하는 장관이었을 것이다." 라고 설명하고 있다.(기무라 에이이치 지음, 나종석 옮김, 《공자와 논어》, 2020, 107쪽.)

5 치雉는 성벽의 크기를 나타내는 단위이다. 1치는 높이 1장丈 길이 3장丈의 성벽 면적이다. 1장丈은 10척尺, 약 3미터라고도 하고 한 사람의 키 정도 되는 높이라

고도 한다. 따라서 100치라 함은 높이 300미터(작게는 150미터), 길이 900미터
(작게는 450미터)가 되는데 높이 300미터(작게 잡아도 150미터)에 이르는 성
벽이니 필시 기록에 착오가 있지 않은가 한다. 없다면 당시 1치의 길이가 달랐을
수도 있겠다.

6 조국, "지역·계층 균형선발제가 먼저다", 한겨레신문, 2007. 4. 22.

7 이종탁, "대담집 '진보집권플랜' 펴낸 서울대 조국 교수", 경향신문, 2010. 12. 7.

8 후에 부인 정경심은 4년의 징역형을 선고 받고 복역 중이고, 2023년 2월 1심에
서 조국은 2년, 부인은 추가 1년의 징역형을 선고 받았다.

9 문 대통령 "조국 고초 마음의 빚 … 검찰 인사권은 대통령에게", 연합뉴스TV,
2020. 1. 14.

제9장 _ 부끄러움을 안다

1 주희 엮음, 김미영 옮김, 《대학·중용》, 《중용》 제13장 4, 홍익출판사, 2019,
146~147쪽.

2 《논어》, 〈태백〉 13. 이 책 제7장 128쪽 참조.

3 한결같음은 공자가 꼽은 군자의 요건이기도 했다.
《논어》, 〈술이〉 26. 子曰。聖人, 吾不得而見之矣。得見君子者, 斯可矣。子曰。
善人, 吾不得而見之矣。得見有恆者, 斯可矣。亡而爲有, 虛而爲盈, 約而爲泰,
難乎有恆矣。

4 《사기세가》, 〈공자세가〉 23.

5 《사기세가》, 〈공자세가〉 23.

6 《논어》, 〈양화〉 5. 이 책 제8장 177쪽 참조.

　　여 유 용 아 자　　오 기 위 동 주 호
如有用我者, 吾其爲東周乎。

만일 나를 등용해 쓰는 사람이 있다면 나는 그에게 동주를 만들어 주리라.

7 노나라와 오나라 왕실은 같은 희姬씨 성을 썼다. 동성을 아내로 맞는 것은 예가
아니기에 아내의 성씨를 바꾸어 오맹자라고 부른 것이었다. 무마기는 공자의
제자이다.

8 《맹자》, 〈진심하盡心下〉 83. 맹자 지음, 박경환 옮김, 《맹자》, 2012, 451쪽.

9 《맹자》, 〈진심하〉 83. 맹자 지음, 박경환 옮김, 《맹자》, 2012, 451~452쪽.

10 《맹자》, 〈진심하〉 83. 맹자 지음, 박경환 옮김, 《맹자》, 2012, 452쪽.

11 〈퇴계 이황 인생 명언〉. https://www.youtube.com/watch?v=zoZV032P_Bc

12 《논어》, 〈헌문〉 27. 子曰。君子恥其言而過其行

13 《논어》, 〈위정〉 13.

14 《논어》, 〈이인〉 24.

15 〈퇴계 이황 인생 명언〉. https://www.youtube.com/watch?v=zoZV032P_Bc

16 〈퇴계 이황 인생 명언〉. https://www.youtube.com/watch?v=zoZV032P_Bc

17 〈퇴계 이황의 명언 모음〉. https://www.youtube.com/watch?v=QFW5CkoaaUQ

18 이황의 경우는 본인이 적극적인 노력을 기울여 부를 쌓은 사례이다.

- 유성운, "'부귀를 경계하라'던 퇴계 이황은 어떻게 재산을 늘렸나", 중앙일보, 2018. 9. 15. "범금范金과 범운范雲 등을 불러다가 믿을만한 양인 중에 부모가 있어 생업을 의탁할 수 있는 자를 골라 시집을 보내고, 죽동에 와서 살게 한다면 더욱 좋겠다."(《도산전서陶山全書》 중) 이황이 노비들을 양인들과 적극적으로 맺어 주려고 했던 까닭은 당시 노비와 양인 사이에 태어난 자식은 모두 노비가 되었기 때문입니다. 이를 '일천즉천一賤卽賤'(부모 중 한 명만 천인이면 자식도 천인)이라고 합니다. 노비끼리 결혼시키는 것보다 이처럼 양천교혼良賤交婚을 시키면 노비를 손쉽게 늘릴 수 있었기 때문에 조선 중기의 사대부들은 노비들이 양인과 결혼하도록 유도했습니다. "당시 생계 걱정 없이 학문에만 전념했던 지방 지주들의 재산이 평균 전답 300~500두락, 노비 100여 명이라는 점을 고려하면, 전답 3,000두락에 노비 250명에서 가까이 거느린 이황은 꽤 잘 사는 축에 속했던 것만큼은 확실합니다."

- 이수건의 논문 〈퇴계 이황 가문의 재산 유래와 그 소유 형태〉(《역사교육논집》 13, 1990)에 따르면 퇴계 이황의 분재기에 전답 3,095두락, 노비 367명이 상속된 것으로 기록되어 있다. 〈대부호 퇴계 이황 센세의 재산을 알아보자〉

- 가장 많은 노비를 소유한 홍문관 부제학 이맹현은 758명의 노비를 재산으로 물려줬다. 퇴계 이황은 367명의 노비 문서를 남긴 것으로 추정된다.("노비로 지탱된 조선 봉건 양반제 … 퇴계도 367명 노비 문서 남겨", 서울&, 2018. 12. 20.)

19 《논어》, 〈태백〉 13. 이 책 제9장 222쪽 참조.

20 《논어》, 〈옹야〉 4.

군 자 주 급　불 계 부
君子周急, 不繼富。

군자는 (사정이) 급한 사람을 구제하지, 부를 이어받지 않는다.

21 《조선왕조실록》,〈정조실록〉 41, 정조 18년(1794) 9월 17일 자.

22 《조선왕조실록》,〈정조실록〉 45, 정조 20년(1796) 11월 25일 자.

제10장 _ 스스로 잘못을 고친다

1 《사기세가》,〈공자세가〉 62.

2 《주역》,〈혁괘革卦〉 7.

군 자 표 변　소 인 혁 면
君子豹變, 小人革面。

군자는 (몸 전체가) 표범같이 변하고 소인은 얼굴만 바꾼다.

3 온라인뉴스부, "김종필, 국립묘지 묻히기 싫다며 생전에 써 놓은 자신의 묘비
명", 서울신문, 2018. 6. 24.

4 맹자 지음, 박경환 옮김, 《맹자》, 홍익출판사, 2012, 45~57쪽. 제나라 선왕宣王
이 맹자에게 패업을 이룬 왕들의 길, 패도覇道에 대해 묻자 이를 묵살하고 진정한
왕의 길, 왕도王道를 설파하면서 한 이야기이다.

무 항 산 이 유 항 심 자　유 사 위 능　약 민　즉 무 항 산　인 무 항 심
無恆産而有恆心者, 惟士爲能。若民, 則無恆産, 因無恆心。

구 무 항 심　방 벽　사 치　무 불 위 이　급 함 어 죄　연 후 종 이 형 지
苟無恆心, 放辟, 邪侈, 無不爲已。及陷於罪, 然後從而刑之,

시 망 민 야　언 유 인 인 재 위　망 민 이 가 위 야
是罔民也。焉有仁人在位, 罔民而可爲也。《맹자》,〈양혜왕梁惠王〉 상 7.

항시 가진 재산이 없으면서도 항시 곧바른 마음을 갖는 것은 오직 선비만이
할 수 있는 일입니다. 어린 백성은 항시 가진 재산이 없으면 항시 곧바른 마음을
가질 수 없습니다. 곧바른 마음이 없으면 방탕하거나 편벽되고 간사하고 사치하
지 않을 수 없게 됩니다. 죄에 연루되어 빠지고 난 후에 그것을 좇아서 벌한다면
바로 백성들을 그물질해 잡는 것입니다. 어진 사람이 임금의 자리에 있으면서
어찌 백성들을 그물질해 잡을 수 있겠습니까.

5 류성룡 지음, 김문정 옮김, 《초판본 징비록》, 더스토리, 2019, 21쪽.

6 "[사설] 임기 다 지나도록 과거 정권 탓만 하나", 서울경제, 2020. 10. 30.

7 이충현, "北 무인기에 뚫린 게 '文 정부' 탓이라는 여당 논리 들어보니", 노컷뉴
스, 2023. 1. 6.

8 김혜린, "文 '5년 성취 순식간에 무너지고 과거로 되돌아가 … 허망'", 동아일보,
2023. 4. 21.

9 《대학장구》1에는 '신민新民'이 아니라 '친민親民'으로 되어 있다. "大學之道,
在明明德, 在親民, 在止於至善." 이 경우, '덕을 밝혀서 백성을 사랑한다'로 읽는
게 옳겠다.

^{대 학 지 도} ^{재 명 명 덕} ^{재 신 민} ^{재 지 어 지 선}
大學之道, 在明明德, 在新民, 在止於至善。《대학》1.

대학의 도는 밝은 덕을 밝히는 데 있으며, 백성을 새롭게 하는 데 있으며, 지극한
선에 머무는 데 있다.

10 김은형, "'어른' 김장하 "갚아야 한다고 생각하면 이 사회에 갚아라"", 한겨레신
문, 2023. 1. 20.
김병일, "선비정신이 몸에 밴 어른 김장하", 대한경제, 2023. 2. 28.
김상진, "이 시대의 참어른", 대구일보, 2023. 4. 24.

제11장 _ 완벽은 아직 멀고 멀다

1 한비자 지음, 김원중 옮김, 《한비자》, 휴머니스트, 2016, 200쪽.

2 한비자 지음, 김원중 옮김, 《한비자》, 휴머니스트, 2016, 200~201쪽.

3 《논어》, 〈자한〉 23.

^{자 왈} ^{후 생 가 외} ^{언 지 래 자 지 불 여 금 야}
子曰。後生可畏, 焉知來者之不如今也。

공자가 말했다. 후에 태어난 사람이 가히 두렵다. 앞으로 올 이들이 지금 사람만
못하다고 어떻게 아는가.

4 한비자 지음, 김원중 옮김, 《한비자》, 휴머니스트, 2016, 428쪽.
김예호 지음, 《한비자》, 한길사, 2010, 69쪽.

5 노자 지음, 장도연 옮김, 《도덕경》, 제16장, 한솜미디어, 2012, 50~51쪽.

6 주희 엮음, 김미영 옮김, 《대학·중용》, 《대학》 전5장 보망장, 홍익출판사, 2019,
79쪽.

7 주희 엮음, 김미영 옮김, 《대학·중용》, 《대학》 경1장 4. 팔조목, 홍익출판사,
2019, 62쪽.

8 주희 엮음, 김미영 옮김, 《대학·중용》, 《대학》 전10장 19, 홍익출판사, 2019,
107쪽.

9 김필수·고대혁·장승구·신창호 옮김, 《관자》 제35편 치미 7, 소나무, 2016,
396쪽.

10 김필수·고대혁·장승구·신창호 옮김, 《관자》, 《관자》 제35편 치미 13, 소나무, 2016, 403쪽.

11 환관 지음, 김원중 옮김, 《염철론》, 현암사, 2007.

12 환관 지음, 김원중 옮김, 《염철론》, 현암사, 2007, 14~15쪽.

13 환관 지음, 김원중 옮김, 《염철론》, 현암사, 2007, 15~16쪽.

14 환관 지음, 김원중 옮김, 《염철론》, 현암사, 2007, 261쪽.

15 환관 지음, 김원중 옮김, 《염철론》, 현암사, 2007, 261~262쪽.

16 환관 지음, 김원중 옮김, 《염철론》, 현암사, 2007, 263쪽.

17 환관 지음, 김원중 옮김, 《염철론》, 현암사, 2007, 264~265쪽.

18 "바우어, 다저스에서 결국 방출 "어제는 복귀 바란다더니"", 동아일보, 2023. 1. 7.

19 김가윤, "유아인, '졸피뎀'도 과다 투약 … 마약 혐의 5종류로 늘어", 한겨레신문, 2023. 4. 11.

20 신새롬, "유아인 미공개 출연작 어쩌나 … 광고계도 빠른 손절", 연합뉴스TV, 2023. 3. 27.

21 이석무, "'마음씨도 에이스' 커쇼, 2013년 브랜치 리키상 수상", 이데일리, 2013. 9. 6.

22 윤범모, "미술한류 원년, 이렇게 시작했다 Ⅰ", 서울문화투데이, 2022. 11. 23.

23 정혜정, "'최측근' 정진상 기소에 … 이재명 "어디 한번 또 탈탈 털어보라"", 중앙일보, 2022. 12. 9.

24 김주완TV 원본영상.

25 주희 엮음, 김미영 옮김, 《대학·중용》, 《중용》 제4장 1, 홍익출판사, 2019, 123쪽.

26 《논어》, 〈자로〉 4. 이 책 제2장 53쪽 참조.

27 주희 엮음, 김미영 옮김, 《대학·중용》, 《대학》 전10장 23, 홍익출판사, 2019, 109쪽.

28 《논어》, 〈자로〉 1. 이 책 들기 25쪽 참조.

39 《논어》, 〈위정〉 3. 이 책 들기 26쪽 참조.

30 《사기세가》, 〈송미자세가宋微子世家〉 37.

31 《논어》, 〈옹야〉 30. 이 책 제7장 153쪽 참조.

32 공자 지음, 김원중 옮김, 《논어》, 2014, 66쪽.

33 주희 엮음, 김미영 옮김,《대학·중용》,《대학》 전10장 15, 홍익출판사, 2019, 105쪽.

34 주희 엮음, 김미영 옮김,《대학·중용》,《중용》 제10장 3, 홍익출판사, 2019, 136쪽.

35 주희 엮음, 김미영 옮김,《대학·중용》,《중용》 제10장 4, 홍익출판사, 2019, 137쪽.

36 한영우,《허균평전》, 민속원, 2022, 79쪽에 수록된 시. 번역은 허경회의 번역.

37 이 책 제7장에서 살펴보았음.

38 조영래 지음,《전태일평전》, 전태일재단, 2023, 132쪽.

39 조영래 지음,《전태일평전》, 전태일재단, 2023, 240~241쪽.

40 조영래 지음,《전태일평전》, 전태일재단, 2023, 242쪽.

41 조영래 지음,《전태일평전》, 전태일재단, 2023, 247쪽.

42 주희 엮음, 김미영 옮김,《대학·중용》,《중용》 제10장 5, 홍익출판사, 2019, 137쪽.

故君子和而不流, 强哉矯。中立而不倚, 强哉矯。

國有道, 不變塞焉。强哉矯。國無道, 至死不變。强哉矯。

그러므로 군자는 함께 잘 어울리되 휩쓸리지 아니한다. (그러니) 강하고 굳세다. 가운데 서 있을 뿐 어디 한쪽에 기대는 법이 없다. (그러니) 강하고 굳세다. 나라에 도가 있다면, 옹색하게 살아도 바꾸려 하지 않는다. (그러니) 강하고 굳세다. 나라에 도가 없으면, 죽음에 이르러도 바꾸려 하지 않는다. (그러니) 강하고 굳세다.

맺기 _ 공자를 대신해 꿈꾼다

1 2023년 6월 9일 오후 5시 30분경에 한국어로 질문하고 받은 답.

2 2023년 6월 9일 오후 5시 30분경에 영어로 질문하고 받은 답. 상위 5개만 추려 올림.

The influence of Chinese classics in East Asian countries is significant, as these works have shaped the cultural, philosophical, and literary traditions of the region. While the perception of influence may vary among different countries, here are ten Chinese classics that have had a substantial impact across East Asia:

- "The Art of War"(孫子兵法, Sūnzǐ Bīngfǎ): Written by Sun Tzu, this military treatise has been influential not only in China but also in Japan, Korea, and Vietnam. It has been widely studied and applied in various fields, including military strategy, business tactics, and leadership.

- "The Analects of Confucius"(論語, Lúnyǔ): A collection of sayings and dialogues of the Chinese philosopher Confucius, this work has had a profound influence on East Asian ethics, social values, and education. It shaped the Confucian tradition in China, Japan, Korea, and Vietnam.

- "Tao Te Ching"(道德經, Dàodéjīng): Written by Laozi, this text is considered a fundamental work of Taoism. Its teachings on harmony, balance, and the way of nature have influenced not only Chinese culture but also had a lasting impact on East Asian philosophy and spirituality.

- "Dream of the Red Chamber"(紅樓夢, Hónglóu Mèng): Authored by Cao Xueqin, this novel is regarded as one of the greatest works of Chinese literature. Its exploration of love, family, and societal change resonates across East Asia and has inspired numerous adaptations in literature, opera, film, and television.

- "Journey to the West"(西遊記, Xīyóujì): A fictionalized account of the monk Xuanzang's pilgrimage to India, written by Wu Cheng'en, this novel is considered one of the Four Great Classical Novels of Chinese literature. Its adventurous narrative, rich characters, and Buddhist themes have influenced literature, theater, and popular culture throughout East Asia.

3 https://library.kaist.ac.kr/search/ctlgSearch/collections/recommendMlg List.do

4 https://library.postech.ac.kr/library_recommended_book

5 2023년 6월 10일 오후 4시 40분경에 영어로 질문하고 받은 답.

The inclusion of Confucius's Analects as part of the reading material for Korean college students can offer several benefits. Here are a few reasons why they should be included:

- Historical and Cultural Significance: Confucius is one of the most influential figures in East Asian history, and his teachings have had a profound impact on Korean society and culture. The Analects, a compilation of Confucius's sayings and teachings, provide valuable insights into the philosophical and ethical foundations that have shaped Korean society for centuries. By studying the Analects, Korean college students can deepen their understanding of their own cultural heritage.

• Ethical and Moral Guidance: The Analects focus on ethical principles, emphasizing the importance of moral behavior, personal integrity, and social harmony. These teachings can be highly relevant to college students as they navigate their personal and professional lives. The Analects provide valuable guidance on topics such as filial piety, respect for elders, social relationships, and the pursuit of knowledge. By studying these principles, students can develop a strong moral compass and a sense of responsibility towards their families, communities, and society at large.

• Leadership and Governance: Confucius's teachings also touch upon the principles of leadership and governance. The Analects discuss the qualities and behaviors of a virtuous leader, highlighting the importance of benevolence, wisdom, and ethical conduct in positions of authority. As future leaders and decision-makers, Korean college students can benefit from studying these principles, gaining insights into effective leadership, and learning how to navigate ethical challenges in various contexts.

• Critical Thinking and Interpretation: The Analects are open to interpretation and often provoke thoughtful analysis and discussion. Encouraging Korean college students to engage with this text can foster critical thinking skills and the ability to analyze complex philosophical ideas. The Analects raise questions about human nature, societal norms, and personal virtues, challenging students to develop their own interpretations and articulate their perspectives.

• Comparative Studies: Including the Analects in the curriculum allows for comparative studies with other philosophical traditions and texts. By juxtaposing Confucianism with other philosophical perspectives, students can gain a broader understanding of different worldviews, cultivate a spirit of intellectual inquiry, and appreciate the richness and diversity of human thought.

In summary, including Confucius's Analects in the reading material for Korean college students can help them develop a deeper understanding of their cultural heritage, foster ethical and moral values, provide insights into leadership and governance, enhance critical thinking skills, and encourage comparative studies with other philosophical traditions.

허경회 許卿會

인문 사회 과학 분야 연구자이자 작가이다. 1954년 서울에서 태어나 1977년 서울대학교 경제학과를 졸업했고, 1995년 프랑스 파리10대학교에서 경제 철학 논문《칸트, 콩트, 마르크스의 정치 경제학 비판 *Kant, Comte et Marx, Critiques de l'économie politique*》으로 박사 학위를 받았다.

저서로《한국 교육의 새로운 선택》(공저, 1992),《새로운 밀레니엄은 없다》(1999),《허경회의 세상 읽기》(2003),《빈곤 대물림 방지를 위한 복지 정책》(2010),《그들이 아닌 우리를 위한 복지: 21세기 한국 사회의 새로운 복지 패러다임》(공저, 2011),《나는 누구인가요》(2015),《우리는 누구인가요》(2015), 평전《권진규》(2022) 등을 냈고, 역서로 어린이 철학 동화《멋져 보이고 싶은 늑대》,《저 혼자 최고 잘난 늑대》,《들러리가 된 공주의 용》,《대스타가 된 공주의 용》(이상 2012),《사랑을 찾아 헤맨 늑대》(2013),《맨발이 싫증이 난 늑대》(2013),《크리스마스가 싫은 늑대》(2014) 등을 냈다.

AI 시대 공자를 읽는다

취할 공자 버릴 공자

2023년 9월 20일 초판 1쇄 펴냄

지은이 허경회
발행인 김흥국
발행처 보고사

책임편집 황효은
표지디자인 김규범

등록 1990년 12월 13일 제6-0429호
주소 경기도 파주시 회동길 337-15 보고사
전화 031-955-9797 **팩스** 02-922-6990
메일 bogosabooks@naver.com
http://www.bogosabooks.co.kr

ISBN 979-11-6587-536-7 03140
ⓒ 허경회, 2023

정가 20,000원